19/99

Nielebock Berlin und seine Plätze

Dietmar Grötzebach gewidmet

HENRY NIELEBOCK

BERLIN

UND SEINE

PLÄTZE

STRAUSS

Dieses Buch basiert auf einer Dissertation,
die 1996 an der Universität Stuttgart,
Fakultät für Architektur und Stadtplanung,
Institut für öffentliche Bauten und Entwerfen vorgelegt wurde.
Berichter waren Prof. Dr.-Ing. Hans-J. Aminde
und Prof. Dr. phil. Dieter Kimpel.

Umschlag: Großer Stern im Tiergarten;
Teil des Entwurfes von K. F. Schinkel, 1816

Die Deutsche Bibliothek - CIP Einheitsaufnahme

Berlin und seine Plätze / Henry Nielebock.
Potsdam: Strauss, 1996
ISBN 3-929748-06-1
NE: Nielebock, Henry

Text: Henry Nielebock
Lektorat: Annelie Kaduk
Layout: Helmut Brade
Gesamtherstellung: Druckhaus Münch, Selb

Printed in Germany
ISBN 3-929748-06-1

Zu diesem Buch

Von Hans-Joachim Aminde

Plätze sind die lächelnden Augen einer Stadt, jedoch Berlin hat zu viele, die leider „blind" wurden: vom Kraftverkehr zerfressen, verkrautet, zugestellt und ohne Wände, so daß jeder Raumzusammenhang verloren ist. Kann etwa der Innsbrucker-Platz in Schöneberg, der Joachims-Platz in Willmersdorf oder der Bersarin-Platz in Friedrichshain als erlebbarer Stadtraum gelten? Bestenfalls sind es Hauptstraßenkreuzungen im lärmenden Großstadtverkehr.

Aber es gibt sie noch (oder wieder) an anderen Orten, etwa den Mariannenplatz in Kreuzberg, wenn Nachbarinnen sich zum Gespräch in der Runde finden, oder den Rüdesheimer Platz in Wilmersdorf, wenn Wochenmarkt in langen Reihen die Gartenmitte umgibt, oder den Breitscheidplatz, wenn Käufer und Stadttouristen, eilig Beschäftigte oder neugierige Zuschauer die farbige Aufführung ihrer selbst spielen.

Großstadtplätze und Vorortanger, laute Verkehrskreisel und ruhige Gartenplätze, Rathausplätze mit belebten Wochenmärkten und stille Oasen mit Kirchen im Baumrund; viele Plätze in Berlin sind zu nennen, und Henry Nielebock schildert sie. Es ist die Geschichte der Stadt, die hier wie im Brennglas gebündelt erscheint.

So ist etwa der Alexandersplatz genannt, der sich vom mittelalterlichen Ochsenmarkt zum Wagner'schen Großstadtplatz und weiter zum zentralen sozialistischen Platz in der ehemaligen DDR entwickelte, auf welchem sich die Ostberliner mit dem aufrechten Gang 1989 zum Protest gegen die SED versammelten. Wird er als „Hochhausfeld" ein Berliner Platz bleiben?

Ebenso ist der Potsdamer Platz dargestellt, der zuerst Gespannwarteplatz am Steuertor war und später zum verkehrsreichsten Platz Europas wurde, um danach nur noch versperrte Grenzlage in geteilter Stadt zu sein. Es ist also der Wandel von Plätzen, der in Gebrauch, Bedeutung und Erlebnis bis in die Gegenwart führt. Wir wünschen gewiß nicht die vermeintliche Idylle vergangener Jahrhunderte zurück, die häufig nur geschönte Erinnerung ist, mit Strafexerzieren von Grenadieren, mit Viehmarkt, Triumphzügen, Feiern der Sieger oder öffentlichem Gericht. Und gewiß sind Raumformen ihrer Zeit für uns nicht übertragbar. Aber die Kenntnis ihres Zustandekommens kann uns helfen, neue Konzepte kritisch zu befragen.

Um beim Potsdamer Platz heute zu bleiben: Ermöglichen es die feldzugartigen, baulichen Realisierungen der Ready Makers mit ihren Stadtstaffagen, auch neue Handlungsräume für Bürger der Stadt zu gewinnen? Denn das ist die Kernfrage: Was haben die Berliner, die hier Arbeitenden, die hier Wohnenden, die Eiligen und die Schlenderer und natürlich die Stadtbesucher davon? Wird etwa im Rausch der neuen Regierungsbedeutung, der anrückenden Großkonzerne und der Kaufhausversammlungen der Stadtplatz für Gespräche und Gastlichkeit im Freien wie für gelassenen Gebrauch gröblich vergessen? Dringlich ist daher, sich auf das Eigene zu besinnen, denn in der Metropole Berlin werden viele Plätze für ein tägliches Stadtleben benötigt: große und kleine, im Stadtteil und im Quartier, zentrale und weniger öffentliche, für die politische Auseinandersetzung genauso wie für Fest, Markt, Aufführungen und Spiel. Davon schreibt Henry Nielebock.

Sicher ist, daß nicht alles auf einem Platz und zur gleichen Zeit möglich ist, denn die Mitte der Stadt als Bühne aller kann nicht gleichzeitig ihre Kinderstube sein. Aber eines gilt: Plätze in der Stadt haben nur dann eine Chance, wenn es gelingt, Kraftverkehr zurückzunehmen, Fußgängern neue Fläche zu sichern, kollektive Erinnerungen, gute Architekturen, deutliche Raumkörper und brauchbaren Stadtboden zu sichern. Das kann schließlich zu einer Requalifizierung des Stadtraumes, aus einzelnen Eingriffen im ganzen führen, vielleicht so etwas wie eine „städtebauliche Akupunktur". Ich wünsche diesem Buch, daß seine Beispiele und Argumente dafür sensibilisieren.
Dabei ist die Sinndimension erfolgreicher Platzarchitektur nicht in sich selbst, sondern im Angebot für viele verankert. Mit Ernst Bloch ist zu sagen: „Das dringendste der Architektur sei die Erwartung und Erzeugung von Heimat im sozialen, räumlichen und geistigen Sinn. Alle Anstrengung um die Form bleibt falsch, wenn es nicht gelingt, den Lebenszuschnitt derjenigen zu verbessern, die darin zu leben haben".

Inhalt

Zehn historisierende Stadtpläne Berlins

Von Günther Schulz

Im Jahre 1757 veröffentlichte der Berliner Kupferstecher Johann David Schleuen einen Plan seiner Heimatstadt der als Bildleiste unter dem aktuellen Plan vier ältere Pläne der Stadt wiedergibt. Er brachte damit die Faszination alter Stadtpläne mit ihrer doppelten Funktion als historisches Dokument und als dekoratives Kunstwerk zum Ausdruck. Beide Eigenschaften haben auch später Kartographen, Historiker oder Künstler immer wieder veranlaßt, die Zeugnisse der Vergangenheit in neuen Formen zu präsentieren.

Zu diesen Werken gehört eine besondere Variante, die ein unbekannter Zeichner im ersten Drittel unseres Jahrhunderts aus ebenso unbekannten Gründen entworfen hat. Er fertigte zehn Handzeichnungen an, die alle im einheitlichen Maßstab 1 : 15.000 gehalten sind. Als Vorlagen für seine Arbeit benutzte er überwiegend alte Pläne, die er nicht nur im Maßstab, sondern auch in der Gestaltung vereinheitlichte und so einen direkten Vergleich der Karten ermöglichte.

Die Auswahl der Vorlagen läßt seinen sicheren Blick für das Wesentliche erkennen. Er griff nur wirklich wichtige Drucke aus alter Zeit heraus und schuf damit einen zeitlichen Überblick vom Werden unserer Stadt bis zum Ende des 19. Jahrhunderts. Bei der Ausführung seiner Arbeiten hielt sich der Zeichner nicht sklavisch an die Originale, sondern verband in geschickter Weise deren Inhalte mit den historischen Kenntnissen seiner Zeit.

Zum ersten Plan: „Berlin ums Jahr 1250“ gibt er selbst die Herkunft seiner Vorlage an: „Wiederherstellungsversuch von K. F. Klöden“. Auch das zweite Blatt für das Jahr 1415 ist nach einer Rekonstruktion von Klöden gearbeitet. Ab der dritten Zeichnung verwendet der Autor nur noch reale Pläne, die zur jeweiligen Zeit entstanden sind. Es sind die Drucke von Memhard, der den ersten Berlin-Plan überhaupt angefertigt hat, die wichtige, im zweiten Weltkrieg leider vernichtete Handzeichnung von La Vigne aus dem Jahr 1685, den Plan des Vermessungsingenieurs Dusableau, 1723, einen Plan von Oesfeld, 1778 und den bei Fidicin erschienenen Plan von Lösch, der die Zustände der Stadt in den Jahren 1640 und 1842 in einem Blatt darstellt.

Welche Pläne den Zeichnungen für die Jahre 1861 und 1872 zu Grunde lagen, läßt sich nicht eindeutig feststellen, weil in dieser Zeit zahlreiche Arbeiten mit sehr ähnlichen Gestaltungsmerkmalen herausgegeben worden sind. Das letzte Blatt des Zeichners dürfte nach dem Monumental-Plan von Straube aus dem Jahr 1896 gearbeitet sein.

Jedes Blatt ist sorgfältig ausgeführt; die bebauten Areale sind rot schraffiert, ältere Stadtteile dunkler als die neu angelegten, öffentliche und andere wichtige Gebäude sind im schwarz ausgezogenen Grundriß dargestellt, Wald, Gärten, Parks und Kirchhöfe sind grün und die Gewässer blau angelegt. Vielleicht um das Gesamtbild nicht zu beeinträchtigen, vielleicht auch in der Absicht, sein Werk den Kennern der Stadt zu widmen, hat der Autor auf eine Beschriftung der Pläne weitgehend verzichtet. Benannt sind lediglich die Tore der Stadt, gelegentlich einige ausgewählte Stadtteile und besondere Grünflächen sowie die Spree.

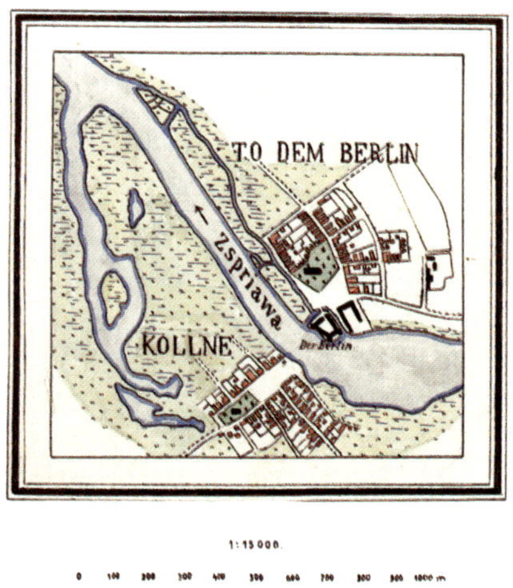

Berlin im Jahre 1250

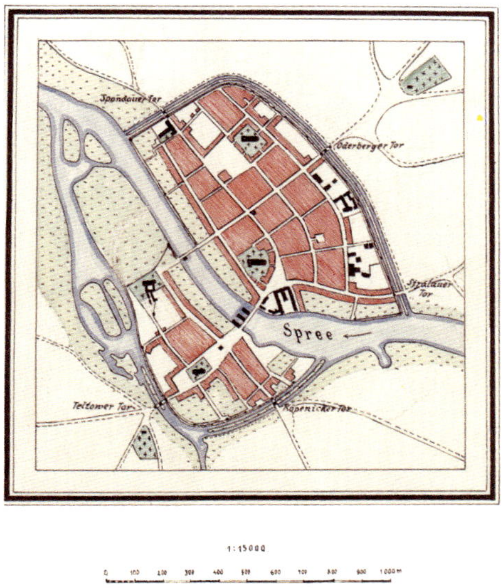

Berlin im Jahre 1415

Berlin und Umgegend im Jahre 1640.

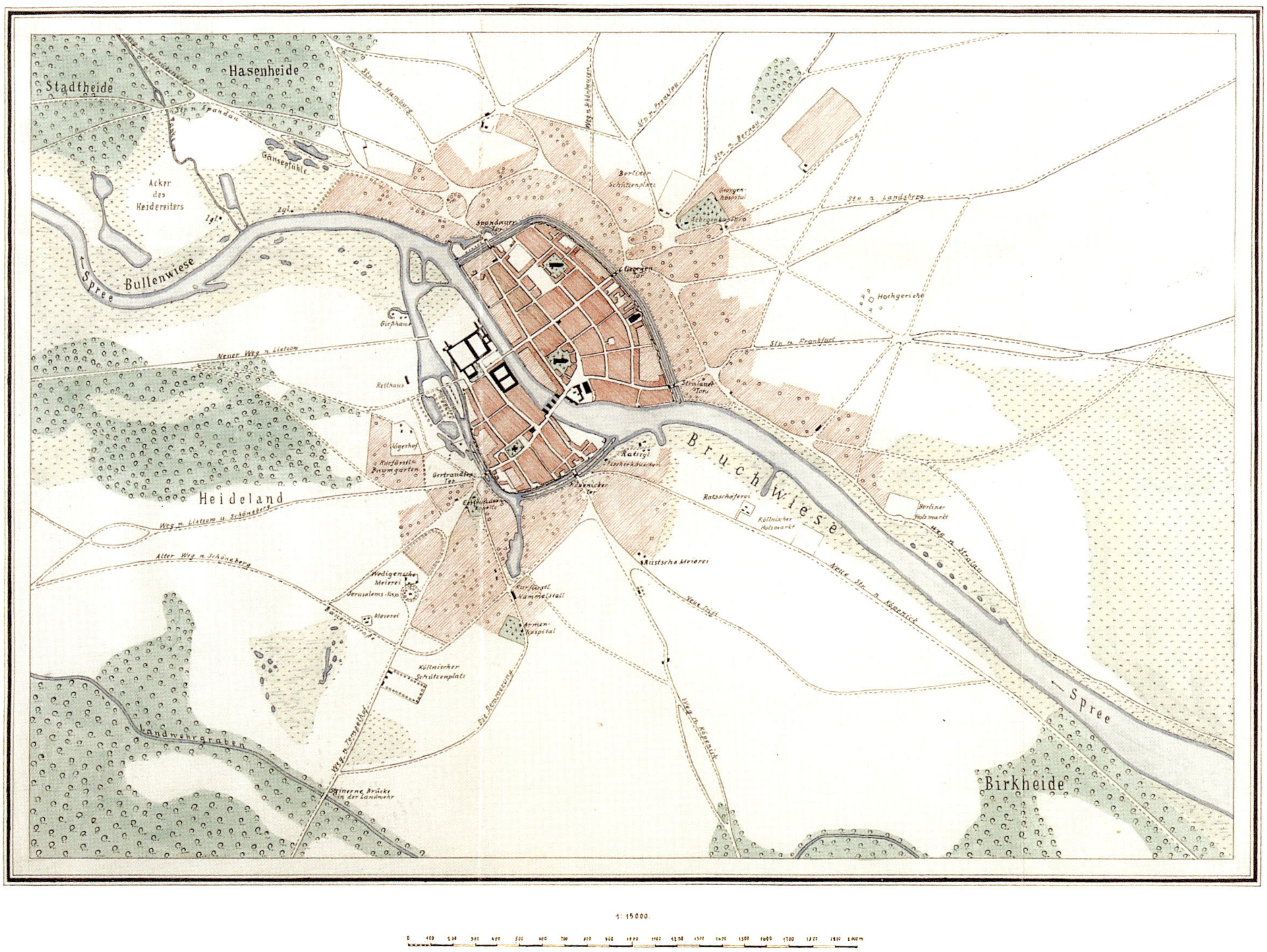

Berlin im Jahre 1685.

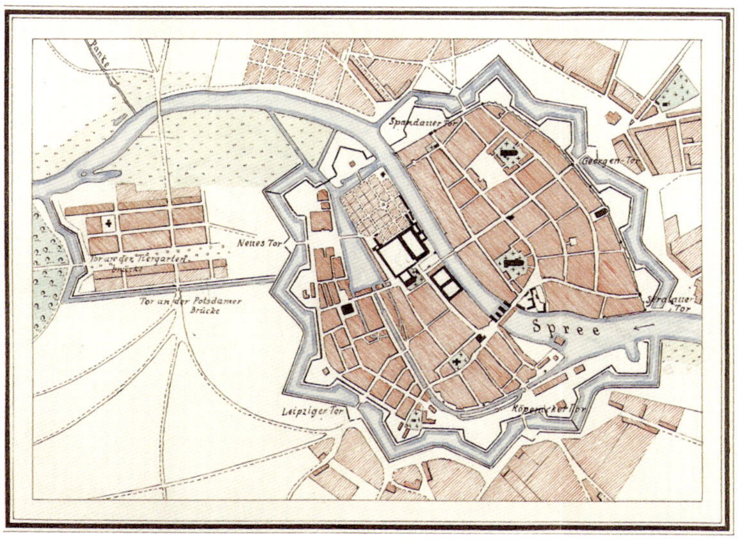

1:15000.

Berlin im Jahre 1723.

Berlin im Jahre 1778.

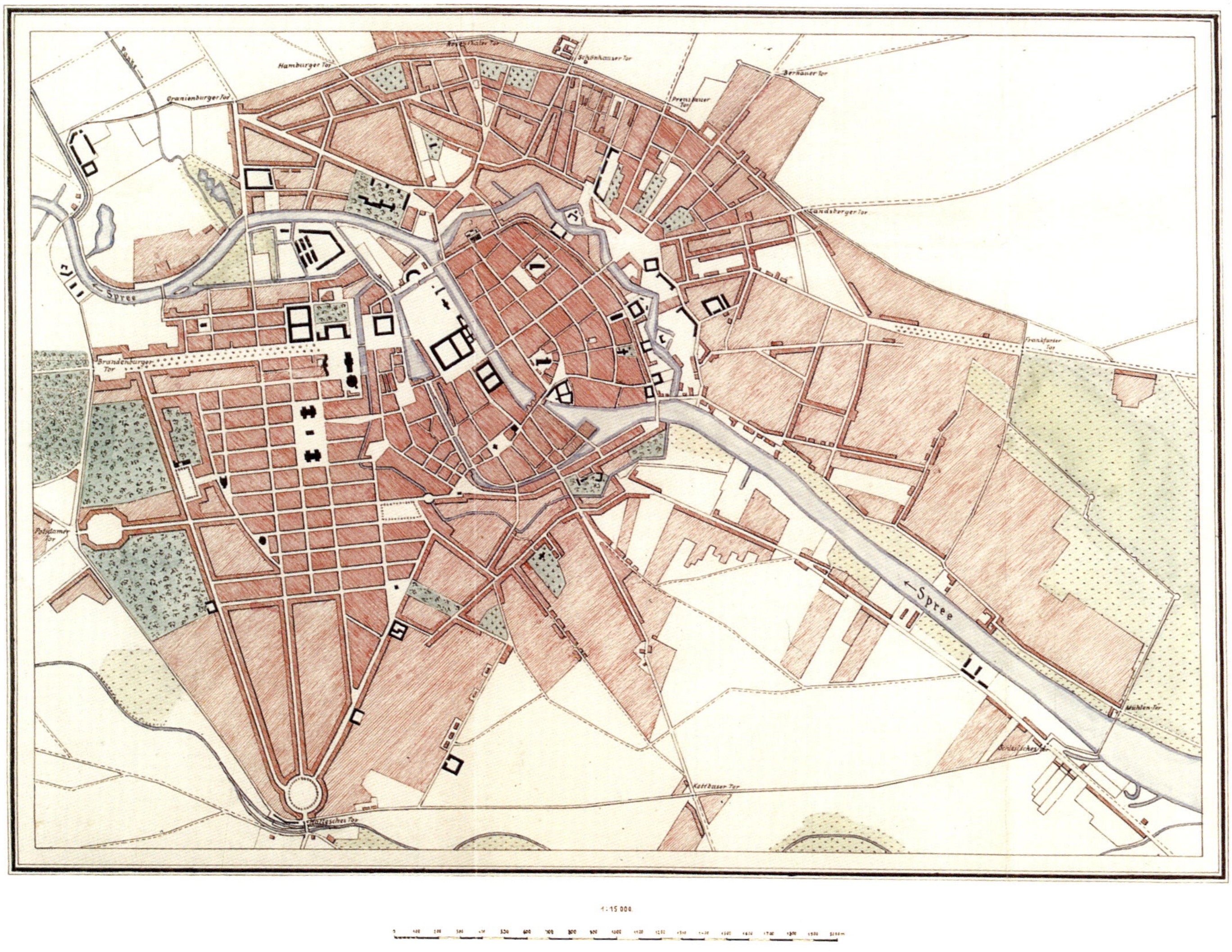

Berlin im Jahre 1842.

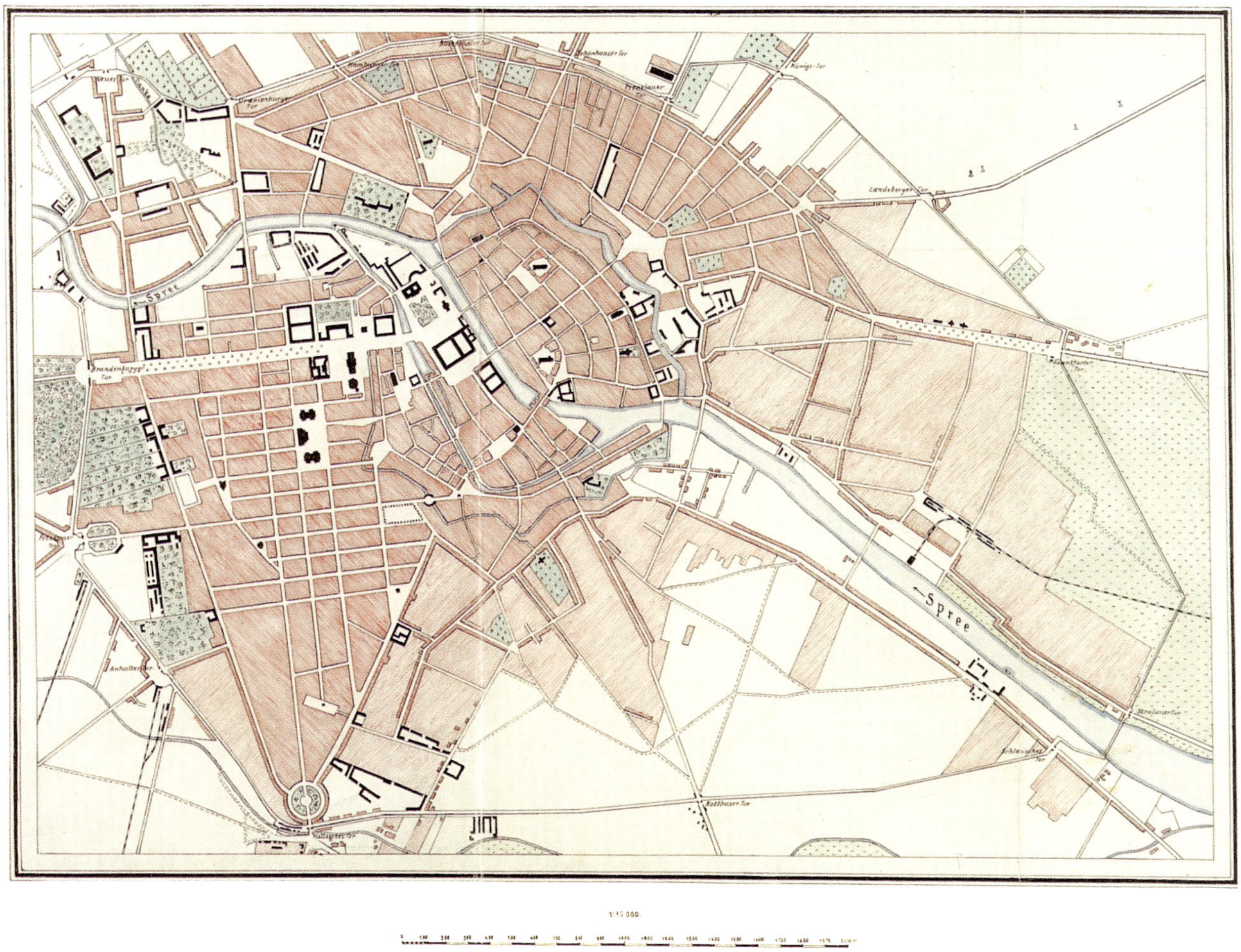

Berlin im Jahre 1861.

Berlin und Umgegend
im Jahre 1872.
1:15000
Reh-Berge
Wurzel-Berge
Heide
Plötzen-See
Wedding
Moabit
Martinickenfelde
CHARLOTTENBURG
Tiergarten
Zoologischer
Garten
Botanischer
Garten
Neu
Schöneberg
Alt
Wilmersdorf

Weißensee
Neu
Hohen-Schönhausen
Friedrichs
Hain
Lichtenberg
Friedrichsberg
Boxhagen
Spree
Rummelsburg
Rummelsburger See
Stralow
Treptow
Lichtenberger
Kietz

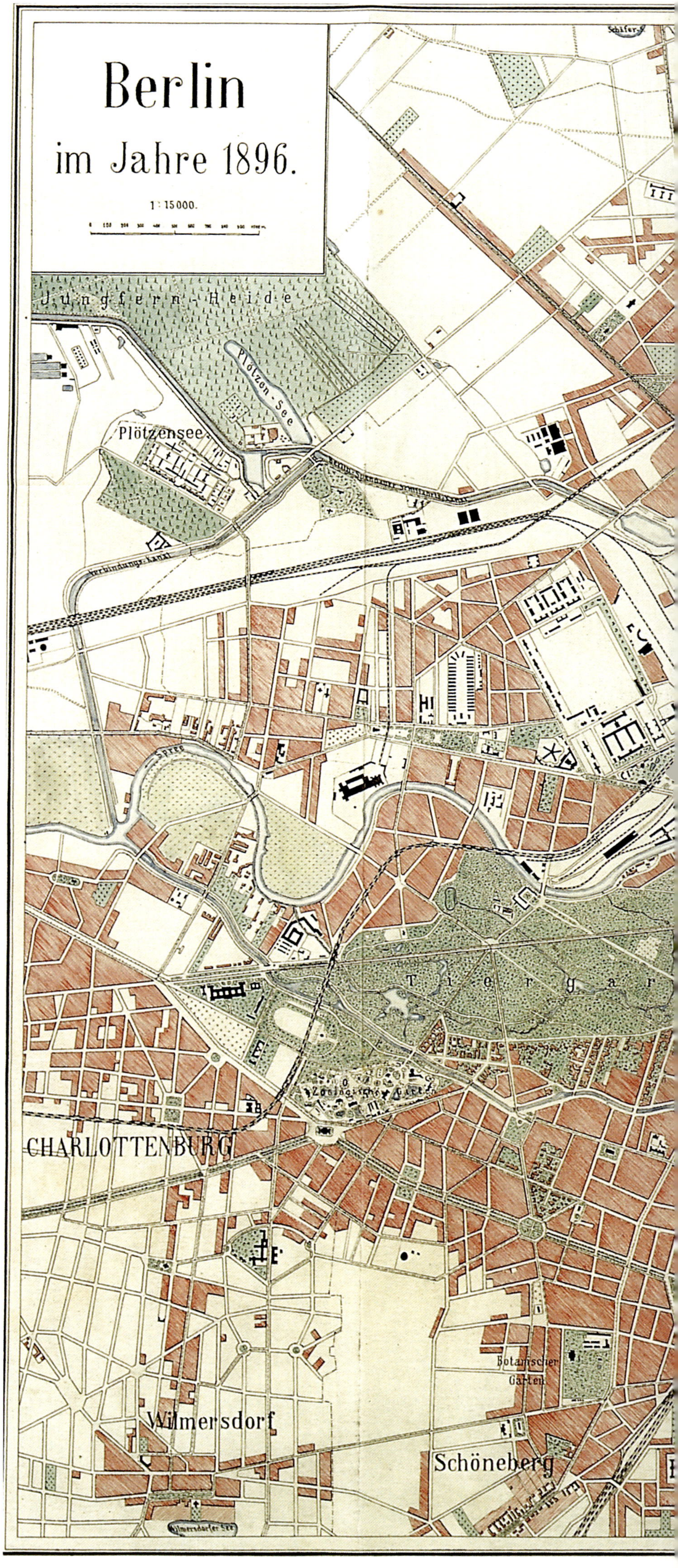
Berlin
im Jahre 1896.
1 : 15000.
Jungfern-Heide
Plötzen-See
Plötzensee
Spree
CHARLOTTENBURG
Botanischer Garten
Wilmersdorf
Schöneberg

Weißensee
Der Weiße See
Neu Weißensee
Humboldt Hain
Wilhelmsberg
Friedrichs-Hain
Kol. Friedrichsberg
Vorw. Boxhagen
Kol. Boxhagen
Spree
Rummelsburger See
Stralau
Treptower Park

Vorbemerkung
Von Henry Nielebock

Gegen Ende des Wiederaufbaus nach dem 2. Weltkrieg sah sich die Gesellschaft in Deutschland mit einem neuen Stadtbild konfrontiert, das auf zunehmende Skepsis stieß. Die Ideen für eine Stadt von morgen hatten in ihrer Ausführung den traditionellen Stadtraum verdrängt.

Die Protagonisten des „Neuen Bauens" waren gegen den Mietskasernenbau der Jahrhundertwende angetreten. Zugunsten weiter Gebäudeabstände für den Einlaß von Licht, Luft und Sonne hatten sie die Bildung klar definierter Stadträume vernachlässigt. Ihre zahlreichen Schriften, Skizzen und Konzepte waren nach dem Krieg oft unkritisch als Grundlage eines gigantischen Aufbauprogramms mißbraucht worden oder als Segmente in Neuordnungsprogramme eingegliedert worden, die in Aufbaustäben bereits in den letzten Kriegsjahren vorbereitet wurden.

Die später einsetzende Kritik an den Bauten der fünfziger und sechziger Jahre, insbesondere am Großsiedlungsbau, lenkte den Blick zurück auf den jahrhundertelang tradierten Stadtraum und seine konstituierenden Elemente: Straße und Platz als räumliches Kontinuum für öffentliche Nutzung und Aneignung, ihre Gestalt als Spiegelbild sich wandelnder Bedürfnisse und Anforderungen.

Ein erster Schritt zur Neubestimmung von Qualitäten, zu dem, was über Jahrhunderte selbstverständliches Instrumentarium der Stadtbaukunst war, ist das Aufzeigen und Analysieren spezifischer „Auslöser" für Nutzung und Ausprägung öffentlicher Räume. Diesem Anliegen ist die folgende Topographie der Berliner Stadtplätze gewidmet. Dabei wird versucht, die gesellschaftspolitischen, ökonomischen, funktionalen und gestalterischen Aspekte darzustellen, die Entwicklung und Aussehen der Stadtplätze formen.

Die Länge des Untersuchungszeitraums von der Gründung der Stadt bis zum Jahre 1996 und die daraus resultierende Vielzahl der Objekte macht eine Eingrenzung auf die wichtigsten Probleme erforderlich. Gegenwart und Zukunft werden nur exemplarisch in der Form eines Excurses an zwei herausragenden Projekten erörtert, dem Potsdamer Platz und dem Alexanderplatz.

Die Entstehung der frühmittelalterlichen Marktplätze in Berlin

Die Bedeutung des Marktes für die Städtegründung

Bereits im 9. Jahrhundert reisten Händler, durch ganz Europa, auch durch die noch unerschlossenen heidnischen Gebiete östlich der Elbe. An strategisch bedeutsamen Stellen, Pässen, Wegekreuzungen, Flußübergängen oder herrschaftlichen Wohnsitzen legten sie Depots für ihre Waren an. In der Regel bestanden diese Depots aus einigen, meist parallel zur Hauptstraße orientierten Gebäuden und Schuppen, die zum Schutz gegen Übergriffe von hölzernen Palisaden oder Erdwällen umgeben waren. Bewacht wurden sie von seßhaft gewordenen Händlern oder von Mannschaften, die in regelmäßigen Abständen ausgetauscht wurden. Die durchziehenden Karawanen hatten hier die Möglichkeit zu rasten und die Pferde auszutauschen. Der Flächenbedarf der Depots entsprach den Abmessungen einer angespannten Wagenkolonne (Abb.1).

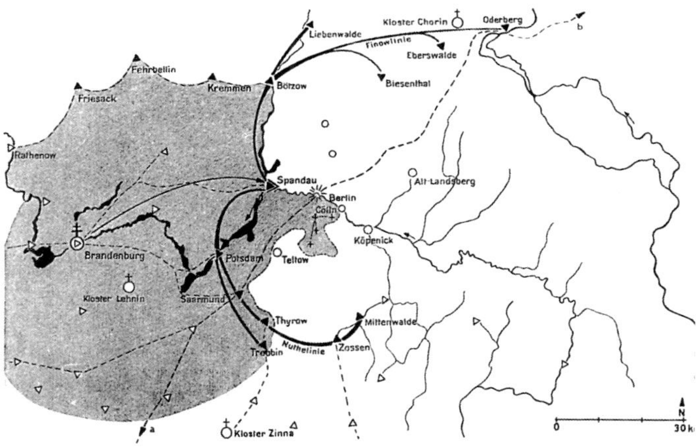

1 Karte mit den Eintragungen der alten Fernhandelswege (gestrichelt) und den Eroberungsbewegungen der Askanier (nach Schinz)

Für diese Depots hat sich der Terminus „Wik“ herausgebildet, dessen Herkunft Planitz aus dem lateinischen *vicus* oder dem germanischen *wiken* als Handelsniederlassung oder Zufluchtsort zu erklären weiß. *„Der Wik (bestand) damals in der Regel noch aus einer einzelnen Handelsstraße und nur in besonders entwickelten Städten aus einem länglichen straßenförmigen Rechteck; für beide Formen wäre die Bezeichnung „forum“ nicht angebracht gewesen. So dürfen wir annehmen, daß der Markt regelmäßig im Wik abgehalten wurde. Als Marktort wird der Wik damals mit dem Ausdruck imereatus bezeichnet.“* [1]

Im 12. Jahrhundert, auf dem Höhepunkt der Städtegründungsperiode, waren die Wike sehr oft der Ausgangspunkt neuer Städte. In den Endsilben vieler Städte aus jener Zeit hat sich der Begriff Wik, bis in die Gegenwart erhalten, z.B. bei Schleswig oder Bardowik, oder er läßt sich in der Entwicklung des Namens erkennen wie bei Brunswik (Braunschweig) oder Lundenwik für London.

Im 12. Jahrhundert setzte im deutschen Raum eine Phase verstärkter Siedlungstätigkeit ein, in deren Verlauf in bisher nicht gekanntem Umfange Städte gegründet wurden. Die Ursachen dafür lagen u.a. im sprunghaften Anwachsen der Bevölkerung von 3,5 auf fast 7 Millionen und in der Veränderung gängiger Produktionsmethoden wie z. B. der Konstruktion modernerer Gerätschaften für die Landwirtschaft und der Einführung der Dreifelderwirtschaft.

Die nun von der Arbeit auf dem Hof freistehenden Familienmitglieder wandten sich von der Landwirtschaft ab, um sich der Fertigung handwerklicher Produkte zuzuwenden. Nicht mehr an den Hof als Produktionsstätte gebunden, begaben sie sich an Orte mit einem Absatzmarkt für ihre Waren und somit in den direkten Vergleich mit anderen Handwerkern. Dort wurde ihnen auch der Zugang zu den Rohstoffen erleichtert. Kontinuierlich vollzog sich innerhalb dieses Zeitraums die Umstellung der Produktion von einer überwiegend auf die Interessen des jeweiligen Feudalherrn zugeschnittenen auf eine überregional orientierte Produktion für das Bürgertum.

Markt- und Handelswesen entwickelten sich durch Besteuerungen zu lukrativen Geldquellen der Feudalherren, die ihre Städte, durch die der Handel lief, auf die Bedürfnisse des Marktes ausrichteten. Markt- und Handelsstädte wurden zum Faktor feudalistischer Machtpolitik [2].

Das genaue Entstehungsdatum der Doppelstadt Berlin und Kölln liegt im dunkeln, mit einiger Wahrscheinlichkeit gibt es aber erste planmäßige städtische Anlagen um die Wende vom 12. zum 13. Jahrhundert [3]. Die Grundrisse basieren auf dem erprobten, vielfach variierten Schema der süddeutschen Straßenmarktanlagen, die den meisten Kolonialstädten zugrunde liegt. Diese Form wird vor allem für den älteren Stadtteil "Kölln" vermutet, da auf der südlichen Talsanddüne zwischen Barnim und Teltow wohl ein Depot der „negotiatores manentes", der seßhaft gewordenen Fernhändler, bestand, die für ihre Niederlassungen die Lage an den Hauptverkehrsstraßen wählten [4] (Abb.2).

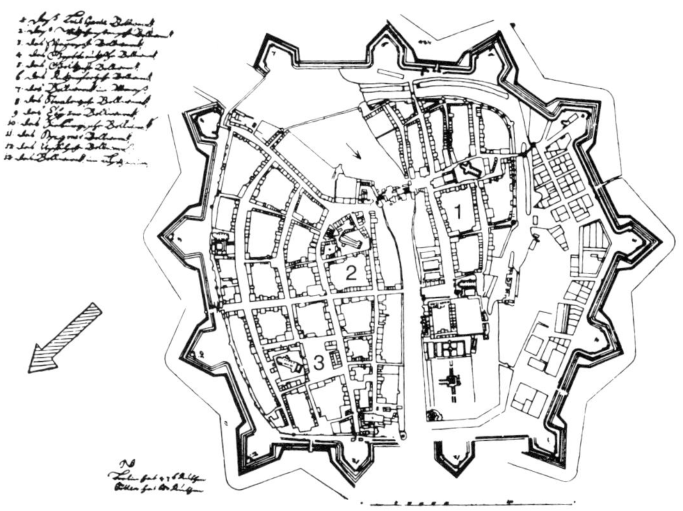

2 Sog. Lindholtscher Plan von 1663, deutlich zu erkennen die drei alten Zentren
1. Köllnischer Markt, 2. Molkenmarkt und 3. Neuer Markt

Das bewährte orthogonale Straßenraster ließ sich ohne wesentliche Konzessionen mit der bestehenden Anlage in Einklang bringen. Durch die Anpassung an topographische Besonderheiten, in Berlin zum Beispiel der Spreeknick, wurde oftmals die Klarheit, die diesem einfachen Schema eigen ist, aufgegeben. Dennoch ließ sich anhand von Plänen noch bis zum Zweiten Weltkrieg das parallel zur bestehenden Hauptstraße orientierte Straßenraster nachvollziehen.

Im Gegensatz zu den frühen, im Schutze von Burgen oder an Weggabelungen entstehenden Siedlungen und Städten vorkarolinigischer Zeit haben die späteren Gründungen ein leicht ablesbares, geometrisches Ordnungsschema. Zu einem wesentlichen Charakteristikum dieser nun nicht mehr ausschließlich auf die Bauten von Adel und Klerus bezogenen bürgerlichen Städte wurde der Markt. Er bildete den zentralen Erlebnisraum innerhalb der Stadt, deren Grundriß sich immer mehr der Funktion des Marktes unterordnete. Stets an den Hauptverkehrsadern gelegen, zum Teil sogar am Schnittpunkt mehrerer Handelsstraßen, waren diese Plätze für jedermann leicht zu finden. Dem Warenumschlag, entscheidender Faktor des Handels, wurde, wann immer möglich, Rechnung getragen [5]. Die Städte, die innerhalb der Städtegründungsperiode im nordostdeutschen Raum entstanden, wurden ganz offensichtlich nach Kriterien der Zweckmäßigkeit angelegt: Hier sollte gehandelt werden, sollten Waren umgeschlagen und die Menschen in den Vorposten des Christentums mit Gütern des täglichen Bedarfs versorgt werden.

Daß die Existenz dieser Städte primär durch die Evolution des Handels bestimmt wurde, zeigt die Position des Marktes, der dem alten Handelsplatz schon bald nicht mehr nachstand, ihn notfalls ersetzen konnte, falls ökonomische oder politische Strukturveränderungen zur Stagnation des Fernhandels führten.

Zunehmend bildete sich eine Abhängigkeit der städtischen Bevölkerung vom regionalen Markt heraus. Nicht nur seine Funktion mußte innerhalb des Stadtgrundrisses permanent überprüft und neuesten Standards angepaßt werden, auch die landesherrlichen Privilegien mußten ständig erneuert und erweitert werden. Zudem führte die Ausdehnung des Stadtgebiets über das ursprüngliche Weichbild hinaus zu einer Verknappung des landwirtschaftlich nutzbaren Bodens in der unmittelbaren Umgebung, was wiederum die Arbeitsteilung förderte. Immer mehr Menschen spezialisierten sich in der Herstellung handwerklicher Produkte, die als Waren wiederum Märkte benötigten.

Anlage der frühmittelalterlichen Stadtplätze

Die Ästhetik deutscher frühmittelalterlicher Städte offenbart sich in der Einfachheit ihrer Grundrisse. Sie läßt sich als Ergebnis der Erinnerungen der Kolonisatoren an die Gestalt ihrer Heimatorte und der pragmatischen Bedürfnisse eines in eine feindliche Umwelt gestellten christlichen Vorpostens begreifen. Nach den linguistischen Forschungen Agathe Laschs [6] scheint erwiesen, daß die für die Gestalt der frühen Stadt Berlin verantwortlichen

„Architekten" aus dem Schwabengau, einem Gebietsdreieck zwischen Thüringer Wald, Harz und Niederrhein kamen. Der 1247 urkundlich erwähnte Schulze *Marsilius* [7] stammte aus dem Kölner Raum, was in ihm den Namensgeber der westlichen Hälfte der Doppelstadt vermuten läßt [8]. Dieser Kölner dürfte zu den maßgeblichen Gestaltern der Gründungsphase gehört haben. Eine solche Stadtgründung schildert Karl Gruber: *„Die Stadtgründung erfolgte in der Weise, daß der Landesherr locatores, Unternehmer oder Beamte, Ministerialen im Lande herumschickte, um Siedlungslustige zu werben. Diese schlossen sich zu zwölfen oder vierundzwanzig zu einer Schwurgilde (conjurati oder conjuratores) zusammen, die als Lohn für ihre Tatkraft die bevorzugten Grundstücke am neugegründeten Markt bezog und den Grundstock zu dem späteren Patriziat, den ratsfähigen Familien abgab."* [9]

Karl Gruber bezeichnet den Markt als den Teil der Stadt, in dem die besten Grundstücke lagen. Es entsprach der Stellung des Marktplatzes als bürgerliches Zentrum, daß das Rathaus im direkten räumlich-funktionalen Zusammenhang mit der Platzfläche errichtet wurde. Sofern die Fläche groß genug war, baute man das Rathaus direkt auf den Platz, war das nicht möglich, wurde es in die Platzrandbebauung integriert. Als repräsentativstes weltliches Gebäude sollte es die Bedeutung des Bürgertums demonstrieren. Schnitzereien an den tragenden Gebäudeteilen des Fachwerks und freskenartige Verzierungen in den Ausfachungen waren die Regel, und sie hoben die mittelalterlichen Rathäuser von den übrigen Bauten deutlich ab.

Das Raumangebot gibt Hinweise auf das Leben und die Bedürfnisse der Bürgerschaft [10]. Im Erdgeschoß, dem Platz zugewendet, befand sich der Schöffenstuhl oder die Gerichtslaube, darüber die Ratsstube. Neben der meist vorspringenden und im Sommer offenen Gerichtslaube lagen Niederlags- und Verkaufsräume sowie eine Trinkstube. Darüber befand sich ein Tanzsaal, für Hochzeiten und Gemeindefeste. Im Untergeschoß der teilweise unterkellerten Gebäude waren die Warenstapel der Händler untergebracht. Nach diesem Raumverteilungsschema lassen sich die ersten Berliner Rathäuser ungefähr rekonstruieren [11]. Sie waren Gerichts- und Ratsstätte, Kaufhalle und Tanzboden zugleich.

Die den Platz umgebenden und ihn räumlich begrenzenden Gebäude waren zumeist als einfache Holzrahmenkonstruktionen errichtet, die mit Lehm ausgefacht und mit einem Strohdach gedeckt wurden. Eine höhere Gestaltqualität entwickelte sich erst, mit der wachsenden ökonomischen und politischen Konsolidierung des Bürgertums. Die Giebelfronten entlang den Straßen und Plätzen entsprangen dem natürlichen Schutzbedürfnis, waren eine Reaktion auf mögliche äußere Bedrohungen. Bei der Aneinanderreihung der schmalen Giebel bot das Einzelgebäude die kleinstmögliche Angriffsfläche, die Summe der Gebäude jedoch bildete eine ernstzunehmende Befestigung. Die Fronten der Gebäude am Platz, die nur durch schmale, ein bis zwei Fuß breite Wirtschaftsgänge voneinander getrennt waren, nahmen sich im Vergleich zu denjenigen der damals im südwestdeutschen Raum entstehenden Städte bescheiden aus. Dort waren bereits Naturbruchstein und Ziegelmauerwerk in Gebrauch, und die baukörperliche Gliederung beinhaltete plastische Elemente wie vorspringende Erker oder Arkaden in den Erdgeschossen. Dennoch erfüllten auch die einfachen, strohgedeckten Häuser der Kolonialstadt einen für die Gestalt der Plätze wesentlichen Gesichtspunkt: Sie bildeten seine räumliche Begrenzung! Form und Funktion der Gebäude waren von den Kolonisatoren übernommen und zum Teil modifiziert worden. Ihren Intentionen war es überlassen gewesen, das überlieferte und bewährte Muster der südwestdeutschen Stadtanlagen dahingehend zu modifizieren, daß es den funktionellen Anforderungen der Nutzer entsprach.

Dem bürgerlichen Selbstverständnis dieser Periode lagen die philosophisch-ethischen Vorstellungen des Mittelalters zugrunde, wie sie uns aus den Gedanken Thomas von Aquins überliefert sind: Das Individuum hatte sich bewußt einem höheren Ganzen unterzuordnen. Die Bedeutung des Ordogedankens für die Gestalt der frühen Städte hebt Karl Gruber besonders hervor: *„Es entstand keine gestaltlose Gleichheit, sondern eine ständisch gegliederte, die den einzelnen zugleich bindet und befreit."* [12]

Dem einzelnen Bürger war es überlassen, wie hoch er Traufe und Giebel setzte, welche Verzierung er für die Fassade seines Hauses wählte. Die Ordung des mittelalterlichen Stadtbildes bestimmte sich allein durch das Zugehörigkeitsgefühl zu einer bestimmten Gruppe, deren festgefügte Gestaltvorstellungen den Rahmen bildeten.

Langsamer als die Gestalt der Platzwände veränderte sich die Platzoberfläche. Nach heutigen Begriffen stand ihr Erscheinungsbild im allgemeinen bis ins 18. Jahrhundert hinein in deutlichem Widerspruch zur Bedeutung, die die bürgerlichen Stadtzentren hatten. Die anfängliche Zurückhaltung in der Gestaltung der Platzrandgebäude fand in der Behandlung der Oberflächen der

Ebenen ihr adäquates Gegenstück. So blieben Stadtstraßen und Platzflächen über Jahrhunderte ungepflastert den Witterungseinflüssen preisgegeben. Oft waren Knüppeldämme der einzige Behelf, um den durchziehenden Wagen einen Weg durch Kot und Abfall zu bahnen. [13].

Eine Vielzahl von Erlassen und Verordnungen bezeugt, daß man den unwürdigen Verhältnissen beizukommen versuchte. Für das Bedürfnis nach Repräsentation hatte in der frühen Phase die Fläche noch keinen Stellenwert. Das bürgerliche Interesse beschränkte sich weitgehend auf den eigenen Besitz, also auf die Gestaltung der Straßenfassaden, während die gemeinsame Nutzung der Fläche keine „direkte Zuständigkeit" hervorrief. So wurde eine über notwendigste Vorrichtungen hinausgehende Straßenmöblierung vermieden, damit für die Aufstellung von Verkaufsbuden (leichte Häuser, zu denen im Bereich der städtischen Feldmark kein Grundbesitz gehört) und Schrannen (auch *Scharren* oder *Scharne* genannt, nicht mit den heute gebräuchlichen einfachen Marktständen vergleichbar) kein Raum vergeudet und der Verkehr nicht behindert wurde. Aus den Fenstern der angrenzenden Gebäude oder auf einfachen, demontierbaren Verkaufsständen legten die Händler ihre Waren aus *(stationes)*, während die Stände in der Kaufhalle den Großhändlern vorbehalten waren *(marcella)*. Diese Stellen gehörten zum wichtigsten Besitz einer Familie.

Da die Markttage regional unterschiedlich abgehalten wurden, versuchte man die Händler durch Terminüberschneidung an einen Ort zu binden, ein Ausdruck der Konkurrenz der Orte untereinander. In Berlin zum Beispiel fand der Fischmarkt täglich statt, wegen der Verderblichkeit der Ware sogar sonntags nach der Predigt. Die in der Stadt ansässigen Handwerker durften ihre Waren mittwochs und sonnabends auch außerhalb der Werkstätten auf dem Wochenmarkt anbieten. Die Krämer besaßen sogar das Privileg, einen Dauerstand, zusätzlich zu ihren Gewölben, zu unterhalten. An drei Tagen, Mittwoch, Freitag und Sonntag, waren auch auswärtige Händler in der Stadt zugelassen.

Der Handel blieb jedoch nicht auf die Verkaufsflächen der öffentlichen Plätze beschränkt. Mit steigendem Handelsaufkommen dehnte er sich auch in die Seitenstraßen aus. [14]

Die Öffentlichkeit der Warenproduktion, deren Alltäglichkeitscharakter, war ein wichtiger Bestandteil kommunikativer Allgemeinbildung im Mittelalter. Die Fertigung handwerklicher Produkte direkt unter den Augen der Kunden machte den Wert einer Ware für jeden überschaubar. Der Käufer konnte das verarbeitete Material und den Arbeitsaufwand überprüfen und den Gegenwert ermitteln.

Nicht allein die Konzentration der gewerblichen Produktionsstätten um die Märkte herum verdeutlicht deren Kommunikationswert. Alle wichtigen Einrichtungen waren am Platz oder standen in direktem räumlichen Zusammenhang mit ihm: Außer den bürgerlichen Rathäusern mit ihren Gemeindeeinrichtungen befanden sich dort die Kirchen, anfangs sogar noch von den Friedhöfen umgeben, die Brunnen, die Trink- und Löschwasser speicherten und die freie Platzfläche, die im Katastrophenfall als Sammelplatz diente.

Aus der Vielzahl der Nutzungen läßt sich ablesen, welche Bedeutung die Stadtplätze für das Leben im Mittelalter erlangt hatten. Durchweg lassen sie sich als multifunktional genutzte Flächen begreifen. Die Summe der Nutzungs- und Aktivitätsangebote machte sie zu ökonomischen und gesellschaftlichen Zentren.

Berliner Ur-Plätze: Köllnischer Fischmarkt und Molkenmarkt

Sowohl in den von Planitz als auch in den von Heiligenthal angestellten Betrachtungen über die Entstehung mittelalterlicher Stadtgrundrisse nimmt der Wik als frühe Form des städtischen Freiplatzes breiten Raum ein. Nach

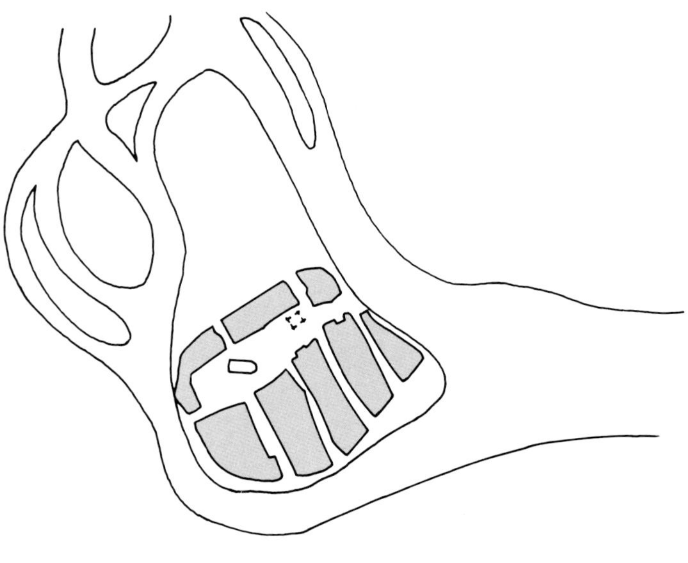

3 Skizze Grundriß Kölnischer Fischmarkt;
der Wik am Übergang der Spree. Die Straßen führen zum Wasser!

4 Rosenberg, Ansicht des Köllnischen Fischmarktes 1785

Planitz entwickelte er sich aus einem anfänglich nur einseitig bebauten Straßenstück in der Ottonenzeit zu einem beidseitig die Handelsstraße umfassenden Ort [15]. Die Entwicklung der Wikformen ist für Berlin insofern wesentlich, da es sich bei der Ur-Form des *Köllnischen Fischmarktes* aller Wahrscheinlichkeit nach um einen ehemaligen Fernhändler-Wik handelt (Abb. 3).

Die Führung der Parallelstraßen vom Platz zum Wasser hinunter läßt den Schluß zu, daß der Köllnische Fischmarkt als erster Berliner Platz nicht nur eine Funktion als Stauplatz besaß, sondern schon früh als Umschlagort vom Wasser aufs Land genutzt wurde. Die Bebauung könnte in diesem Falle zuerst an der Südseite erfolgt sein. (Abb.4) Unter den sich verändernden Bedingungen des expandierenden Handels, in dem das Marktwesen ständig an Bedeutung gewann, entwickelte sich auch der einst primär auf die Belange des durchziehenden Fuhrwerkverkehrs ausgerichtete Wik weiter. Die Marktzeiten wurden ausgedehnt, so daß der Handel auf der Platzfläche zu einem Hindernis für den täglichen Verkehr wurde.

Heiligenthal hat anhand des Beispiels von Radolfzell nachzuweisen versucht, daß die Straßenmarktanlagen, zu denen auch die Wike zu rechnen sind, bei Bedarf um den an der Straße gelegenen Kirchplatz erweitert wurden [16]. Dieser Vorgang ist sehr wahrscheinlich, da die Verbindung weltlicher Markt und Handelstage mit höheren Kirchenfesten ein wesentlicher Bestandteil der mittelalterlichen Wirtschaftsentwicklung war.

Die Bedeutung der Begriffe *Wochenmarkt* und *Jahrmarkt* enthält Hinweise auf die anfänglich noch unterschiedliche Nutzung beider Plätze. Der Begriff Jahrmarkt impliziert den Seltenheitscharakter der Handelstage, die dann allerdings drei bis vier Tagen hintereinander andauerten. Zu diesen festlich gehaltenen Tagen kamen die Großhändler von außerhalb, um ihre höherwertigen Produkte anzubieten. Zu den Messen waren Markt- oder Handelstage mit höheren Kirchenfesten verbunden. Beide garantierten einen vermehrten Zulauf der Bevölkerung eines weiteren Umkreises.

Eine entsprechende Entwicklung läßt sich auch für den *Molkenmarkt* als eine Zwischenform von Wik und Marktplatz vermuten.

5 Rosenberg, Ansicht des Molkenmarktes 1785

Der *Köllnische Fischmarkt* war noch nach Kriterien des Fernhandels angelegt, indem man die Wik-Anlage in die neue Stadt zu integrieren versuchte. Beim *Molkenmarkt* nun sollten die bekannten Nachteile der Straßenführung durch das Zentrum von vornherein weitgehend ausgeschlossen werden.

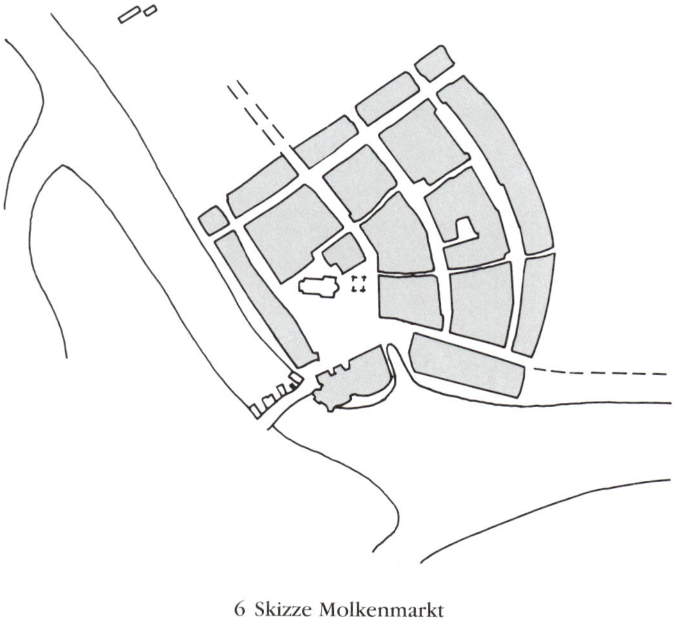

6 Skizze Molkenmarkt

Wie die Skizze zeigt, handelt es sich beim Molkenmarkt innerhalb des bei Schinz dargestellten Schemas mittelalterlicher Platzentwicklung [17] um einen vom Durchgangsverkehr nur tangierten Blockplatz, der dem reibungslosen Funktionsablauf von Verkehr und Markt entgegenkommt (Abb.5, 6).

Der Marktplatz ist gleichzeitig Kirchplatz und in seiner Frühform nahezu unbebaut. Die Bebauung auf der freien Platzfläche erfolgte erst, als der *Molkenmarkt* durch die Konkurrenz des *Neuen Marktes* an Attraktivität einbüßte [18]. Die freigehaltene Marktfläche liegt im Schnittpunkt stadteinwärts führender Handelsstraßen. Der Wagenverkehr kann nun weitgehend störungsfrei über die Platzränder fließen. Wie schon beim *Köllnischen Fischmarkt* befinden sich auch hier zunächst noch Einrichtungen der Gemeinde im direkten räumlichen Zusammenhang mit der Platzfläche: Die - wie im Mittelalter allgemein üblich - geostete Nikolaikirche, eine romanische Feldsteinbasilika (unter der E. Reinbacher bei den Grabungen 1958 zwei ältere Kirchen erfassen konn-

7 Rosenberg, Ansicht des Neuen Marktes 1785

te, und zwar eine ältere Feldsteinbasilika aus der Zeit um 1230 und eine jüngere gotische Hallenkirche von etwa 1300 [19]), sowie das Rathaus mit der Gerichtsstätte und dem Pranger auf der Nordseite [20]. Diese Gebäude erwiesen sich im weiteren Verlauf der Platzentwicklung jedoch als hinderlich, so daß sie schließlich aus der Fläche ausgelagert wurden.

Der Neue Markt

Die Erweiterung des ältesten Berliner Stadtteils wurde relativ früh notwendig, ein Beweis für die rasche Entwicklung des Markt- und Handelswesens ausreichend privilegierter Städte. Bereits mit der Stadterhebung Berlin-Köllns waren Rechte und Privilegien verbunden gewesen, die garantieren sollten, daß die Doppelstadt eines Tages die übrigen märkischen Städte überflügeln würde [21]. Beispielsweise hatte zu den Gründungsprivilegien die Handels- und Zollfreiheit für Berliner Kaufleute innerhalb des markgräflichen Herrschaftsbereiches gehört. Dazu gesellte sich das Niederlagsrecht, das die in einem bestimmten Umkreis die Stadt passierenden auswärtigen Händler zwang, entweder einen höhen Durchgangszoll zu entrichten oder ihre Waren einige Tage in der Stadt

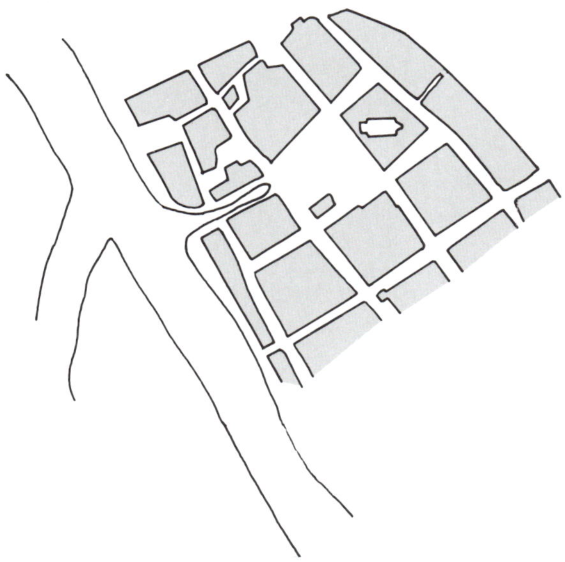

8 Skizze vom Neuen Markt

zum Verkauf anzubieten. Für die Benutzung der Kaufhallen oder Buden mußten sie einen Zins zahlen, eine Einnahme, die nicht allen märkischen Städten zuteil wurde und Wachstum und Wohlstand der jungen Doppelstadt in erheblichem Maße förderte. Der neue Stadtteil, das Marienviertel, stellte von seiner durch die zentrale Einbindung des Marktplatzes bestimmte Grundrißentwicklung einen frühen Höhepunkt pragmatischer Stadtbaukunst dar. Das zugrunde liegende klare Ordnungsschema, durch keinerlei topographische Besonderheiten oder vorhandene Siedlungsreste beeinträchtigt, erzielte eine nahezu vollkommene Übereinstimmung der funktionellen Anforderungen an einen mittelalterlichen Marktplatz mit den gesellschaftspolitischen Bedürfnissen der Kolonialstadt sowie den Gestaltungsmöglichkeiten der Gründer. Durch die Gruppierung von acht etwa gleichgroßen Blöcken um einen zentralen Platz entsteht ein fast ideales Stadtbild [22]. Die bei den ersten Berliner Plätzen, dem Köllnischen Fischmarkt und dem Molkenmarkt, noch bestehende Verbindung von Marktflächen und Hauptdurchgangsstraßen ist hier fast vollständig aufgegeben. Nach der anfänglich unvermeidlichen Tangierung des freien Mittelraumes durch die Spandauer Straße wird in der Folgezeit die Platzfläche von der Hauptverkehrsstraße durch Errichtung eines schmalen, hochrechteckigen Baublocks geschieden. Dadurch entstand der neue, vom Durchgangsverkehr völlig befreite, aber dennoch leicht auffindbare Marktplatz jetzt im Zentrum der Stadt (Abb.7, 8).

Im Verlauf der Städtegründungsperiode wurde dieses ausgereifte, einen Höhepunkt der Stadtplatzentwicklung markierende Anlageschema vielfach angewendet. Es darf als Ergebnis eines langwierigen Planungsprozesses der primär unter ökonomischen Kriterien entstandenen mittelalterlichen Städte angesehen werden. Ein weiterer Aspekt, der den *Neuen Markt* von den beiden bereits vorhandenen Plätzen unterschied, war die Auslagerung der Kirche auf einen separaten Baublock nordwestlich des Platzes. Hier entwickelte sich, wie bereits angedeutet, im Laufe der Zeit (ausgelöst durch den Bau der Stadthäuser der Bischöfe von Lebus, Havelberg und Brandenburg) ein sakrales Zentrum, dem sich auch der Kalandshof zurechnen läßt. Einziges festes Bauwerk auf dem Platz selbst war das Kramhaus, das den Bestimmungszweck des dritten Berliner Marktes unterstreicht.

Das Kramhaus war in seiner Art ein Novum für die Doppelstadt. Erstmalig wurde für den Handel ein eigenes Gebäude errichtet, was darauf zurückzuführen war, daß man sich nicht auf einen Standort für das neue Rathaus hatte einigen können. Es entstand in einmaliger Lage an der Ecke Spandauer und Königsstraße, wodurch man dem Streit um den endgültigen Standort am *Molkenmarkt* oder *Neuen Markt* aus dem Wege gehen wollte. Das neue Rathaus bekam jedoch, obwohl es an keinem Marktplatz lag, die übliche Zahl an Räumen für den Handel zugeteilt.

Die Abhängigkeit von Marktwesen und Besiedlung des Umlandes wird deutlich bei der Betrachtung des Berliner Umlandes. Wie hätte man in so kurzer Zeit das Spreetal besiedeln können, wenn nicht das Berliner Marktwesen eine reibungslose Versorgung der Bevölkerung garantiert hätte?

Städtischer Markt und Zuwachs der Besiedlung bedingen einander, wofür einerseits die reibungslose Versorgung der neuen Bewohner des Spreetals steht, andererseits die wachsende Bevölkerung den weiteren Ausbau der Märkte beförderte, dokumentiert durch weitere Innungsprivilegien in der Zeit von 1272 bis 1294. [23]

Markt- und Handelsplatz sind zum beherrschenden Element der neuen Kolonialstädte geworden und haben deren schnellen Aufstieg und die damit verbundene weitgehende politische Selbständigkeit bewirkt. Dabei erwies das Stadtrecht seine Eignung für eine prosperierende Stadtentwicklung. Der Blockplatz, im Zentrum der Stadt gelegen und vom Durchgangsverkehr weitgehend freigehalten, ist das Ergebnis. Es ließ sich auf Parallelstraßenanlagen wie auf Orthogonalsysteme gleichermaßen anwenden. Die ersten drei Berliner Plätze geben die Entwicklung vom Wik *(Köllnischer Fischmarkt)* über die Zwischenform des *Molkenmarktes* bis zum zentralen Blockplatz *(Neuer Markt)* auf kleinstem Raum wieder. Die grundrißlichen Veränderungen erfolgten analog der sich wandelnden ökonomischen Bedingungen, die damit zum prägenden Faktor der Berliner Stadtplatzentwicklung wurden.

Die Gestalt der Platzbegrenzungen und der Innenflächen sowie die weitere bauliche Entwicklung der Zentren wurde durch die zunehmende soziale Differenzierung der städtischen Bevölkerung bestimmt. Hierarchisch gegliedert wie das Sozialgefüge präsentierte sich auch die Stadtgestalt: Das Patriziat residierte rund um das Rathaus und den Markt im Zentrum, entsprechend der ökonomischen Präsenz des höheren Bürgertums, während das niedere Bürgertum bis hin zu den Besitzlosen sich bis in die Randgebiete verteilte.

Der Stadtplatz als neues Element der mittelalterlichen Bürgerstadt prägt von nun an ihr Bild entscheidend. Nicht die bischöfliche Burg oder Adelspaläste bilden die Zentren dieser Städte, sondern der bürgerliche Freiplatz. Symbolisch in der Mitte verankert, manifestiert er die Abkehr des Bürgertums von der ländlichen Feudalstruktur. Der Zweite Stand war ratsfähig geworden und nahm Einfluß auf das Baugeschehen im Stadtraum. Innerhalb der Gilden entwickelte sich ein elitäres Verhalten: Die Zünfte wurden zu einer geschlossenen Gesellschaft. Als soziale Gemeinschaft bewährten sie sich jedoch hervorragend. Sie halfen in Not geratenen Mitgliedern und unterstützten deren Familien über den Tod des Ernährers hinaus. Daneben gab es die kleineren Händler, die Krämer, in deren Händen die Versorgung mit den täglichen Gebrauchsgütern lag. Ihr wichtigster Besitz stellte der Scharren dar, beziehungsweise das Recht, einen Scharren in der Stadt, vorwiegend auf den öffentlichen Plätzen, aufzustellen.

Sozial gleichzusetzen mit den kleinen Händlern waren die Handwerker, für deren Gewerke der Rat noch keine Statuten zugelassen hatte, die daher zunächst keinen Zünften angehörten. Handwerk, Kramhandel und niederes Bürgertum bildeten das Gros der städtischen Bevölkerung, das bis ins 15. Jahrhundert hinein weitgehend von der städtischen Selbstverwaltung ausgeschlossen blieb. Daraus resultierende gesellschaftspolitische Konflikte boten 1442 dem Kurfürsten von Brandenburg den Vorwand, sich gezielt städtischer Vorrechte zu bemächtigen.

Platzgestaltung in der kurfürstlichen Residenzstadt

Das Ende der städtischen Selbständigkeit

Bis zum Bau des Schlosses in der Mitte des 15. Jahrhunderts waren die Doppelstädte dominierende Zentren des Handels geworden. Nach der Vereinigung im Jahre 1307 standen sie bald an der Spitze der brandenburgischen Städte. Sie zahlten die höchsten Steuern und in ihren Mauern trat in den Jahren 1280, 1345 und 1400 der Märkische Landtag zusammen. Die Wahl Berlins weist darauf hin, daß die Versorgungsstruktur der Stadt bereits so ausgeprägt war, daß viele Fremde gleichzeitig beherbergt werden konnten. Gegen Mitte des 14. Jahrhunderts wurde Berlin in den Bund der Hanse-Städte aufgenommen, rangierte dort zwar nicht unter den bedeutenden Mitgliedern, betrieb aber, wie es im Hamburger Schuldbuch aus der Zeit von 1288 bis 1323 nachzulesen ist, einen intensiven Handel mit der Nordseeküste. [1] Die Vielzahl der über Berlin führenden Handelsstraßen ermöglichte Kontakte nach Flandern, zur Nord- und Ostsee, nach Polen und Rußland, Schlesien, Sachsen und Süddeutschland.

Mit den Städtebünden dieser Zeit wurde eine doppelte Absicherung erreicht: In erster Linie dienten sie den städtischen Interessen, indem sie Handel und Privilegien sicherten, gleichzeitig dienten sie aber auch den Interessen des Patriziats, da die Patrizier die erhandelten Vorteile ausschließlich für sich nutzten. Das verschärfte die gesellschaftlichen Gegensätze innerhalb der Bürgerschaft.

Nach dem Tode *Woldemars* im Jahre 1319 und dem Aussterben der Askanier in der Mark fühlten sich die Stadtbewohner immer weniger an die landesherrlichen Verdikte gebunden. Immer mehr waren die Städte auf ihre eigene Stärke angewiesen, entsprechend stieg ihr Selbstvertrauen. Die Verbrennung des Probstes von Bernau auf dem *Neuen Markt* 1324 läßt die zunehmende Verwicklung der Stadt in politische und kirchlichen Auseinandersetzungen erkennen.

Im Jahre 1448 erfolgte vor dem Spandauer Hochgericht die Verhandlung eines Pakets von fünfzehn Klagen, die Kurfürst *Friedrich II.* gegen den Rat der Stadt Berlin - Kölln erhoben hatte. Das Ende der Verhandlungen markierte zugleich einen Schlußstrich unter eine Reihe von Auseinandersetzungen, die seit 1442 zwischen der Stadt und dem Landesherrn stattgefunden hatten. Nach zweihundert Jahren weitgehender politischer und ökonomischer Autonomie waren die sozialen Spannungen zwischen dem Patriziat und der übrigen Bürgerschaft in unversöhnlichen Positionen erstarrt. Die Zünfte forderten eine Beteiligung am Stadtrat, um dort ihre Rechte besser zu wahren. Kurfürst *Friedrich II.,* aus Franken als Schiedsmann gerufen, hatte sich zunächst auf die Seite der Bürgerschaft gestellt und deren Beteiligung am Rat verfügt. Darüber hinaus hatte er die Gunst des Augenblicks genutzt und sich einige verlorengegangene landesherrliche Privilegien und Zugeständnisse zurückgeholt. Im Zeitraum von 1442 bis 1448 brachte er Niederlagsrecht und Stadtgericht wieder unter seinen Einfluß, ließ sich einen Bauplatz für ein kurfürstliches Stadtschloß zuweisen und erhielt die Bestätigung der jederzeitigen Aushändigung des Stadtschlüssels. Innerhalb von sechs Jahren hatte er so die städtische durch die landesherrliche Herrschaft ersetzt. Nachdem es seinem Vater *Friedrich VI.,* Burggraf von Nürnberg, Anfang des 15. Jahrhunderts noch mit Hilfe der Städte gelungen war, die Macht des Landadels zu brechen, manifestierte der Bau des *frenum antiquae libertatis („Der Zaum der bügerlichen Freiheit")* nun auch den Abbau städtischer Souveränität.[2] Darüber hinaus kennzeichnet er den Beginn der Entwicklung Berlins zur kurfürstlichen Residenzstadt.

Die Errichtung der Schloßburg

Eine 1442 zwischen dem Rat der Doppel-Stadt und Kurfürst *Friedrich II.* getrof fene Vereinbarung bestimmte die Abtretung eines Geländes für den Bau einer Schloßanlage. Dieses Gelände befand sich am nördlichen Ende des benutzbaren Köllner Inselteils, der in der damaligen Zeit noch überwiegend aus unwegsamem Morast bestand. 1443 vergrößerte der Kurfürst den Bauplatz durch Erwerb eines Grundstückes aus dem Besitz des Klosters Lehnin, 1444 durch Hinzunahme der Badestube an der Langen Brücke. Der Bauplatz war so gelegen, daß die neuen Gebäude vorteilhaft in die bestehende Köllner

Stadtmauer integriert werden konnten. Nach Osten war das gesamte Gelände durch die Spree vom Berliner Stadtteil getrennt, der nur über die *Lange Brücke* zu erreichen war. Die Lage im strategisch günstigen Winkel zwischen den beiden Stadtteilen kennzeichnet den Zwiespalt, dem sich der Kurfürst beim Bau seiner Schloßburg ausgesetzt sah: Einerseits sollte die Schloßburg Schutz nach außen bieten, andererseits bestand Mißtrauen gegenüber der unberechenbaren Stadtbevölkerung, so daß auch der Schutz nach innen angebracht schien.

So wies die erste Schloßanlage einen ausgeprägteren Burgcharakter auf als alle nachfolgenden Anlagen. Die Rekonstruktionszeichnungen, die *Albert Geyer* [3] vor dem Zweiten Weltkrieg angefertigt hat, zeigen diese erste Schloßanlage aus der Zeit *Friedrichs II.* als wehrhafte Burg, versehen mit Mauern und Türmen, von drei Seiten mit Gräben umschlossen, die den Bau nach außen sicherten (Abb. 9).[4]

Seit dem Ende des 13. Jahrhunderts, rund fünfzig Jahre vor Beginn des Schloßbaus, befand sich in unmittelbarer Nachbarschaft des Bauplatzes zwischen den nördlichsten Köllner Stadthäusern und der Stadtmauer ein Kloster des Dominikanerordens. Die räumliche Nähe zum Schloß wertete das Kloster so auf, daß es bald darauf durch *Joachim II.* zum Domstift erhoben und damit zum bedeutendsten Berliner Kloster wurde.

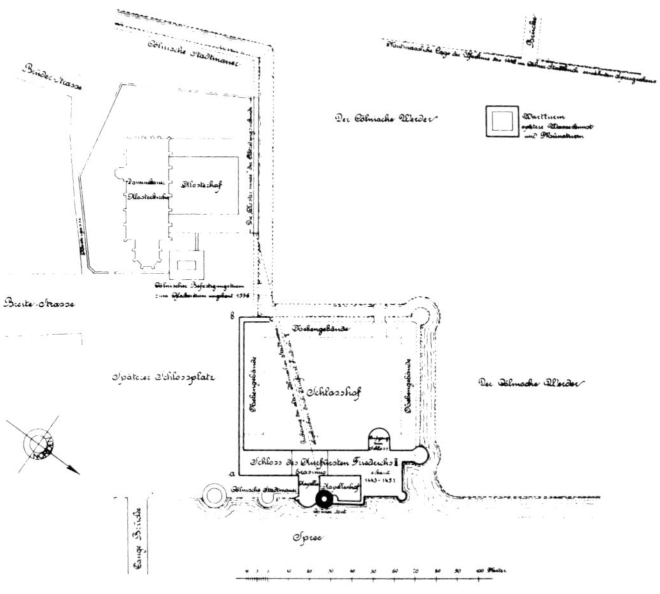

9 Albert Geyer, Das Schloß zur Zeit des Kurfürst Friedrich II.

Kurfürst *Friedrich II.* bezog seine 1451 fertiggestellte Schloßburg nur vorüberge hend. Erst vom Jahre 1486 an, mit dem Regierungsantritt *Johann Ciceros,* wurde das Gebäude zum ständigen Wohnsitz der Landesherren. Mit dieser Entscheidung, eine Erbregelung von *Albrecht Achilles* unter seinen Söhnen, waren die Weichen für eine veränderte Stadtentwicklung gestellt. Dem Verlust der bürgerlichen Freiheiten standen nun die Standortbedingungen einer Residenzstadt mit allen ökonomischen und kulturellen Vor- und Nachteilen gegenüber. Berlin entging dadurch dem Abstieg in die Bedeutungslosigkeit, der vielen großen Handelsstädten vorbestimmt war.[5]

Durch die Erhebung zur Residenzstadt wurde in Berlin die Platzentwicklung nicht bereits im Mittelalter unterbrochen, wie das in vielen deutschen Kleinstädten geschah. Mit der neuen Bedeutung der Stadt begann eine weitere Phase der Stadtplatzentwicklung, die für die nächsten dreihundert Jahre vom Willen eines nach absoluter Macht und Anerkennung strebenden Herrscherhauses geprägt wurde.

Wandel der Sozialstruktur

Die weitere Entwicklung Berlins zu einer kurfürstlichen, seit 1701 königlichen Residenzstadt war mit strukturellen Veränderungen verbunden, die sich über die soziale Zusammensetzung der Bevölkerung hinaus auch auf das äußere Erscheinungsbild der Stadt übertrugen. Bis zur Errichtung des landesherrlichen Schlosses bestand die bauliche Präsenz der askanischen Fürsten in der *„aula berlin"*, die wenig später durch das von Markgraf *Woldemar* erbaute Hohe Haus in der Klosterstraße ersetzt wurde. Dort lebte ein kleiner Stab von Hofbeamten, der die Belange der noch in Südwestdeutschland ansässigen Feudalherren wahrnahm. Erst der Bau des Schlosses machte eine größere Anzahl höfischer Bediensteter notwendig. Bis ins 16. Jahrhundert hinein war diese mit dem Schloß in direkter Beziehung stehende Gruppe auf ungefähr zweihundert Personen angewachsen und begann, trotz des relativ geringen Anteils an der Gesamtbevölkerung von etwa 8000 Einwohnern, das Bild der Stadt mitzuprägen.

Darüber hinaus brachte die Anwesenheit der Landesherren Personenkreise in die Stadt, die sich entweder in diplomatischer Mission befanden oder Handel mit dem Hof betrieben. Der eher pragmatisch-kolonialistisch orientierten Einwohnerschaft waren diese Gruppen suspekt, zumal sie ein Kulturniveau repräsentierten, das dem des einheimischen Landadels überlegen war. Infolge der kulturellen Rückständigkeit der Märker brachte die erste Generation der Landesfürsten ihre Hofbeamten noch aus dem heimischen Franken mit. (Beim Bau der Schloßburg mußten Maurer importiert werden, da Berlin nicht über eine genügende Zahl geschulter Kräfte verfügte.) [6]

Der einheimische Landadel begann sich aber bald an den Lebensgewohnheiten der neuen Einwohner auszurichten. Die äußere Anpassung an Kleidung und Lebensart der fränkischen Hofleute weckte neue Bedürfnisse und erweiterte das Warenangebot. Auch das Handwerk stellte sich auf die neuen Erfordernisse ein. Eine Verfeinerung von Produktionsmitteln und -methoden war die Folge.

Mit der Niederlassung der Landesherren in der Mark war jedoch ein Nachteil verbunden, der weit über die verlorene Selbständigkeit hinausging und für die ökonomische Entwicklung der Stadt gravierende Folgen hatte: Die Verwicklung der Feudalherren in die mittelalterlichen Glaubensdifferenzen, die die Politik des späten 15. und 16. Jahrhunderts stark mitbestimmten. In einem überwiegend römisch-katholisch orientierten Mitteleuropa standen die Hohenzollern dem reformatorischen Glauben nahe. *Kurfürst Joachim II.* vollzog 1539 die Trennung von der katholischen Kirche, die in Berlin nicht den Einfluß wie im westlichen und südlichen Deutschen Reich hatte und machte die evangelisch-lutherische Kirche nach kursächsischem Vorbilde zur Landeskirche. Die Magistrate von Berlin und Kölln übernahmen die Patronatsrechte über ihre Pfarreien. Im Jahre 1613 trat Kurfürst *Johann Sigismund* dann der calvinistisch-reformierten Kirche bei und entfachte damit zwischen dem Landesherrn und den streng an der lutherischen Lehre festhaltenden Magistraten einen Konflikt, der an Schärfe erst gegen Ende des 17. Jahrhunderts verlor.

Entwickelte sich der Berliner Handel in der ersten Hälfte des 15. Jahrhunderts noch recht gut, so geriet er, ohnehin behindert durch den 1448 erzwungenen Verzicht zur Teilnahme an Städtebündnissen, in eine zunehmend schwierige Lage. Im 16. Jahrhundert lief bereits ein großer Teil des Fernhandels an der Mark vorbei. Die Verbindungen zu anderen Städten wurden nicht gepflegt, die Präsenz Berlins in den europäischen Handelszentren sichtbar abgebaut. Seit 1490 zogen die Leipziger, später auch die Frankfurter Messe den größten Teil des märkischen Handels an sich. Die Beziehungen zur Hanse lösten sich, 1518 schied Berlin auch formell aus dem Bund aus.

Das Patriziat verlor seine Vormachtstellung, die es in den ersten zweihundert Jahren der Stadtgeschichte durch wirtschaftlichen Erfolg und selbstherrliche Willkür gefestigt hatte. Zwar beteiligten sich auch weiterhin einige Familien am Handel, der durch die Anwesenheit des Hofes interessant blieb, doch die Präsenz eines weiteren höheren Standes in der Stadt, der die uneingeschränkte Vormachtstellung der Gründerfamilien in Frage stellte, ließ das Patriziat mehr und mehr in den Hintergrund treten [7].

Die Entstehung des Schloßplatzes

Der Wandel Berlins von einer selbständigen mittelalterlichen Handelsstadt zur kurfürstlichen Residenz erfaßte alle Bereiche des urbanen Lebens. Die neuen Prioritäten waren nicht nur im Geschoßbau abzulesen, sondern auch direkt an der einzigen, in diesem Zeitraum entstandenen Platzanlage südlich der Schloßburg.

Bereits vor der Grundsteinlegung zur landesherrlichen Burg im Jahre 1442 bildeten die Mauern des fast zweihundert Jahre älteren Dominikanerklosters und die köllnische Stadtmauer die nordwestliche Begrenzung einer weiten, als öde Sandwüste beschriebenen Freifläche am äußersten Ende der Stadt. Die erwähnte Rekonstruktionszeichnung *Albert Geyers* zeigt eine köllnische Stadtmauer, die quer über die spätere Platzfläche verläuft, das heißt in der Verlängerung der Breiten Straße abknickt und im flachem Winkel bis zum Grünen Hut führt. Durch den Schloßbau reduzierte sich die ursprüngliche Fläche, da die Südmauer, an die sich die Nebengebäude anlehnten, ein Stück in die vorhandene Platzfläche hineinragte. *F. Nicolai* [8] bezeichnete sie als *Domplatz,* woraus erkennbar wird, daß die Fläche ursprünglich eine vorrangige Beziehung zur älteren Klosteranlage besaß. Die Umwandlung des Dominikanerklosters in ein Domstift (1536) nach der Verlagerung der Erasmuskapelle in die Klostergebäude besiegelt die sich herausbildende Einheit von Kirche und Schloß.

Über die Nutzung dieser - im Vergleich zur restlichen Stadt - riesigen Freifläche ist aus der Zeit vor dem Bau des Schlosses wenig bekannt. Es ist anzunehmen, daß sie aufgrund der Nähe zur Spree zunächst als Lager- und Handelsfläche diente. Die Verbindung mit dem Schloß

10 Aufzüge und Ringrennen auf der Stechbahn vor dem Berliner Schloß anläßlich der Taufe Markgraf Sigismunds von Brandenburg 1592, Stich aus den Histiricae relationis continuatio 1593 des Jacob Francus

wies dem Freiplatz vor dem Kloster aber größere Bedeutung zu. An den kirchlichen und weltlichen Festtagen schmückten bald hölzerne Buden den Platz. Diese neue Attraktivität ergab sich durch die häufige Anwesenheit herrschaftlicher Gäste, die besonders zu Festtagen das Schloß besuchten. In ihrer Begleitung befanden sich häufig Gewerbetreibende aus ihrem Herkunftsland, die daran interessiert waren, mit den Einheimischen in Handelskontakt zu treten. Das Wirrwarr der Buden erregte wohl bald das ästhetische Unbehagen der Schloßherren, denn bereits während der Regierungszeit des Kurfürsten *Joachim II* . (1535 - 1571) wurden sie durch einheitliche, gereihte Stände ersetzt. E. Faden beschreibt die Szene, die sich dem Betrachter der damaligen Zeit bot: *„Bei Festtagen dürfen Händler und Glückstöpferl ihre Buden um die Mauer herum aufschlagen und alles feilhalten, was auch heute auf Jahrmärkten Erwachsene und Kinder erfreut. Einige fester gebaute Buden dienten ebenfalls als dauernde Verkaufsstätten. Am Dom steht die Glasebude, die Vertriebsstelle für die Erzeugnisse der kurfürstlichen Glashütte...Täglich treffen Adlige und Bürger sowie kurfürstliche Beamte aus allen Teilen der Mark in Verwaltungsangelegenheiten und zu Gerichtsverhandlungen ein. So ist das Schloß trotz seiner Lage am Rande der Stadt ohne vornehme Abgeschlossenheit aufs engste mit ihr verbunden.“* [9] Die ersten Berliner Weihnachtsmärkte wurden auf dem Schloßplatz abgehalten.

Doch nicht allein das Marktgeschehen bestimmte die Nutzung des Platzes. Als Außenraum des Schlosses war er auch Spielstätte adliger Lebensart. So wurde ein Teil der Platzfläche abgetrennt und für das Turnierreiten hergerichtet. *Nicolai* vermerkt, daß Kurfürst *Joachim II.* anläßlich der Geburt seiner Tochter *Maria Magdalena* im Jahre 1538 ein großes öffentliches Turnier veranstaltete und zum Bau einer Stechbahn das Pflaster auf dem Schloßhof hochnehmen ließ.[10] Eine Vorstellung vom Turniergeschehen gibt ein zeitgenössischer Kupferstich, vermutlich von *Philipp Uffenbach* angefertigt, der ein Ringelstechen auf dem Schloßplatz während der Feier lichkeiten zur Taufe des Prinzen *Siegesmund* im Jahre 1592 zeigt (Das Ringel stechen beeindruckte die Berliner Bevölkerung derart, daß sie auf dem *Neuen Markt* diese bis dahin spezielle Unterhaltungsform des Adels in kleinerem Maß stab zu kopieren begann.) (Abb.10).

Am Ende einer Sackgasse gelegen, blieb der Schloßplatz eine zufällig zwischen Dom und Schloß entstandene Fläche, zunächst jedoch vorrangig auf die wenigen repräsentativen Aufgaben eines Schloßvorplatzes beschränkt, bis ihn die Entwicklung der Stadt jäh in die Mitte des Geschehens versetzte.

Der *Schloß-* oder *Domplatz,* wie er sich im Mittelalter bis zum Ende des 17. Jahrhunderts darbot, wich in Größe und Gestalt von der bekannten Anlage erheblich ab. Die Fläche betrug in etwa die Hälfte des späteren Platzes, da der westliche Teil durch die Klosteranlage besetzt war. Zu dieser gehörten neben dem Kirchengebäude der Friedhof, der sich südlich an die Kirche legte, und die Klosternebengebäude, die, nördlich der Kirche in U-Form angebaut, einen Hof mit ihr bildeten. Der eigentliche Domplatz wurde auf der Westseite bereits in Höhe der Breiten Straße von der Klostermauer begrenzt. Nur ein schmaler Gang zwischen Kirchhofmauer und den nördlichsten Häusern der Köllner Stadt, die Klostergasse, ermöglichte den Durchgang zur Spree. Die verbleibende Fläche zwischen Kloster, Schloß, Spree und Köllner Häusern war dann unter Kurfürst *Joachim II.* 1538 wiederum um die Stechbahn reduziert worden.

Die Bestandszeichnung Alfred Geyers von der Schloßanlage *Joachims II.* (Abb. 11) zeigt, welchen Bereich des ca. 70 x 100 m messenden Platzes die Turnierbahn einnahm und an welcher Stelle die Krambuden standen. Bis zum Abriß der Klosternebengebäude zu Beginn des 18. Jahrhunderts, mit dem die schrittweise Freisetzung der Platzfläche eingeleitet wurde, behielt der Platz, von der Stechbahn abgesehen, beständig seine mit-

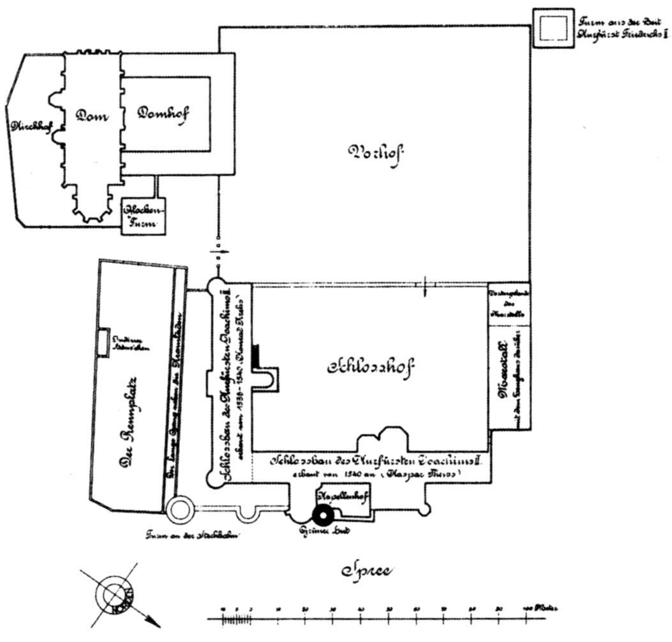

11 ~~Alfred~~ Albert Geyer, Das Schloß zur Zeit Kurfürst Joachim II.

telalterliche Form und Größe. Die Anordnung der Randgebäude, von *Joachim II.* seit 1536 zu einem beachtlichen Ensemble er weitert, ließ absolutistische Züge erkennen, die die Ära der Residenzstadt nun auch baulich manifestierten.

Bei der Platzoberfläche dürfte es sich grundsätzlich wohl um einem sandigen, unbefestigten Grund gehandelt haben. Es ist nicht bekannt, wann der Platz befestigt wurde. Nach der bereits erwähnten Beschreibung Nicolais ist eine teilweise Pflasterung schon während des Schloßbaus von 1442 bis 1451 denkbar, allerdings nur aus Repräsentationsgründen. Das mittelalterliche Verkehrsaufkommen war zu gering, um als Anlaß zu dienen.

Der Wagenverkehr führte über die Hauptstraßen und war, bedingt durch die längeren Unterbrechungen zur Rast und zum Pferdewechsel, als gerichteter Zielverkehr zu bezeichnen. Alle anderen Straßen dienten lediglich dem Fußgängerverkehr und wurden nur hin und wieder von Fuhrwerken genutzt. Durch die 1538 auf dem Schloßplatz angelegte Stech- und Reitbahn wurde die einheimische Bevölkerung, der bislang die Nutzung der Verkehrs- und Kommunikationsflächen der Stadt vorbehalten war, die Rolle einer Staffage zugewiesen; sie musste, speziell an diesen Tagen, mit den Randbereichen vorlieb nehmen.

Die Stechbahn war bis Mitte des 17. Jahrhunderts in Gebrauch und nach diversen zeitgenössischen Schilderungen oft Mittelpunkt ausgedehnter höfischer Feste.[11]

Im Jahre 1600 ließ Kurfürst *Joachim Friedrich* sie erneuern, und, wie Nicolai berichtet, vom Bildschnitzer Kaspar Zimmermann 31 Bilder *„auf römische Art verfertigen und auf eine 4 1/2 Fuß hohe Mauer setzen“* [12].

Friedrich Wilhelm fand kein Interesse mehr an der Stechbahn, so daß sie 1664, nach dem Bau der Langen Brücke, aufgehoben und mit der Pflasterung des Platzes begonnen wurde. Die hölzernen Krambuden wichen den von *Johann Arnold* Nehring 1681 errichteten steinernen Pfeilerarkaden (Abb. 12). Diese wiederum mußten 1699 dem Schlüterschen Schloßbau weichen.

12 Die Domkirche mit der Stech-Bahn, Aquarell von Johann Strindbeck, 1690

Nach der Verlegung des Doms in den Lustgarten im Jahre 1747 im Rahmen der barocken Domprojekte und der Freilegung der Fläche wurde der Platz der Bevölkerung bis auf eine königliche Bannmeile zugänglich gemacht. Schon während der Renaissance hatte man die Gebäude, einst parallel zur Straße angelegt, mit ihren Giebeln dem Platz zugekehrt und die Durchfahrten zum Hofraum in die sich nun schließende Straßenrandbebauung integriert.

Für den Zeitraum des hohen Mittelalters und der Renaissance hatten sich die Gestaltungsbestrebungen im wesentlichen auf die östliche Hälfte des Schloßplatzes konzentriert, also auf den Teil des Platzes, der nach Abzug der Dombauten als Freifläche zwischen Schloß, Spree und Köllnischer Stadt verblieb.

Charakteristische Merkmale der Renaissance finden sich in abgeschwächter Form im Schloßgebäude, das 1538 bis 1540 von *Caspar Theiß* nach Entwürfen des kurfürstlich-sächsischen Baumeisters *Konrad Krebs* errichtet wurde. Zwar wurde nicht die Größe der italienischen Renaissancebauten erreicht, auch blieb die Plastizität der baukörperlichen Gliederung hinter anderen europäischen Feudalbauten jener Zeit zurück, dennoch läßt sich aus der Fassadenrekonstruktion ~~Alfred~~ Albert Geyers erkennen, daß es sich bei der Schloßerweiterung um ein über die Bedeutung der Stadt hinausgehendes Gebäude gehandelt haben muß: *„An die Stelle der Ordnung aus der reglio tritt nun die Ordnung aus der Macht. Aber die Macht selbst, so sehr sie sich machiavellistischer Methoden bedienen mochte, blieb noch im Bann der reglio.“* [13] (Abb. 13).

Ähnliche Gründe werden Kurfürst *Joachim II.* zur Umgestaltung der Schloßanlage und der Verschönerung der alten Dominikanerkirche, die den westlichen Teil des Schloßplatzes einnahm, bewogen haben. Nach Auflösung des Dominikanerkonvents im Jahre 1536 [14] machte er die Klosterkirche zu einer Collegiatsstiftskirche, mit der das Kapitel des 1469 bei der Erasmuskapelle des Schlosses gegründeten Domstifts vereinigt wurde. Die neue Kirche erhielt eine glänzende Ausstattung und wurde zu einer repräsentativen dreischiffigen Backsteinanlage ausgebaut, fast sechzig Meter lang, mit Ziergiebeln, Türmen und gotischen Fenstern über der Westfront des dreistöckigen, ansonsten in den Geschossen zurückhaltend gegliederten Baus [15]. Vor dem Eingangsgeschoß erhoben sich die zu einer steinernen Bogenlaube umgestalteten Kaufläden der Stechbahn, deren Arkaden, ein Novum für Berlin, den Platzrand gliederten und zusammenfaßten. Neben diesen beiden Bauwerken von Kirche und Adel entstand nördlich des Chors, im Winkel zwischen

13 Das kurfürstliche Schloß, gesehen von Südost, Gemälde aus der Zeit um 1690 ehem. Schloß Tamsel

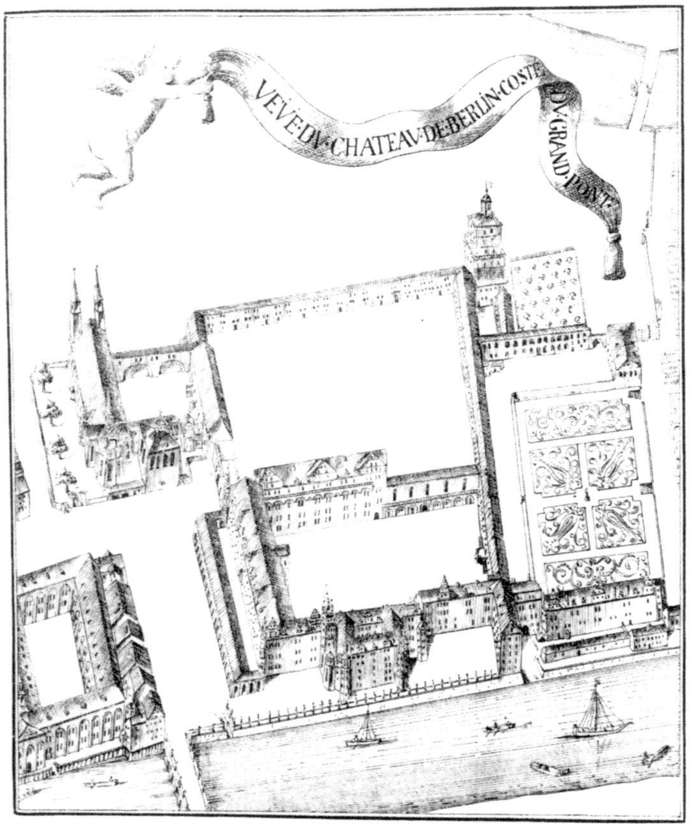

14 Das kurfürstliche Schloß,
Ausschnitt aus dem Lageplan LaVinges von 1685

Mittelschiff und Klosterhof, um 1536/38 ein massiver viereckiger Turm, der das Geläut der Kirche trug. Eher unförmig und aus allerlei verfügbaren Materialien der Gegend wie Feld-, Bruch- und Ziegelsteinen zusammengesetzt, war er wegen Einsturzgefahr etwas abseits errichtet worden. In seinem oberen Stockwerk befanden sich hinter großen Rundbögen die Glocken, während im unteren Teil das Gefängnis des kurfürstlichen Gerichts untergebracht war. Als glücklicher Zufall für die Achsen betonende absolutistische Bauperiode erwies sich die Lage der Schiffe des Doms in der Achse der über die Lange Brücke nach Kölln führenden Georgen-, späteren Königstraße. Der Erweiterungsbau des Schlosses, der die bis dahin einfache Schloßburg in einen repräsentativen Herrensitz verwandelte, schloß an die bestehende Anlage unter einem Winkel von neunzig Grad an und begrenzte den Platz im Norden, womit die Fläche auch räumlich als Platz definiert war. Durch den Neubau wurde die Umorientierung des bislang spreeseitig gelegenen Haupttraktes zum Köllner Stadtteil hin abgeschlossen (Abb.14).

Vom Aufmarschplatz zum Architekturplatz

Die Regentschaft des Großen Kurfürsten

Als Kurfürst *Friedrich Wilhelm*, der *„Große Kurfürst"*, 1643, drei Jahre nach seinem Regierungsantritt, erstmals Berliner Boden betrat, waren von den etwa 1200 Häusern in Berlin und Kölln 450 infolge des Dreißigjährigen Krieges zerstört oder unbewohnt. Die Einwohnerzahl beider Städte hatte sich auf nahezu die Hälfte reduziert. Überregionaler Handel und Versorgung waren zusammengebrochen, die Überlebenden weitgehend zur Selbstversorgung zurückgekehrt.

Unmittelbar nach dem Westfälischen Frieden im Jahre 1648 begann *Friedrich Wilhelm* mit dem Aufbau eines stehenden Heeres, das bald auf das Stadtbild Einfluß nahm: Speziell für die Einquartierung der Soldaten entwickelte Haustypen, Aufmarsch- und Exerzierplätze wurden prägende Elemente der Stadtgestalt. Die Wirtschaft erhielt durch den Versorgungsbedarf der Truppen neue Impulse, zur Konsolidierung des Landes wurde eine leistungsstarke Güterproduktion aufgebaut. Dies gelang durch eine staatlich gelenkte Gewerbepolitik und die Steigerung der landwirtschaftlichen Produktion mit Hilfe moderner Geräte.

Der Erfolg der von *Friedrich Wilhelm* begründeten und von seinen Nachfolgern fortgesetzten kameralistischen Wirtschaftspolitik beruhte dabei wesentlich auf der Förderung neuer Wirtschaftszweige, die im In- und Ausland noch wenig vertreten waren und für die gleichzeitig ein lokaler Markt bestand. Über die verminderte Einfuhr von Fertigprodukten wurde eine aktive Zahlungsbilanz hergestellt. Sie kam der Finanzierung des ständig wachsenden Heeres zugute, welches wiederum im Inland eigene Manufakturzweige entstehen ließ. Auch trug der ständige Zustrom französischer und sächsischer Glaubensflüchtlinge, die über ausgezeichnete Fähigkeiten auf handwerklichem und agrarökonomischem Gebiet verfügten, erheblich zur wirtschaftlichen Gesundung der Mark Brandenburg bei.

Berlins Ausbau zur Festung

Unter dem Eindruck der Belagerung Wiens durch die Türken im Jahre 1529 überprüften europäische Herrscher und freie Reichsstädte ihre Befestigungsanlagen auf Verteidigungsfähigkeit, was aufgrund der Entwicklung der Feuertechnik dringend geboten war.

1527 war Dürers *„Etliche underricht zu befestigung der Stett Schloss und flecken"* [1] erschienen. Der darin enthaltene Entwurf zeigte städtebaulich umgesetzt die Grundzüge des absolutistischen Staatswesens: Die feudalherrliche Burg bestimmte das Zentrum der Stadt. Innerhalb der befestigten Stadt wurde sie noch einmal gegen die sie umgebenden Gebäude der Bürgerhäuser gesichert. Die Hauptstraßen liefen radial auf die Schloßburg zu, von der aus Umland und Untertanen kontrolliert wurden.

Spandau, als Stadt älter als Berlin-Kölln, war wegen seiner strategischen Bedeutung bereits 1560 mit einem System von modernen Bastionen und Courtinen befestigt worden.Wesentlich später erst erhielt der Ingenieur *Gregor Membard* den Auftrag, Berlin zur Festung auszubauen. Er fertigte 1648 den ersten Bestandsplan von Berlin an [2]. Über die Gesichtspunkte, die Friedrich Wilhelm bewogen, die Residenzstadt mit einer Wallanlage zu versehen, schreibt Schinz: *„1657 leitete Friedrich Wilhelm das Hilfskorps der Verbündeten des Dänenkönigs nach Kopenhagen, wo er die großartigen Befestigungsanlagen, die König Christian IV.* [3] *dort zum Schutz seiner Residenzstadt und der Ansiedlungen seiner Marinesoldaten errichtet hatte, sah...Diese Berührung mag ihn bewogen haben, den Befehl zur Ausführung seiner Planungen zu geben, indem er sich sowohl über das Gutachten des Grafen Lynar* [4] *wie auch über die Einsprüche der Berliner Bürger, die die alten noch geltenden wirtschaftlichen Funktionen der Stadt Berlin betonten, hinwegsetzte!"* [5] 1658 begannen die Schanzarbeiten. Neben einer nicht unerheblichen finanziellen Unterstützung in Höhe von siebzigtausend Talern verlangte der Kurfürst, daß täglich je ein Drittel der Bevölkerung umschichtig an den Festungsanlagen arbeitete, so daß mit der Garnison zusammen ständig viertausend Personen mit der Fortifikation beschäftigt waren.

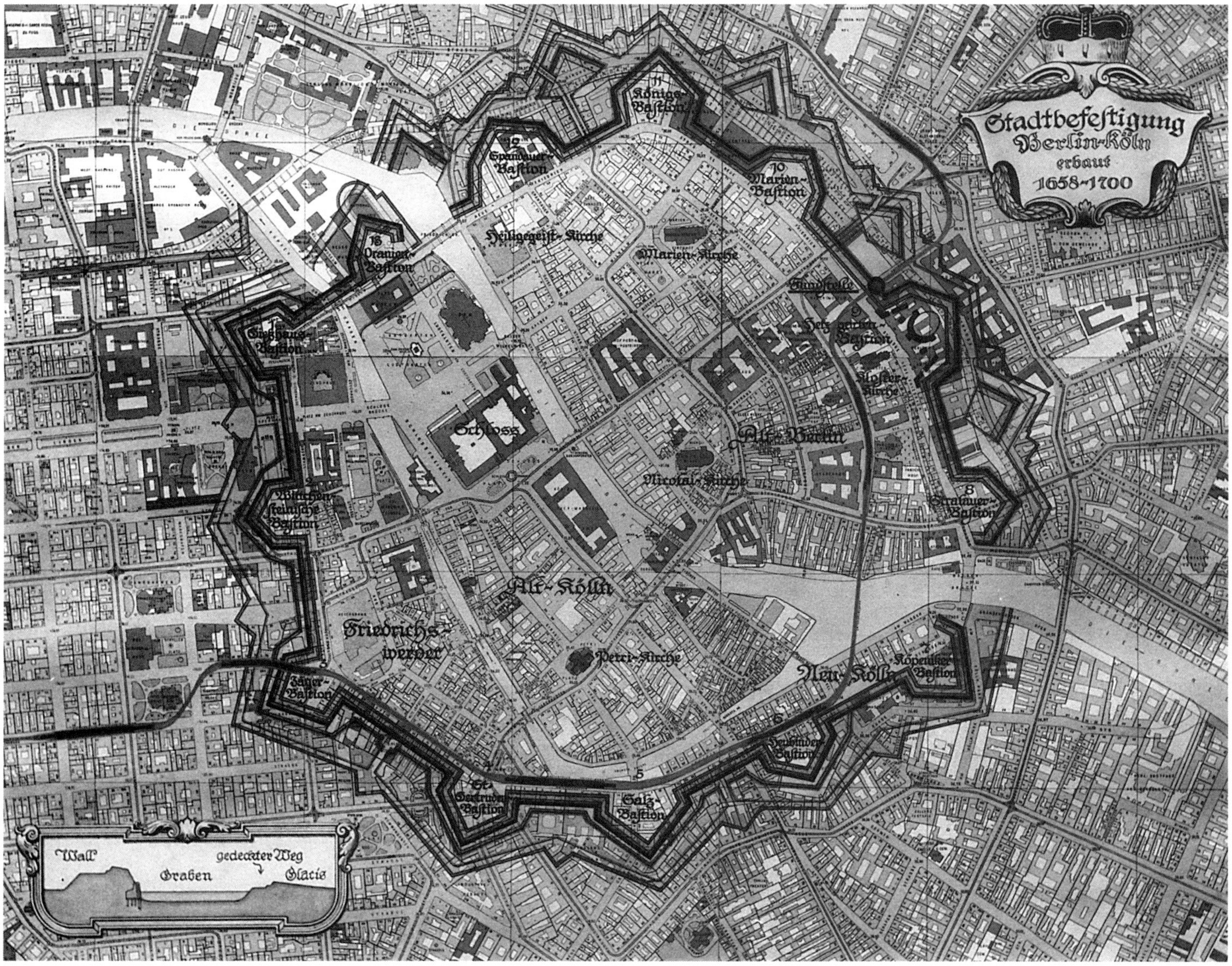

15 Plan der Stadtbefestigungen, eingetragen in einem Plan um 1930, zeigt die zentrale Lage des Schlosses

Nach fünfundzwanzig Jahren war schließlich 1683 mit dem Bau des Leipziger Tores durch Arnold Nehring ein vorläufiger Abschluß erreicht.[6]

Bereits zu Beginn der Schanzarbeiten war Berlin zur Festung erklärt und einem Gouverneur unterstellt worden, dessen Macht gegenüber dem bürgerlichen Rat mit dem Fortschritt der Arbeiten ständig zunahm, zumal ihm auch die wichtigsten strategischen Einrichtungen wie Beleuchtungs-, Brunnen-, Feuer- und Straßenwesen übertragen wurden. Die laufenden Unterhaltskosten der Befestigung wurden durch einen Anteil aus der Akzise, einer neuen indirekten Verbrauchssteuer auf alle eingeführten Waren, finanziert. *"Die vorhandenen Zeichnungen der Anlage zeigen im wesentlichen das einfache, altniederländische Fortifikationssystem. Die Werke bestanden aus einem am Fuße der inneren Böschung mit Ziegelsteinen bekleideten Hauptwalle, einer bis über das Niveau des höchsten Wasserstandes mit Sandsteinplatten revertierten ‚Fausse brayel', einem (vor den Facen etwa 45 m breiten) nassen Graben, bedeckten Wegen, Glacis und je einem ausspringenden palisadierten Waffenplatz vor jeder Torbrücke."* [7]

Auf der Berliner Seite befanden sich fünf Bastionen, die später durch fünf im Wasser liegende Ravelinen verstärkt wurden, auf Köllner Seite acht. Diese hatten wegen des morastigen Untergrundes keine zusätzliche Sicherung durch Raveline erhalten. Die Anlage näherte sich der Idealform des Kreises an, wodurch sich das ursprüngliche

Stadtgebiet, besonders auf Köllner Seite, erheblich vergrößerte. Das Schloß, vor der Befestigung am äußersten Rand der Stadt gelegen, war ein Stück weiter in die Mitte gerückt (Abb. 15).

So entstand eine neue Generation von Stadtplätzen, die Festungsplätze. Sie lassen sich in zwei Kategorien einteilen: in die nach innen gelegenen, aus Bastionen hervorgegangenen Plätze wie *Spittelmarkt* und *Hausvogteiplatz* [8] und die sich nach außen entwickelnden Plätze, die als Stauflächen vor den Toren oder durch die Schleifung der Bastionen entstanden waren [9], etwa der *Alexanderplatz* oder der *Dönhoffplatz*.

Zu der Fülle von Problemen, die die Aufstellung eines stehenden Heeres mit sich brachte, gehörte die Unterbringung der Soldaten innerhalb der Stadt. Bei der relativen Enge innerhalb der Befestigung nutzten abwechselnd Zivilbevölkerung und Militär die Flächen der Marktplätze. Die unterschiedlichen Erwartungen an die Freiflächen verhinderte ihre Ausgestaltung mit Brunnen, Denkmälern, Kolonnaden oder anderen Artefakten. Erst nach der Schleifung der Wälle und Bastionen im Laufe des 18. Jahrhunderts entwickelten sich die Festungsplätze im Sinne architektonisch gefaßter Flächen. Der Verlauf der Wallanlagen bestimmte dabei weiterhin ihre Form, da die Neubauten aus Kostengründen den Fundamenten der ehemaligen Befestigung folgten, die sich damit als eine Art Bauflucht einer anderen, vielleicht logischeren Entwicklung entgegenstellten. Beim *Hausvogteiplatz* läßt sich der dreiecksförmige Verlauf der ehemaligen *Jägerbastion* ebenso deutlich erkennen wie beim Spittelmarkt derjenige der ehemaligen Gertrudenbastion (Abb. 16). Im Jahre 1734, die Verstärkungsarbeiten auf der Berliner Seite waren gerade abgeschlossen, wurde auf der Köllner Seite bereits mit dem Abbruch der dortigen Bastionen begonnen. Der einzige Zweck, den die Befestigung erfüllen konnte, war, die Desertion von Soldaten zu verhindern. Niemals hat sie einer Belagerung standhalten müssen, aber bis heute steht sie einer planvollen Stadtentwicklung entgegen [10].

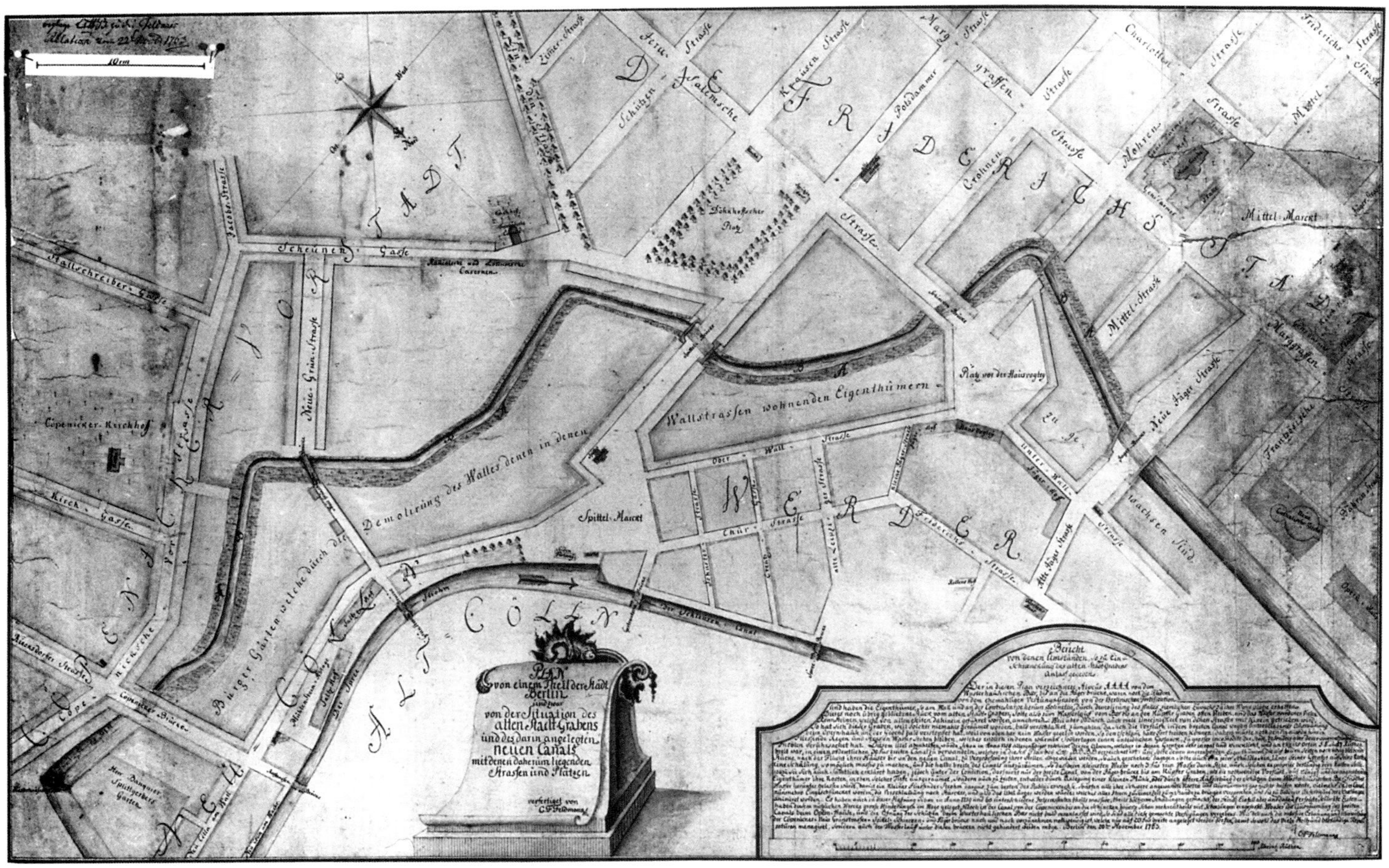

16 C. F. Feldmann, Plan von einem Teil der Stadt Berlin 1763
mit den sich ergebenden Formen von Spittelmarkt, Hausvoigteiplatz und Dönhoffplatz

Spittelmarkt und Hausvogteiplatz, bis zum Bau der Hausvogtei im Jahre 1750 Jerusalemer Platz genannt, waren aufgrund ihrer günstigen Lage schnell umbaut, wenn auch beim *Spittelmarkt,* dessen kleine Kirche 1739 durch einen repräsentativen Barockbau ersetzt wurde, der architektonische Rahmen zunächst nur aus unscheinbaren Gebäuden bestand. Wie der wohl berühmteste Berliner Stadtplan, der sog. *„Große Schmettauische"* in seiner Fassung aus dem Jahre 1748 [11], erkennen läßt (Abb.17), begann das Schleifen der Festung seit 1745 mit der Zuschüttung der die Raveline umgebenden Festungsgräben, wodurch der Zugang zu den Toren erleichtert wurde. Ein Drainagesystem legte bis 1751 das Gebiet trocken, und noch im selben Jahr begann man mit der Bebauung. Am Spandauer Tor, dem Schnittpunkt mehrerer nach Berlin hineinführender Handelswege, hatte sich schon zu Zeiten der Befestigung eine als Markt bezeichnete Fläche herausgebildet, auf der speziell Holz- und Viehmärkte abgehalten wurden.[12] Nach Auflassung der Wallanlagen wurde der Platz zu Ehren des Kommandanten Hacke, der mit der Durchführung der Arbeiten beauftragt worden war, *Hackescher Markt* genannt.

Excurs Alexanderplatz 1

Vor dem Georgentor, später Oderberger Tor (seit 1701 Königstor), hatte sich im Schnittpunkt der von Norden und Osten radial auf das Tor zuführenden Fernstraßen, wie an nahezu allen Stellen vor den Stadttoren, eine zufällig geformte Staufläche herausgebildet, auf der Einwohner und Fremde der Zollkontrolle, der Akzise, unterworfen wurden. Das Ackerland zwischen den Straßen blieb bis auf das bereits aus dem 13. Jahrhundert stammende Gertraudenspital lange unbe baut. Eine 1672 unter dem Eindruck der Feuersbrünste des Dreißigjährigen Krieges erlassene Feuerordnung hatte die Ausquartierung von Schuppen und Scheunen mit leicht brennbarem Material vor die Stadttore verfügt. Die Anwohner waren ursprünglich vom Grundzins befreit, wodurch das Gebiet bevorzugt von sozial schwächer gestellten Gruppen besiedelt wurde. Bereits 1691 sollte ein Erlaß den unkontrollierten Bau von Häusern einschränken, womit man, so die Begründung, den Zuzug von lichtscheuem Gesindel und Tagelöhnern unterbinden wollte. Der Erlaß konnte die wilden Ansiedlungen jedoch nicht mehr aufhalten. 1705 wurde das Gebiet mit einem Palisadenzaun umgeben und dem Akzisebereich eingegliedert. Diese Linie oder Palisade genannte Zollmauer wurde weiter ausgebaut und blieb bis ins 19. Jahrhundert erhalten. Innerhalb des umzäunten Stadtgebietes wurden Bauern und Viehhaltern Grundstücke zugeteilt, so daß sich im Zusammenhang mit einem ständig abgehaltenen Viehmarkt für die Fläche in der Mitte der Name „Ochsenmarkt" herausbildete [13]. Nach dem Abbruch der alten Befestigungsanlage, dem auch das Georgentor zum Opfer fiel, veränderte sich das Gebiet strukturell.

Eine 1740 gegründete Tuchfabrik brachte einem Teil der Fläche vorübergehend die Bezeichnung „ Wollmarkt" ein. Der Begriff „Paradeplatz" oder „Exercierplatz" findet sich ebenfalls auf einigen Plänen. Er ergab sich, wie bei weiteren Berliner Plätzen, durch die hier übenden ansässigen Regimenter. Handel und Militär teilten sich den Platz: Die rechteckige Fläche vor dem Arbeitshaus nutzte das Militär als Exerzierplatz, während der Handel auf die für seine Zwecke besser geeignete längliche Fläche parallel zur verlängerten Königsstraße auswich. Nicolai erklärt den Namen „Ochsenmarkt" zusätzlich durch das 1758 vom Rondel an den Platz verlegte Arbeitshaus. Es hatte sich bis dahin im Gebäude des Schlächtergewerkes am Rondel befunden und führte einen Ochsenkopf als Zeichen. 1790 war die Bebauung in der eher zufällig entstandenen, amorphen Form weitgehend abgeschlossen. [14] (Abb. 18)

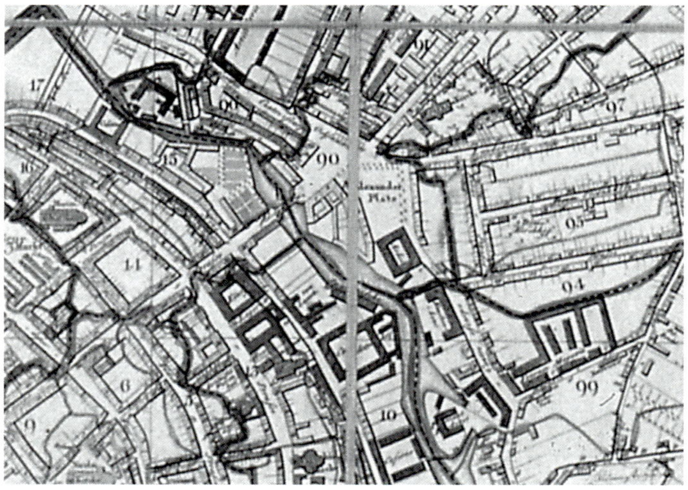

18 Der Alexanderplatz, Ausschnitt aus dem Plan „Grundriß von Berlin" nach J. C. Selter im Jahre 1811

17 Der sog. „Große Schmettauische Plan" aus dem Jahre 1748

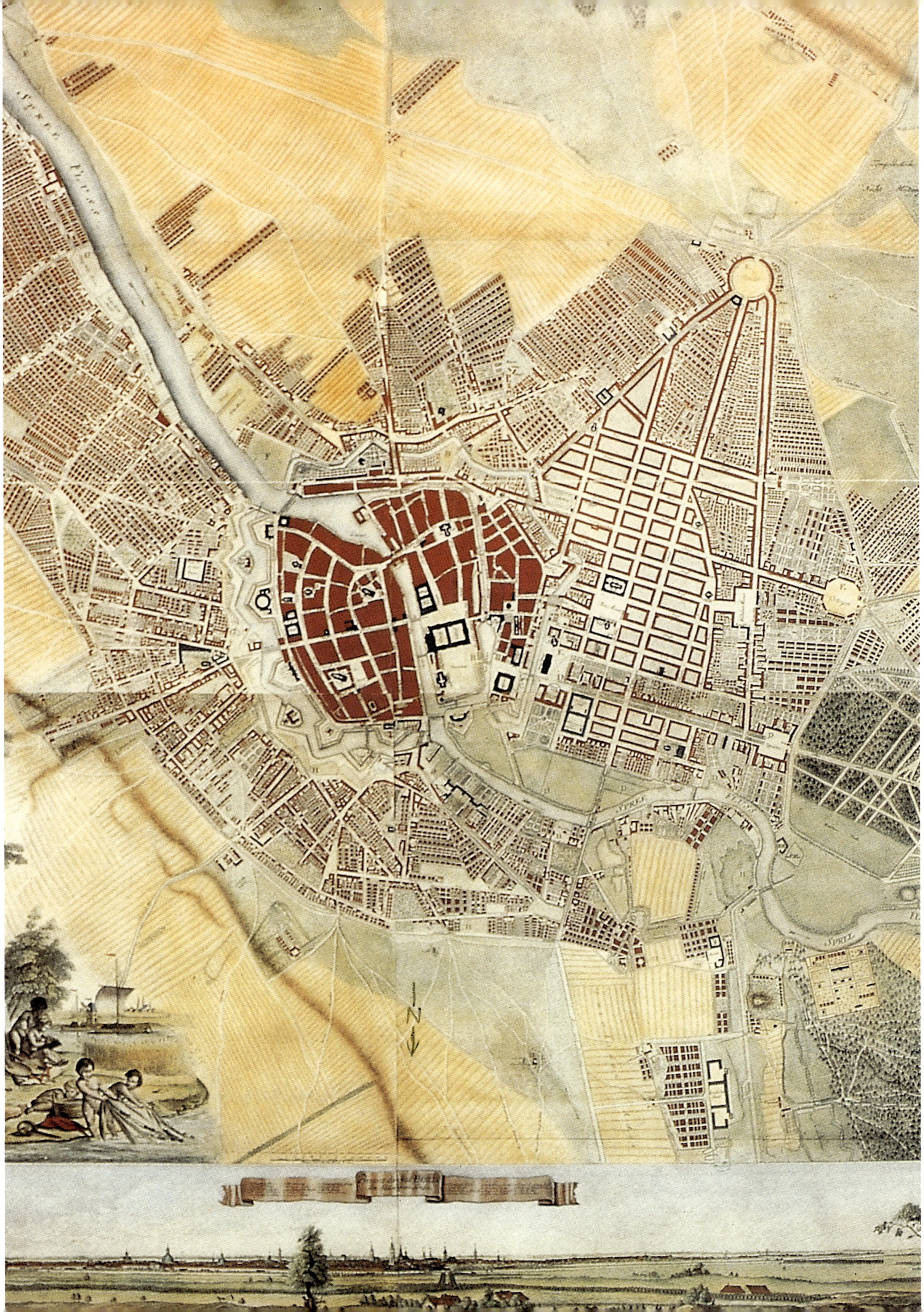

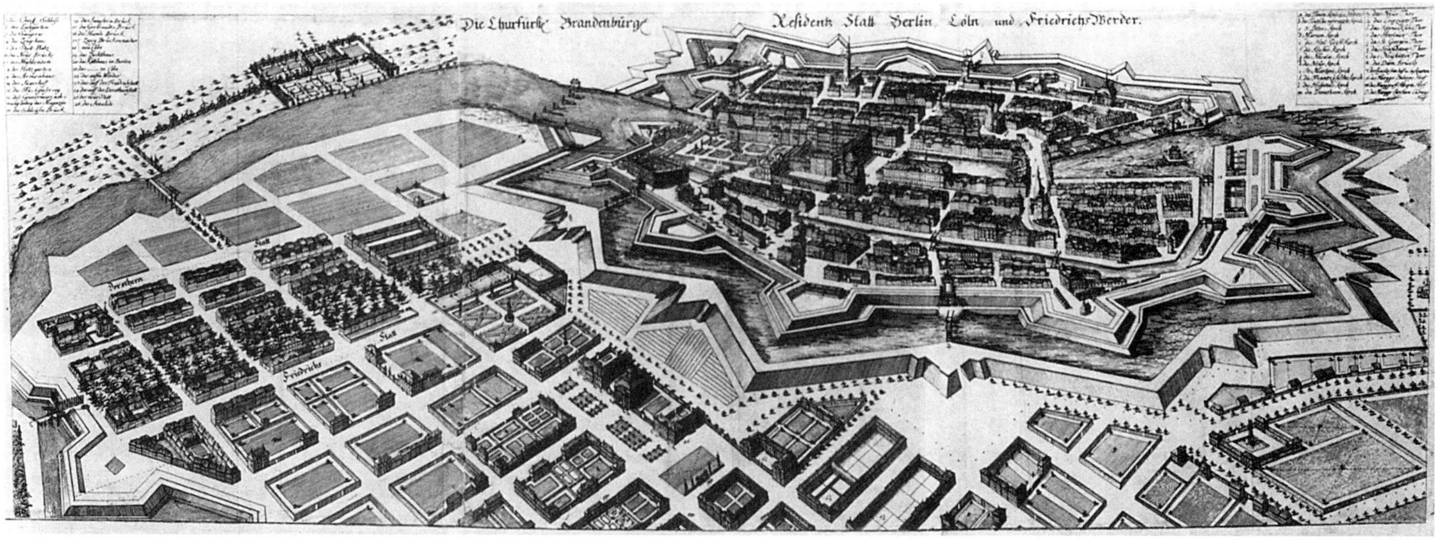

19 Idealplan von Broebes in Anlehnung an den Schulz'schen Idealplan

Die ersten Architekturplätze des preußischen Absolutismus

Die erfolgreiche Peuplierungs- und Wirtschaftspolitik *Friedrich Wilhelms,* die von seinem Nachfolger *Friedrich I.* fortgesetzt wurde, führte im 17. Jahrhundert zu den ersten Stadterweiterungen in Berlin. Nach der Besiedlung des Scheunenviertels vor dem Spandauer Tor und der Bebauung der Dorotheenstadt [15] folgte gegen Ende des 17. Jahrhunderts die planmäßige Erweiterung westlich der bestehenden Wallanlagen.

Der Bau des Leipziger Tores von Nehring 1683 belegt in eindrucksvoller Weise, daß sich in Berlin der Barock als Stilrichtung durchgesetzt und sich mit dem preußischen Absolutismus als dessen adäquater Ausdrucksform verbunden hatte. Die Plätze, die bis zum Tode Friedrichs II. in Berlin entstanden, wurden nun bewußt nach künstlerischen Gesichtspunkten gestaltet. Die Zufälligkeit der äußeren Form - nur die Anlage des mittelalterlichen Neuen Marktes scheint eine Ausnahme zu bilden - war mit dem Übergang zur Barockperiode überwunden.

Die Friedrichstadtplätze

Zur bedeutendsten Stadterweiterung Berlins wurde die Friedrichstadt, mit deren Anlage noch vor der Krönung *Friedrichs II.* begonnen wurde. Der Plan der Friedrichstadt enthielt neben den charakteristischen Elementen absolutistischer Stadterweiterungen auch pragmatische Züge, wie sie für die Berliner Planungen typisch wurden. Die breiten Straßen waren im Orthogonalsystem angelegt,wobei die sich rechtwinklig kreuzenden Straßen innerhalb ihrer Rasterstruktur relativ große Baublöcke bildeten. Einziger Höhepunkt der sich halbkreisförmig vor den westlichen Wallanlagen ausbreitenden neuen Stadt war die Aussparung von drei etwa gleichgroßen Baublöcken, die zentrale Funktionen aufnehmen sollten.

Der 1695 von *Broebes* in Anlehnung an den *Schulzschen Perspektivplan* gezeichnete Idealplan zeigt die gedachte Entwicklung der Friedrichstadt, die mit der nördlich gelegenen Dorotheenstadt in Einklang gebracht werden sollte (Abb. 19). Deutlich sind die Schwierigkeiten ablesbar, mit denen sich die Planer auseinanderzusetzen hatten: zum einen die Anpassung der neuen Straßen an das System der Altstadt und der Dorotheenstadt, zum anderen die Integration der gezackten Formen der Wallanlagen und Bastionen in das Orthogonalsystem beziehungsweise die Formulierung von Übergängen [16].

Der revidierte und ausgeführte Plan enthielt die drei schon erwähnten ausgesparten Baublöcke im Bereich zwischen der ehemaligen Wittensteinischen Bastion und der Jägerbastion. Die Fläche wurde im Norden von der Französischen Straße und im Süden von der Mohrenstraße begrenzt, im Westen reichte sie bis an die Charlottenstraße. Nach Osten, zum ehemaligen Glacis hin, blieb die nur dreiseitig begrenzte Anlage offen. Der hochrechteckige Platz, der noch im Broebesschen Plan vorhanden war, an dem Rathaus, Kirche und Rekonvaleszenz - Zentrum für die Soldaten entstehen sollten, war nun durch einen längsrechteckigen, auf einen Block reduzierten Platz ersetzt worden. Die beiden Nachbarblöcke waren für den Bau zweier Kirchen bestimmt.

Im Jahre 1701 wurde mit dem Bau der Kirchen begonnen, die sich in ihrer ursprünglichen Schlichtheit grundlegend von den späteren Gontardschen Umbauten unterschieden. Nur wenige Jahre standen sie frei sichtbar auf dem Platz. 1736 ließ *Friedrich Wilhelm I.*, der „Soldatenkönig", beide Gebäude von Ställen und Kasernen des Reiterregiments der Gendarmen einfassen (Abb. 20).

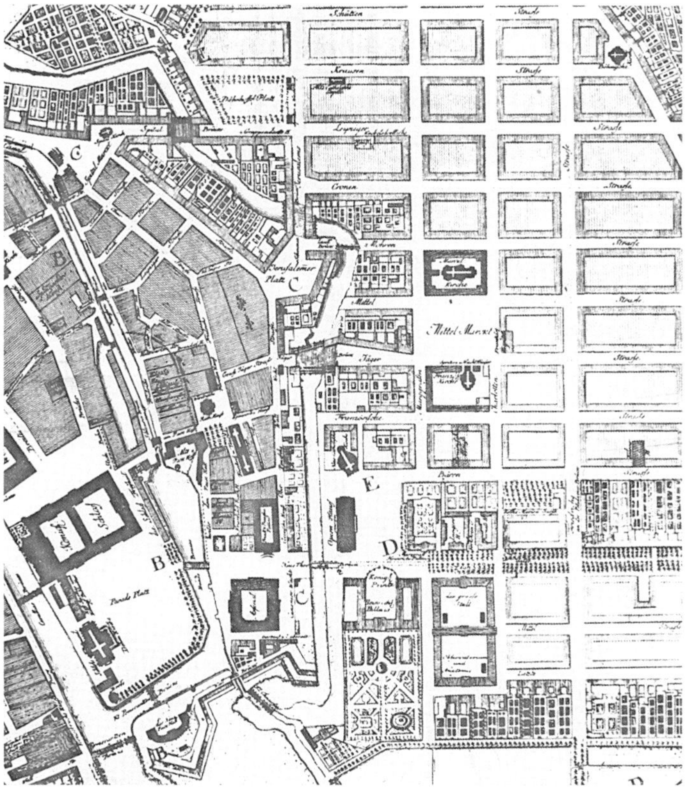

20 Ausschnitt aus dem Plan des Grafen von Schmettau aus dem Jahre 1748 mit den noch umfriedeten Kirchen auf dem Gensd'armenmarkt (noch Mittelmarkt)

Mit dem Verzicht auf den *Broebesschen* Entwurf wurde eine städtebaulich interessante Lösung aufgegeben. Dieser hatte vorgeschlagen, nur eine Kirche in der Platzmitte zu errichten, genau in der Achse der Mittelstraße. Der durch den Rücksprung sämtlicher Bauten nach Osten entstehende Vorplatz hätte bereits zu Beginn des 18. Jahrhunderts einen Architekturplatz von hoher Qualität ergeben. Der überarbeitete Plan, der pragmatischen Gesichtspunkten notwendiger Einzelbauten den Vorrang einräumte und gleichzeitig Anforderungen des Militärs entsprach, enthält geometrische Formelemente, die zurückhaltend aus der Rasterstruktur ausgespart sind.

Nur schwach sind erste Anzeichen eines architektonischen Eigenlebens, im Gegensatz zum Vorschlag von *Broebes,* zu erkennen. Die Umfriedung der Kirchen unterstreicht die Wandlungsfähigkeit derartiger Blockplätze: Sie sind jederzeit zwischen Block und Straßenraum veränderbar, besitzen keine eigenständige formale Aussage, die zu berücksichtigen wäre.

Der *Gendarmenmarkt,* der sich dem Auge des Betrachters im 18. Jahrhundert bot, verriet noch ein hohes Maß an funktionsgerechter Planung. Erst durch die späteren Kirchenumbauten Gontards erlangte er seine räumlich-plastische Qualität. Die Verdoppelung der Sakralbauten stellte zunächst einen eher bescheidenen Versuch dar, die Anlage städtebaulich aufzuwerten, nachdem man sich nicht für den Broebesschen Entwurf hatte entscheiden können. Mit Anlage und Gestalt von Platz und Bauten war der *Mittelmarkt,* wie der *Gendarmenmarkt* bis 1799 hieß [17], zunächst ein Produkt aus pragmatischen Nutzungsvorgaben und eher undifferenzierten Gestaltvorstellungen. Zum absolutistisch-repräsentativen Architekturplatz höchster Blüte reifte er erst durch die Mitwirkung *Friedrichs II.*

Die Broebesschen Schloßplatzutopien

Einen weiteren Entwurf, der ebenfalls nicht ausgeführt werden sollte, machte *Broebes* für den Schloßplatz. Entlang des Weges, den der Krönungszug von Königsberg, wo die Selbstkrönung *Friedrichs I.* 1701 stattgefunden hatte, nach Berlin nahm, wurden vielerorts die Namen und Bezeichnungen der Straßen, Tore und Plätze ausgewechselt. Auch die Berliner Hauptstraße, die Spandauer Straße,wurde in Königstraße umgetauft, da der Krönungszug über diese Straße zum im Umbau befindlichen Schloß gelangte. *Broebes* hatte die Königstraße in seinem Entwurf zu einer Magistralen aufzuwerten versucht, die in ihrem Verlauf zum Schloß durch eine Anzahl repräsentativer Gebäude einen würdigen Rahmen erhalten sollte. Dort, wo die Achse auf Schloß und Dom traf, hatte *Broebes* eine Neuorientierung der bestehenden Bauten vorgenommen. Über die ausgebaute Lange Brücke gelangte man in einen *Cour d'honneur,* der sich halbkreisförmig der Achse entgegenstreckte. An seinen Seiten wurde er links vom neuen Marstall und rechts vom erweiterten Stadtschloß begrenzt, während die Verlängerung der Königstraße zum neuen Dom führte, der, seitlich von den Flügelbauten eines geplanten Invaliden-

21 Idealansicht des Berliner Schloßplatzes, Kupferstich von Jean Baptist Broebes 1733

hauses eingerahmt, den Platz nach Westen abgeschlossen hätte (Abb. 21). Es scheint, als habe Broebes versucht, mit den drei Einzelbauten die Anlage eines dreiflügligen Barockschlosses vorzutäuschen. Dabei unterlief ihm ein Fehler (Abb. 22). Das Repräsentationsbedürfnis des frisch gekrönten absolutistischen Monarchen war getroffen, der Dom durfte nicht die Aufgabe des *„Corps de logis“* übernehmen.

Nach der Ablösung *Andreas Schlüters* im Jahre 1707, die auf das sogenannte Münzturmdebakel von 1705 zurückzuführen war, wurden auch die Schloßbaupläne abgewandelt. *Eosander von Göthe* übernahm die weitere Ausführung und veränderte das Schloß in östlicher Richtung.[18] Die Breite Straße wurde nun zur neuen, bescheideneren Bezugsachse, die auf das Portal II des Schlosses ausgerichtet war.

Die Plätze der erweiterten Friedrichstadt

Im Jahre 1723 hatte *Friedrich Wilhelm I.* den Aufbau seines Heeres abgeschlossen und widmete sich nun verstärkt dem Ausbau der Stadt. *„Der Stadtbau hatte sich als Aufgabe selbständiger Städte verloren. Er war zur vornehmsten Betätigung souveräner Fürsten geworden.“* [19] Den bisher weitgehend unkontrollierten Erweiterungen Berlins wollte er durch planmäßige Vergrößerung des Stadtgebietes entgegenwirken.[20] Zunächst bot sich eine Ausdehnung der westlich vor der Festung angelegten Friedrichstadt an, für die eine Baukommission, der *Gerlach,* Oberst von *Derschau* und Bürgermeister *Koch* angehörten, von 1721 bis 1723 bereits einen Plan für die Erweiterung der Stadt über die Mauerstraße hinaus angefertigt hatte. Auffällige Elemente waren drei geometrisch eigenwillig geformte Stadteingangsplätze [21]. Ein vierter Platz tangierte die längste Straße des Entwurfs, die Wilhelmstraße, rechter Hand in Höhe der Mohrenstraße (Abb. 23).

Noch waren die Gesichtspunkte, unter denen sich die Veränderungen des Stadtbildes vollzogen, trotz des aufkommenden Repräsentationsbedürfnisses vorrangig

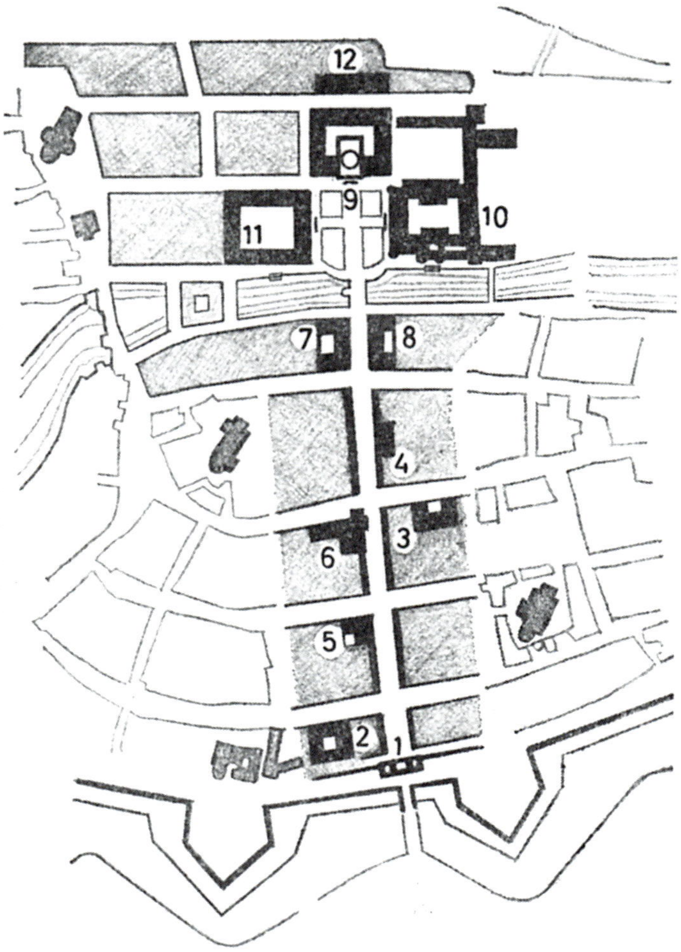

22 Aus Schinz: Die Achse der Königsstraße. 1. Triumphtor, 2. Gouverneurshaus, 3. Haus der märk. Ritterschaft, 4. Palais des Ministers von Kant, 5. Palais, 6. Berliner Rathaus, 7. Palais Wartensleben, 8. Joachimstalsches Gymnasium, 9. Schloßplatz mit Dom und Invalidenhaus-Projekt, 10. Schloßneubau, 11. Neuer Marstall, 12. Arkadengebäude von de Bot

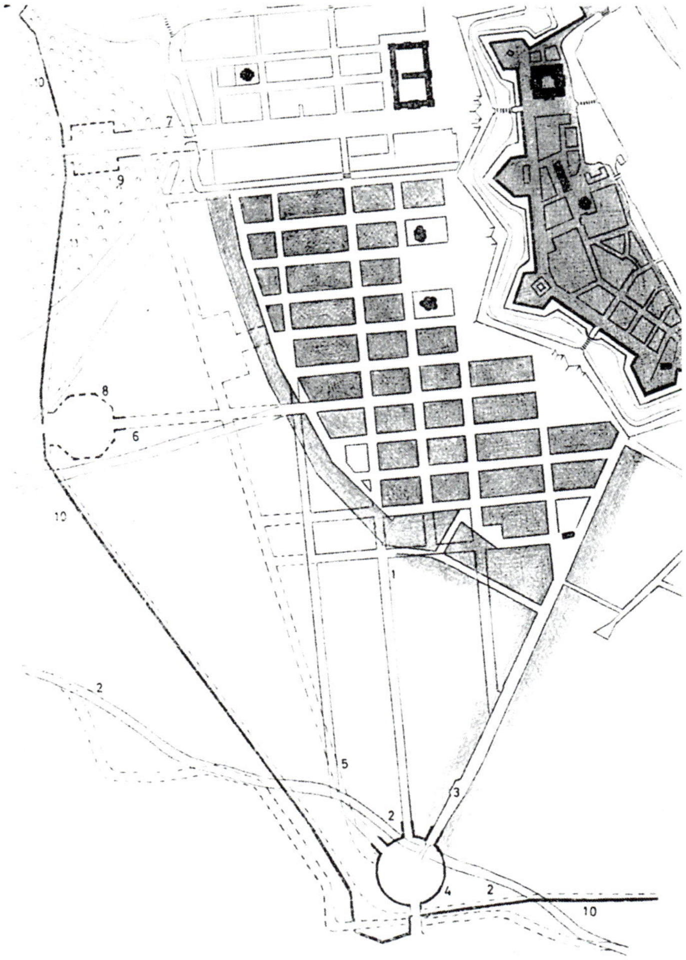

23 Aus Schinz: Erweiterung der Friedrichstadt, Plätze und Straßen eingestrichelt. 1. Verlängerung der Friedrichstraße bis zum Landwehrgraben (2.), 3. Lindenstraße, 4. Rondell, 5. Wilhelmstraße, 6. Leipziger Straße, 7. Unter den Linden, 8. Achteckplatz, 9. Quarrée, 10. Mauer, 11. Tiergarten

militärischer Natur. Priorität hatte u.a. die Unterbringung des ständig anwachsenden Heeres in geschlossenen Wohn- und Schlaftrakten. Durch den Kasernenbau ging die Einquartierung der Soldaten in Privathäusern allmählich zurück. Die für Berlin typisch gewordenen Gebäude mit separaten Aufgang verloren ihre ursprüngliche Funktion. Als Sammelstelle für die Soldaten wurden entweder die alten Stadtmärkte genutzt oder neue Platzanlagen geschaffen.

Excurs Potsdamer Platz 1

Nachdem 1732 die letzten Grundstücke der alten Friedrichstadt bebaut worden waren,wurde die Ausführung des Erweiterungsplans in Angriff genommen [22]. Die Leipziger Straße wurde nach Westen verlängert und endete nun im „Octogon". 1734 wurde das gesamte Stadtgebiet, das Köpenicker Feld eingeschlossen, auf einer Länge von siebzehn Kilometern mit einer neuen Stadtmauer umgeben, der sog. Linie. An vierzehn Toren wurde auf Zollschmuggel oder Desertion kontrolliert.

Vor dem Potsdamer Tor trafen die spätere Potsdamer Straße und die Bellevuestraße aufeinander und vereinten sich mit der parallel zu Mauer führenden Linienstraße schon bald zu der, von 1740 an als „Platz vor dem Potsdamer Tor" bezeichneten Fläche.

Die Ruhe und Beschaulichkeit des neuen Platzes mit der davorliegenden, noch undefinierten Staufläche ergaben sich aus der speziellen Situation eines zu dieser Zeit noch weitgehend außerhalb des Geschehens liegenden Platzes. Die lockere Villenbebauung, die sich um den

Wilhelmplatz entwickelte, begünstigte diese Ruhe. 1742 wurde der Tiergarten in eine öffentliche Parkanlage umgewandelt. Vom neuen Doppelplatz aus unternahmen die Berliner ihre Erholungsfahrten in die nähere Umgebung. Folgerichtig entstanden Kaffeegärten und Gastwirtschaften vor dem Tore, vor dem es bislang nur landwirtschaftlich oder gärtnerisch genutzte Flächen gegeben hatte. Gegen Ende des Jahrhunderts setzte eine langsame Bebauung mit Landhäusern ein, die mit der Ausdehnung des städtischen Weichbildes und dem parallel dazu einsetzenden „retour à la nature" zu erklären ist.

Werner Hegemann schreibt über diese Plätze: *„Er (Friedrich Wilhelm I.) hatte dabei die damals noch ziemlich neuen Pariser Vorbilder vor Augen: beim viereckigen Pariser Platz Berlins den Place des Vosges, bei seinem Rondel Markte den Platz des Victoires und für seinen Achteck-Markt den Vendome-Platz. Aber seine Nachahmungen sind geistlos und beweisen, daß er bei seinem Platze nur die Ausdehnungen, seine Eignung zum Soldatenerxerzieren und zum Abhalten von Märkten, nicht aber die künstlerischen Möglichkeiten und Erfordernisse begriff ... Die großen Berliner Plätze blieben geometrische Löcher im Stadtplan. Sie konnten keine künstlerische Bedeutung gewinnen, weil ihre Umgebung dem Zufall überlassen blieb".*[23]

Karl Scheffler hat diese Interdependenz zwischen Volksseele und aristokratischem Anpassungsvermögen 1910 hervorragend beschrieben [24]. Die gesellschaftspolitischen und ästhetischen Voraussetzungen waren in Berlin eben andere als in den Metropolen der meisten Staaten des 18. Jahrhunderts: *„... statt des römischen Tores eine Gutseinfahrt, statt der Eckbauten der Rinaldischen Kuppelkirchen formlose Ecklösungen; in der dargestellten Funktion - exerzierendes Heer und zusehendes Volk die preußische Version des neofeudalen Gesellschaftszeremoniells."* [24] (Abb. 24, 25)

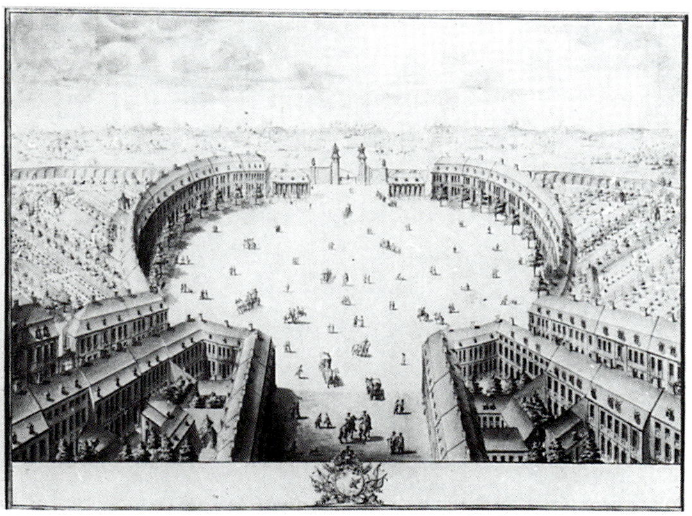

24 Das Rondell mit dem Halleschen Tor, aquarellierte Federzeichnung von C. H. Horst ca. 1735

25 Das Hallesche Tor im 18. Jahrhundert

Die Verwendung geometrischer Formen steht jedoch nicht nur für das Repräsentationsbedürfnis der europäischen Aristokratie. Der *Circus von Bath* sowie die *Place des Vosges* in Paris belegen die Verwendung ausgefallener Formen auch für spekulative Zwecke. Der *Circus von Bath,* der zwar erst 1764 (von John Wood d.J.) fertiggestellt wurde, dessen Entwurfsidee aber auf die dreißiger Jahre des 18. Jahrhunderts zurückgeht, ist ein oft zitiertes zeitgenössisches Beispiel. Auch hier liegt eine Kreisform zugrunde, die mit Hilfe einheitlich gestalteter Gebäude (einer Addition von Reihenhäusern) zu hoher künstlerischer Reife entwickelt wurde. Doch Bath ist unter anderen gesellschaftpolitischen Vorgaben entstanden: Profitorientiertes Bauen war das erklärte Ziel. Adlige Spekulanten benutzten die Form, die Exclusivität assoziieren sollte. Der Schloß-Landschaftscharakter sollte seinen Besitzern das Gefühl vermitteln, fürstlich zu residieren, obwohl sie doch nur in Reihenhäusern wohnten. Damit darf man Bath getrost als Vorgänger großer Spekulationsobjekte der Neuzeit bezeichnen, die sich vielfach ähnlicher historisierender Motive bedienen.

Die *Piazza del Popolo* in Rom wird ebenfalls gern als Vorbild des Rondells zitiert, die Ähnlichkeit beider Plätze und ihrer strahlenförmigen Auffächerung der Radialstraßen ins Stadtinnere ist tatsächlich auffällig. Die ovale

26 Piazza del Popolo, Rom, Kupferstich von Giovanni Battista Prianesi, um 1748

Form der Piazza stammt jedoch aus dem Jahre 1816, als *Guiseppe Valadier* [25] dem bis dahin rechteckigen Platz einen den Rinaldischen Doppelkirchen adäquaten Rahmen gab. Er kann daher kein Vorbild sein (Abb. 26).

Die Pariser Variationen des absolutistischen Architekturplatzes gehen hingegen weiter zurück, etwa auf den bereits 1612 angelegten, noch von Renaissanceelementen geprägten *Place des Vosges. Ludwig XIV.* ließ 1685 bis 1687 den ersten kreisförmigen Platz, den *Place des Victoires,* in den strahlenförmig mehrere Straßen einmündeten, in Paris anlegen. *Jules Hardouin-Mansart* entwarf eine Reihe bedeutender städtebaulicher Elemente, so auch den *Place Vendome,* der in der revidierten und ausgeführten Fassung die charakteristischen abgeschrägten Ecken erhielt. Ein aus dem Jahre 1748 stammender Stadtplan von *Patte* läßt eine Fülle von Plätzen und Achsen erkennen, die von nun an aus der Stadtplanung nicht mehr wegzudenken waren: Breite, gerade Straßen und geometrische Grundformen wurden beliebig variiert und zu eindrucksvollen Mustern zusammengesetzt (Abb. 27).

In diesen Planungen, die sich bis ins 17. Jahrhundert zurückverfolgen lassen, sind Ansätze erkennbar, die auch den Stadtplatzplanungen des preußischen Absolutismus zugrunde gelegt wurden. *Friedrich I.* hatte die Achse als Element des Stadt plans in Berlin eingeführt, unter seinem Nachfolger *Friedrich Wilhelm I.* kam der Platz als weiteres Element hinzu.

Doch die Anlage der Berliner Plätze war stets auch von pragmatischen Absichten ihrer Nutzbarkeit bestimmt: Immer erhielten sie mehrere, zum Teil gegensätzliche Aufgaben zugewiesen, die sie letztlich nur bedingt und meist zum Nachteil ihrer ästhetischen Wirkung erfüllen konnten. Betrat man die Stadt von Süden durch das *Rondell,* bildete das Stadttor den eigentlichen Höhepunkt, dahinter öffnete sich nur ein freier Raum, eine

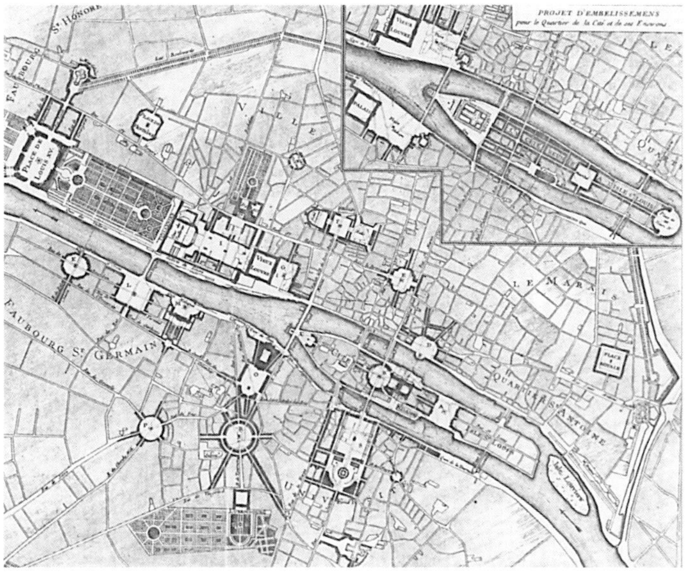

27 Plan von Paris 1748 von Patte mit projektierten und vollendeten Plätzen

leere Fläche, deren Ränder immerhin recht einheitlich bebaut waren. Eine Steigerung des Raumerlebnisses wie bei den großen europäischen Vorbildern konnte nicht erzielt werden. In einem Plan von *J.F.Walter* aus dem Jahre 1737 sind unter der Bezeichnung *„Das Rondell"* noch zusätzlich die Worte *„Marckt Platz"* zu erkennen, das heißt, daß neben dem durch seine Lage eindeutig als Marktplatz zu identifizierenden *Wilhelmsplatz* auch dem Rondell diese Doppelfunktion zugedacht war.

Das äußere Erscheinungsbild der Friedrichstadt entsprach Stellung und Besitz der dort lebenden Bevölkerung. Während im Südostteil, in der Nähe des neuen Collegienhauses, vor allem Beamte zu finden waren, bauten sich am *Rondell* und im Südwesten die Handwerker ihre Zunfthäuser, zu denen sich Kasernen und Ställe der Kavallerie gesellten. Die charakteristischen Haustypen der Friedrichstadt fanden sich hier, zweigeschossige Putzbauten, fünf- bis siebenachsig, mit Mansarddächern und einer durchlaufenden Traufe optisch zusammengefaßt. Fensterleibungen und Risalite waren mit Sandstein abgesetzt oder durch Putzfaschen imitiert, wobei der Naturton des Sandsteins den in einheitlichem Ton gestrichenen Putzfassaden eine höhere Plastizität verleihen sollte. In den langen Radialstraßen dominerte der Haustyp mit separatem Aufgang für die noch einquartierten Offiziere.

Nach Nordwesten veränderte sich die Gestalt der Stadt und ihrer Plätze. Hier, um die Fläche des *Oktogons* und des *Wilhelmplatzes,* bauten sich Adel und Gesandtschaften ihre barocken, freistehenden Paläste. Wie in London zog es auch in Berlin den einheimischen Landadel in die Metropole, wo er sich, auf Nähe zum Landesherrn bedacht, zumindest einen Zweitwohnsitz zulegte. Im oberen Teil der Wilhelmstraße entstanden herrschaftliche, mit Vorfahrten versehene Gebäude, hinter denen sich tiefe Gärten in das Gelände des ehemaligen Tiergartens erstreckten (Abb. 28). Die Geschlossenheit des *Rondells* wurde an *Quarrée, Oktogon* und *Wilhelmplatz* nicht mit durchgehenden Traufen erreicht, sondern durch zwischengesetzte, eingeschossige Portalmauern, in denen sich die Hofeinfahrten befanden.

Die geistigen Grundlagen und architektonischen Leitgedanken, die zur Entstehung der Friedrichstadtplätze geführt haben, entsprachen europäischen Vorbildern. Die eigene Sehweise, mit der der preußische Absolutismus die gesellschaftspolitischen und ästhetischen Voraussetzungen in diesen Ländern interpretierte, ließ bei Übernahme der geometrischen Grundformen folgerichtig andere Plätze entstehen, da die Nutzungsinhalte mit denen ihrer europäischen Vorbilder nicht übereinstimmten.

Friedrich Wilhelm I., dessen erste Tat als Regent gewesen war, den mit großem Aufwand hergerichteten königlichen Lustgarten hinter dem Stadtschloß in einen Exerzierplatz umzuwandeln, plante und dachte primär unter militärischen und wirtschaftlichen Gesichtspunkten, was sich insbesondere in der Gestaltung der Friedrichstadtplätze niederschlug und diese bis zum Beginn der bürgerlichen Aneignung im 19. Jahrhundert prägte.

28 Der Wilhelmsplatz, aquarellierte Federzeichnung von C. H. Horst um 1735

Forum Fridericianum und Gendarmenmarkt: Höhepunkte der Berliner Stadtplatzplanungen gegen Ende des Ancien régime

Unmittelbar nach dem Regierungsantritt *Friedrichs II.* vollzog sich in Berlin ein Wandel im geistigen und künstlerischen Leben. Anders als sein Vater, der nur mit seinen Soldaten „gespielt" hatte, war *Friedrich II.* bereit, sie in mehreren blutigen Kriegen einzusetzen. Der durch den Regierungswechsel zunächst einsetzende Umschwung stagnierte bald infolge der wirtschaftlichen Belastungen durch die Kriege. Die städtebauliche Entwicklung Berlins innerhalb dieses Zeitraums beschränkte sich zunächst auf den Ausbau und die Umgestaltung bereits vorhandener Areale, die, mit Ausnahme des *Forums,* auch erst nach Beendigung der Schlesischen Kriege nennenswerten Umfang erreichten. Eine wesentliche Vergrößerung des Stadtgebiets unterblieb, obwohl sich während der sechsundvierzigjährigen Regentschaft *Friedrich II.* die Einwohnerzahl Berlins von 90 000 auf 147 000 (inklusive Militär) vergrößerte. Die Ausdehnung der Wohnfläche erfolgte also nicht zu ebener Erde, sondern durch Erhöhung der Wohnraumdichte. Die Zahl der im Stadtgebiet wohnenden Personen stieg von 68,2 pro Hektar im Jahre 1740 auf 109,4 pro Hektar im Jahre 1786. Das durch den Bau der Palisade bereits formal zum Stadtgebiet gehörende *Köpenicker* Feld wurde, trotz Wohnraummangels, zunächst in seiner agrarischen Struktur belassen.

Für die Berliner Stadtplatzentwicklung wurde die Regentschaft *Friedrichs II.* zu einer wichtigen Periode. Das Gedankengut der französischen Aufklärung begann das Berliner Geistesleben zu durchdringen. Es war die Zeit, in der sich Namen wie *Schadow, Selter, Lessing, Moses Mendelssohn, Chodowiecki, Nikolai* u. a. mit Berlin verbanden.

Aus dem Jahre 1740 stammt der von *Knobelsdorff* angefertigte Entwurf eines königlichen Platzes, des *Forum Fridericianum,* in dem die humanistischen Idealvorstellungen eines aufgeklärten Absolutismus umgesetzt werden sollten (Abb. 29). Von der Tendenz ist er dem *Broebesschen* Schloßplatzentwurf aus dem Jahre 1701 verwandt, zu dem geistige und formale Parallelen bestehen. Als Standort des Projekts war das noch freie Gelände westlich der Stadtmauer vor dem Neuen Tor vorgesehen, durch das die breite, mit Linden bestandene Straße vom Tiergarten zum alten Schloß führte. Dieser Platz entstand ebenfalls im Zusammenhang mit der Entfestigung, als der

29 Plan von Knobelsdorff mit den handschriftlichen Ergänzungen Friedrichs II. für ein königliches Forum

Graben auf Köllner Seite zugeschüttet wurde. Auf diese Weise sollte Gelände für den Bau von Häusern gewonnen werden, aber die schwierigen Geländeverhältnisse, die bereits den Festungsbau behindert hatten, verzögerten die Bebauung längere Zeit.

Der *Knobelsdorffsche* Plan mit den handschriftlichen Eintragungen *Friedrichs II.* zeigt am Ende der Markgrafenstraße, dort, wo sie auf die Straße „Unter den Linden" trifft, einen dreiteiligen Bau, dessen Mitte zurückweicht, so daß ein Innenhof entsteht. Die verlängerte Markgrafenstraße sollte genau zum Mittelrisalit des Innenhofes führen, der nach Friedrichs Korrekturen in den öffentlichen Platzraum ausgedehnt wurde (Abb. 30).

Damit wäre die bislang unscheinbare Markgrafenstraße zur Hauptbezugsachse des Schlosses aufgewertet worden. Vom Kollegienhaus im Süden hätte sie etwa 1400 Meter weit bis zum Hauptportal des neuen Gebäudes geführt. An dieser Magistrale war zusätzlich die Errichtung einer Reihe öffentlicher Gebäude für Militär,

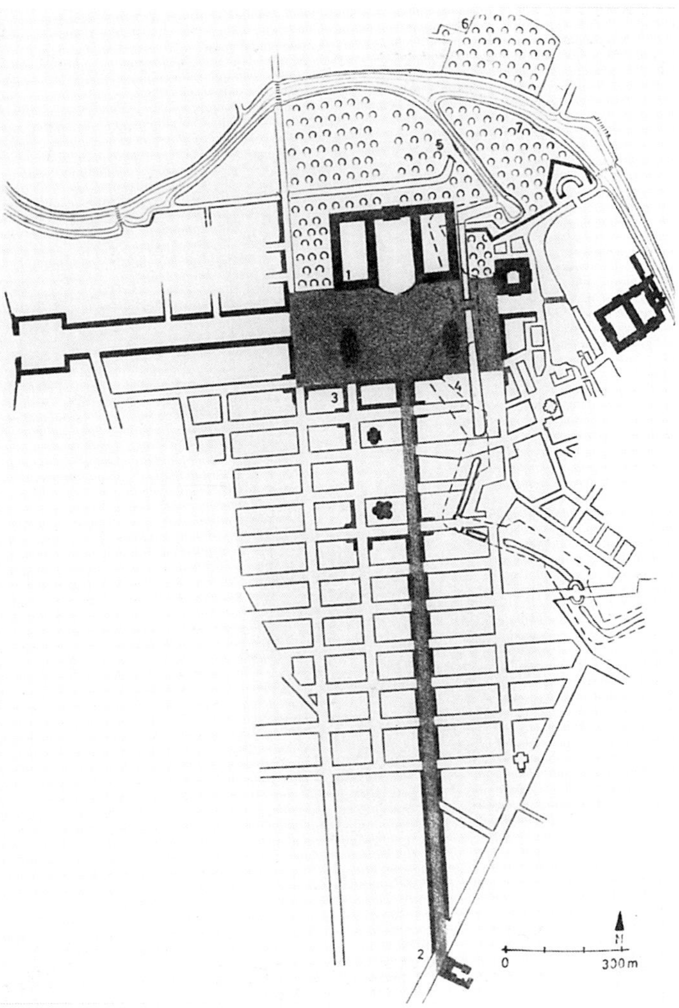

30 Aus Schinz: Der Knobelsdorffsche Plan von Schinz überarbeitet. 1. Schloß, 2. Collegienhaus, 3. Akademie, 4. Opernhaus, 5. Schloßpark, 6. Monbijou, 7. Spreeinsel

Verwaltung, Kunst und Handel geplant."Unter den Linden" wäre der eigentliche Platz entstanden, um vieles größer als der dann tatsächlich ausgeführte. Er sollte die beiden südlich der Linden gelegenen Blöcke mit einbeziehen, zusätzlich das Terrain nördlich der Straße. Auf der Platzfläche sollte die aufgeklärte Haltung des Monarchen durch zwei Bauten für Wissenschaft und Kunst zum Ausdruck kommen, die parallel nebeneinander angeordnet und vertikal auf den Bau des Landesherrn ausgerichtet waren: auf der rechten Seite das neue Opernhaus, auf der linken die Akademie.

Die Eingriffe *Friedrichs II.* in den Plan veränderten die Situation weitgehend: Der Palast sollte, weiter als von *Knobelsdorff* geplant, nach Norden zurückweichen, um so dem barocken Schwung eines halbkreisförmigen Cour d' honneurs mehr Raum zu geben, die Straße „Unter den Linden" dagegen im Süden den Platz begrenzen, was durch horizontal angeordnete Bauten für Kunst und Wissenschaft erreichbar gewesen wäre. Einschneidender jedoch war die Veränderung der Magistrale: Der geniale Bezug zum *Gendarmenmarkt* war durch die Schließung der Baublöcke zwischen Behrens- und Lindenstraße unmöglich geworden. So schien die Aufwertung der Markgrafenstraße mit öffentlichen Gebäuden überflüssig. Diese sollten stattdessen entlang der schon bestehenden Achse „Unter den Linden" - altes Stadtschloß entstehen.

Der Knobelsdorffplan war damit aufgegeben, dennoch ist es allein dem Nachwirken Knobelsdorffschen Gedankenguts zu verdanken, daß der Platz zu einem der bedeutendsten Berliner Plätze ausgebaut wurde. Mehr als dreißig Jahre beschäftigte sich *Friedrich II.* mit dem Entwurf, den er schließlich in verkleiner tem Maßstab und unter Vernachlässigung einiger wesentlicher Inhalte realisierte. Anstelle des Schlosses - *Friedrich II.* war inzwischen nach Potsdam gezogen - wurde in ähnlicher Form in den Jahren 1743 bis 1753 das Palais des Prinzen Heinrich auf der Nordseite der Straße „Unter den Linden" erbaut. Boumann d.Ä. paßte dabei seinen durch französische und holländische Einflüsse geprägten barockklassizistischen Stil dem Entwurf *Knobelsdorffs* an. Der alte Marstall zur Rechten des Palais, in dem sich über den Pferdeställen die Akademie befand, war im Jahre 1743 teilweise abgebrannt und wurde nun im größeren Rahmen von *Boumann* als Akademie wieder aufgebaut.

31 Ansicht des Opernplatzes mit der neuen Bibliothek 1782 von Rosenberg

32 Der Opernplatz mit Hedwigskirche, Bibliothek und Opernhaus, von der Universität aus gesehen im Jahre 1905

Das *Corps de logis* jedoch bildete, noch von Knobelsdorff erbaut, das Opernhaus. Das rechteckige, auf einem Sockelgeschoß ruhende Gebäude mit einem Ober- und einem Mezzaningeschoß war von schmaler, gestreckter Form. Zur Straße „Unter den Linden" zeigte ein Portikus mit korinthischen Säulen klassische Formen, während die Längsseiten durch vorgeblendete, fünfachsige Mittelrisalite ihren klassizistischen Ausdruck erhielten [26].

Neu im Forumsplan war die katholische Hedwigskirche, die eine Konzession an den schlesischen Hochadel und die durch die Schlesischen Kriege zu Preußen gekommenen katholischen Bürger war. Die Schrägstellung dieses Zentralbaus am Ende der Behrensstraße, an dessen Entwurf sich der König selbst beteiligt hatte, wird kontrovers beurteilt: Zum einen als genial die Behrensstraße auffangend, aber andererseits auch als nachlässig, diskriminiert in die Ecke gesetzt. Die Eingangsfront beherrscht ein aus der Antike entliehener Portikus, dessen ionische Säulen sowohl vom Platz als auch von der Behrensstraße her einen Blickfang bilden. Darstellungen des 18. Jahrhunderts zeigen zumeist die noch unfertige Kirche, deren Bau sich von 1747 bis 1773 hinzog (Abb. 31).

Der erkennbare Wille des Königs, seinen Geschmack baulich durchzusetzen, kommt vor allem beim jüngsten, aber am ältesten wirkenden Bauwerk des Ensembles, der Königlichen Bibliothek, deutlich zum Ausdruck. Als Grundlage für den Bau diente der Entwurf *Johann Bernhard Fischer von Erlachs* für die Bibliothek [27] der Wiener Hofburg aus dem Jahre 1726, den der König von *Georg Christian Unger* so umzeichnen ließ, daß er ungefähr für den letzten freien Bauplatz an der Westseite des Platzes paßte. Das Gebäude wurde parallel zur Oper errichtet, jedoch war bis auf die Längsausrichtung nichts von den *Knobelsdorffschen* Gedanken vorhanden geblieben.

Den geschwungenen, barocken Baukörper zierte in der Mitte ein Risalit. Auf seinem Dach erschienen allegorische Figuren, die seit dem Bau des Zeughauses aus der *Schlüterschen* Barockperiode kaum noch verwendet wurden. Auch im Inneren waren die barocken Kunstgriffe der absolutistischen Fürsten erkennbar: *Friedrich II.* benötigte für seine Bibliothek eigentlich nur zwei Geschosse, ließ sie aber nach außen, dem Wiener Vorbild zuliebe, als viergeschossig erscheinen. Er schadete dem Maßstab der Gesamtanlage dadurch ebensosehr wie durch die willkürliche Wahl des Stils [28].

Obwohl es im Vergleich zum Entwurf *Knobelsdorffs* städtebaulich und architektonisch empfindlich reduziert wurde, ist das 1773 mit dem Bau der Hedwigskirche und der Opernbrücke vollendete *Forum Fridericianum* die wohl bedeutendste Berliner Platzanlage. Der von *Friedrich Wilhelm I.* bei der Erweiterung der Friedrichstadt beschrittene Weg zum künstlerisch gestalteten Stadtplatz [29] fand damit einen würdigen Abschluß.Trotz unterschiedlichster Stilvariationen vereinen sich alle Gebäude des Forums zu einem Ganzen.

Nach königlich-preußischer Auffassung von Aufklärung und Toleranz sollten an diesem zentralen Platz Kunst und Wissenschaft durch Gebäude vertreten sein. Die französischen Vorbilder, deren Formen stets willig von den Hohenzollern übernommen wurden, adaptierte man nun auch inhaltlich. Der *Opernplatz,* wie die spätere Bezeichnung des *Forums* lautete [30], war zunächst noch Exerzier-, aber auch schon bürgerlicher Flanierplatz, der Handel aber, bis dahin wichtigster Faktor des öffentlichen Lebens auf den Plätzen, hatte seine bis dahin absolute Vormachtstellung verloren (Abb. 32).

Der Gendarmenmarkt

Die zweite bedeutende Platzschöpfung des preußischen Absolutismus war der *Gendarmenmarkt.* Das Interesse an den drei ausgesparten Blöcken des ehemaligen *Mittelmarktes* war durch den *Knobelsdorffschen* Forumsentwurf neu geweckt worden. Die lange vernachlässigte Fläche, die nach Aufgabe des *Broebesschen* Entwurfs von 1740 als Markt- und Exerzierplatz genutzt wurde, hatte *Friedrich Wilhelm I.* 1736 mit Kasernen und Ställen einfrieden lassen. Es waren Bauten des Regiments Gens d'armes, das 1799 für die Namensgebung Pate stand. *Friedrich II.* leitete seit 1769 verstärkt Maßnahmen zur Hebung des äußeren Erscheinungs bildes seiner Hauptstadt ein, die darüber hinwegtäuschen sollten, wie schwer seine Kriege Preußen getroffen hatten. Neue Gebäude wurden errichtet, andere äußerlich verbessert, darunter auch eine Anzahl königlicher Immediatbauten, deren Finanzierung die Krone übernahm. Dieses staatlich gelenkte „Konjunkturprogramm" ließ vor allem kapitalkräftige Bürger am absolutistischen Stadtbauwillen partizipieren, mit all den Vor- und Nachteilen, die mit dieser Gunst verbunden waren [31]. An städtebaulich interessanten Punkten der Stadt, am *Dönhoffplatz* und am *Hackeschen Markt,* wurden, überwiegend nach Zeichnungen von *Unger,* drei- bis viergeschossige Gebäude errichtet. Am *Gendarmenmarkt* begann man seit 1775 mit der Errichtung von insgesamt zwanzig Wohngebäuden, davon dreizehn nach Zeichnungen von *Unger,* der selbst an den Platz zog, und sieben nach *Gontardschen Entwürfen.*

Noch ein Jahr zuvor hatte *Bartholomee Bourdets,* ein aus Paris kommender und in Holland als Wasserbauingenieur tätiger Architekt, Überlegungen zur künftigen Gestalt des Platzes angestellt: *„Etwas wie die Idee eines Pracht- Forums oder einer Anlage gleich dem Marcus-Platze in Venedig muss dem König vorgeschwebt haben, als vermuthlich doch in seinem Auftrage im Jahre 1774 Bourdet ein Projekt zur Verschönerung jenes Platzes ausarbeitete..."* [32]. (Abb. 33)

Die Längsseiten des Platzes sollten durch die Überbauung der Jäger- und Taubenstraße zu einer sich einheitlich präsentierenden Front zusammengezogen werden, wobei die Ausbildung der Fassaden der Formensprache des französischen Barocks entsprach, in den sich

33 Bartholomee Bourdet, Projekt für den Gensd'armenmarkt 1774

34 Der Gensd'armesplatz in Berlin, Stich von Calau 1795

bereits klassizistische Elemente mischten. *„Zwischen beide Tore aber schiebt er im Gegensatz zu den einundzwanzig-achsigen Flügelbauten ein sie überragendes Gebäude von elf Achsen Frontlänge ein, Architrav und Simse der Torbauten durchziehend ... An die Tore in ihrer Fassade anklingend werden in die Mitten der Schmalseiten zwei Kirchen eingebaut, während die Gebäude neben diesen Flügelbauten den Längsseiten gleichen. So wird für alle vier Platzwände eine gegen die Mitte steigende, kräftig geschnittene Umrißlinie herausgebracht...Höchst bemerkenswert, wie dabei die Schmalseiten gegen die weitere Distanz die energischer emporsteigende Silhouette zeichnen, die Breitseiten im Largotempo sich hochstufen."* [33]

Die aufgestockten und aufgewerteten Gebäude der Längsseiten waren zur Aufnahme von Verwaltungskontoren bestimmt, an den Schmalseiten sollten hinter triumphbogenartigen Portiken zwei neue Kirchen entstehen. Der Entwurf wurde nicht ausgeführt, denn *Bourdet* war schon nach kurzer Zeit seiner amtlichen Verpflichtung wieder entbunden worden, da er mit der Berliner Verwaltung keine fruchtbare Zusammenarbeit hatte entwickeln können [34].

Doch das Interesse an großen Lösungen war geweckt. Die bereits 1760 nicht mehr genutzten Ställe des Regiments Gens d'armes wurden 1773 abgetragen und die bestehenden kleineren Kirchen freigelegt [35]. Während für die Randbebauung des Platzes *Unger* und *Gontard* die Entwürfe geliefert hatten, entstand in der Mitte das Schauspielhaus von *Boumann d.Ä.*, wie es ein Stich von Calau aus dem Jahre 1795 zeigt (Abb. 34).

Das Portal des schlichten klassizistischen Baus, der in Proportion und Gestalt an das *Knobelsdorffsche* Opernhaus erinnert, stammte allerdings auch von *Unger.* 1801 fiel das Gebäude einer Brandkatastrophe zum Opfer, doch bereits 1802 fand die Eröffnung eines zweiten, von *Langhans* entworfenen Theaters statt. Das *Boumannsche* Schauspielhaus, parallel zu den Kirchen orientiert, hatte noch in den Platz eingegriffen, *Langhans d. Ä.* dagegen legte es, wie später auch *Schinkel,* parallel zur Charlottenstraße, wodurch ein Platz entstand, der seitlich durch die beiden Kirchenbauten gefaßt wurde. Die beiden den Platz kreuzenden Straßen, die Jäger- und die Taubenstraße, begrenzten dabei die nutzbare Fläche in der Mitte.

Den Höhepunkt der Gendarmenmarktgestaltung bildeten allerdings die beiden von *Carl von Gontard* errichteten 70 Meter hohen Turmvorbauten, mit denen die beiden Kirchen aufgewertet wurden. *Gontard,* ursprünglich als Ballettmeister in Bayreuth tätig, hatte in Berlin nur eine kurze Schaffensperiode von 1764 bis 1768, danach ließ er seine Entwürfe über *Georg Christian Unger* in Berlin realisieren. *„Carl von Gontard, der von 1756 bis 1764 im Dienste der Schwester Fried richs des Großen, der Markgräfin Wilhelmine von Bayreuth, gestanden hatte, setzte 1780 bis 1785 jeder dieser beiden Kirchen an ihrer Ostseite monumentale Kuppeltürme als Turmbauten im klassisch-palladianischen Geiste vor. Aus dem Unterbau auf griechischem Kreuzgrundriß mit einem Portikus korinthischer Ordnung an der Stirnseite jeder der drei Kreuzarme wächst die gestreckte und an ihrem Tambour von Freisäulen umstellte gestelzte Turmkuppel empor, der Stadtsilhouette einen neuartigen Akzent gebend. Die Grundidee dieser Turmkuppel ist dem Tempietto Donato Bramantes in St. Pietro zu Rom aus dem Jahre 1502 verwandt; jedoch elegant in steilen Proportionen ausgeführt. Die städtebauliche Komposition dieses Kuppelturmpaares erinnert an Christopher Wrens Kuppeltürme beim Hospital zu Greenwich bei London vom Jahre 1694“* [36]. Dagegen gibt Werner Hegemann unter Verwendung eines Zitats von Ernst Moritz Arndt eine ganz andere Interpretation des *Ancien régimes: „Es könnte nichts Schöneres geben als Gontards Zwillingstürme, wenn nicht unglücklicherweise der kreuzförmige Grundriß des Unterbaus dieser Türme die Vermutung erwecken müßte, es befände sich die eigentliche Kirche als kreuzförmiger Zentralbau jeweils unter der Mitte der hohen Kuppel. Wer dann den hohen Raum ehrfurchts- und erwartungsvoll betritt, findet sich unvermittelt in einem scheußlichen Schacht. Statt in den lichten Raum unter einer besonders hoch gewölbten Kuppel schaut er in eine angsterregende Röhre hinein. Diese beiden Kirchen Friedrichs II. sind nur verblüffende, aber inhaltslose Attrappen, Sinnbilder des hohlen und gespenstischen Gerüstes mit dem Ernst Moritz Arndt den friderizianischen Staat verglich.“* [37]

Der bürgerliche Stadtplatzbau im 19. Jahrhundert: Die Preisgabe der Mitte und das Schicksal der Stadtplätze zu Beginn des 20. Jahrhunderts

Ökonomische und politische Voraussetzungen für das Erstarken bürgerlicher Macht

Gegen Ende des 18. Jahrhunderts vollzog sich der Wandel der bis dahin agrarisch orientierten Gesellschaft [1] zur mobilen Industriegesellschaft. Nach dem Tod des letzten in Preußen absolutistisch regierenden Hohenzollern, *Friedrich II.*, setzten sich die Liberalisierungstendenzen in allen Bereichen des gesellschaftlichen, politischen und wirtschaftlichen Lebens durch. Im wirtschaftlich und kulturell weiterentwickelten Frankreich, oft Vorbild der absolutistischen Hohenzollern, wie auch in Italien hatte die Rückbesinnung auf die Antike, insbesondere in der bildenden Kunst, ihre Faszination bereits im 16. und 17. Jahrhundert entfaltet. Im Humanitätsideal der Aufklärung hatte sie ihre philosophische Entsprechung gefunden.

Diese neuen gesellschaftspolitischen Denkansätze mündeten in Frankreich in den Befreiungsakt des Bürgertums mit der Revolution von 1789, während Deutschland das revolutionäre Potential u.a. durch hohe Abwanderungsraten nach Osteuropa und Amerika entzogen wurde.Wenn sich Opposition regte, so zunächst nur in der ästhetischen und intellektuellen Diskussion [2]. Erst zur Mitte des 19. Jahrhunderts erreichte sie eine entsprechende politische Stoßkraft. Während der französischen Besatzungszeit nach dem Zusammenbruch Preußens und Napoleons Sieg 1806 waren auch in Preußen die Voraussetzungen für ein umfassendes politisches und wirtschaftliches Reformwerk gegeben, das in den Stein-Hardenbergschen Reformen Ausdruck fand. Sie befreiten den Bauern aus der persönlichen Abhängigkeit vom Grundherrn. Mit Erlangung der persönlichen Unabhängigkeit wurde jedoch gleichzeitig die traditionelle Einbindung in das soziale Gefüge der Hofgemeinschaft aufgelöst. Die persönliche Freiheit unter gleichzeitiger Beibehaltung der ‚dinglichen' Lasten als Verpflichtung gegenüber dem Grundherrn (1810) verstärkte aber den ökonomischen Druck, dem der einzelne durch Flucht in die Stadt zu entgehen suchte. Auch das sogenannte Regulierungsedikt von 1811, das die Ablösung der Frondienste durch die Abgabe eines Drittels des Bauernlandes an den Grundherrn vorsah, verschärfte durch Verknappung des zu bewirtschaftenden Bodens diese Fluchtbewegung.

Durch die Einführung der Gewerbefreiheit wurde das Monopol der Zünfte beseitigt und die freie Konkurrenz des Handwerks ermöglicht. Mit der Gewährung des Rechts, „in jedem Produktionszweig mit jeder Produktionstechnik" [3] arbeiten zu dürfen, erhielt das deutsche Handwerk erstmals die Möglichkeit, Waren zu produzieren, die auch im Ausland konkurrenzfähig waren. Hiermit war die Grundlage zur Entwicklung der freien bürgerlichen Industrieproduktion geschaffen.

Eine Folge der freien Berufswahl war die Freisetzung von Arbeitskräften aus dem Handwerk für die spätere industrielle Produktion, deren Grundlage der Lohnarbeiter war. [4]

Die Städteordnung von 1808 führte die Selbstverwaltung der Besitzbürger durch gewählte Stadtverordnete ein. Zur gleichen Zeit verstärkte sich die Umstellung vom Handbetrieb auf die maschinelle Produktion, womit die Entwicklung des Manufakturwesens mit seinen neuen Technologien und Produktionsverfahren gefördert wurde. Bauernbefreiung, Gewerbefreiheit und Städteordnung wurden zu Grundpfeilern der Industrialisierung im deutschen Raum. Der nachfolgende Ausbau des Fernstraßennetzes, von *Friedrich II.* aus strategischen Gründen lange Zeit verhindert, ließ Preußen den Anschluß an das europäische Industrialisierungsniveau finden.

Bauernbefreiung, Landflucht und die stetige Bevölkerungszunahme vergrößerten zwar das Arbeitskräftereservoir in den Städten, führten aber auch in den kaum veränderten Weichbildgrenzen zu einer qualvollen Enge. Durch das Überangebot an Arbeitskräften in den Städten kam es zu sinkenden Löhnen, so daß auch Frauen und Kinder zum Lebensunterhalt beitragen mußten.Trotz des Elends verlor die Landwirtschaft bis zur Mitte des 19. Jahrhunderts ihre Position als Haupterwerbsquelle der Bevölkerung, während die Industrieproduktion sich bis zum Ende des 19. Jahrhunderts in atemberaubendem Tempo entwickelte. Mit den hohenzollerschen Monarchen *Friedrich Wilhelm II.* (1786-1797) und *Friedrich Wilhelm III.* (1797-1840) verblaßte der Glanz des Ancien régime, und es formierte sich das erstarkende Bürgertum zu einer weiteren Kraft im Staate.

Die romantische Interpretation der griechischen Antike als Grundlage der neuen klassizistischen Architektur in Preußen

Mit dem Tode *Friedrichs II.* im Jahre 1786 fand der Absolutismus friderizianischer Prägung seinen endgültigen Abschluß. Damit endete auch in Deutschland die Barockperiode. In den achtziger und neunziger Jahren des 18. Jahrhunderts fand durch die Aneignung der Aufklärung eine geistige Erneuerung in Europa statt. Die französische Variante klassischer Adaption und Wiederbelebung, der *„Revolutionsklassizismus“* [5], löste den Pomp und die Überladenheit der auf gesellschaftlichen und künstlerischen Anachronismen fußenden Barockperiode ab. Mit geringer zeitlicher Verzögerung drangen diese Vorstellungen auch nach Preußen, wo sie von einer Schar begeisterter Architekten übernommen wurden. Insbesondere die Schriften *Johann Joachim Winckelmanns* [6], der als Deutscher nach Italien gegangen war, um dort an der Analyse der Ausgrabungen der Antike zu arbeiteten, trugen zur Verbreitung des Wissens um die europäische Antike in Deutschland bei.

Sklavenhalterdemokratien und Patriziatsoligarchien wurden romantisch verklärt. Dabei wurde Einfachheit und Reinheit der Bauformen kurzschlüssig auf die gesellschaftlichen Verhältnisse übertragen, und es kam zu grundlegenden Fehlinterpretationen der Antike. Bereits 1810 weist *Schelling* in einem Brief an *Klenze* auf die Gefahren hin, die der Gesellschaft durch die weitgehend unreflektierte Adaption der antiken Hüllen drohten: *„Die Antike ist zuerst in Mißkredit gekommen wegen der geistlosen äußerlichen und formellen Nachahmungen, die man bequemer gefunden hatte, anstatt in die geistige Methode selbst einzudringen, durch die solche Werke enstanden.“* [7] In Deutschland wurde der Klassizismus vor allem als neue, die Kunst bereichernde Stilrichtung begrüßt.

Dem standen die Bemühungen derjenigen entgegen, die aus den Lehren der Antike und den Ereignissen der Französischen Revolution auch Schlußfolgerungen für die politischen und sozialen Inhalte einer neuen Architektur ziehen wollten. Kulturbauten wie Theater, Museen und Universitäten oder Versorgungseinrichtungen wie Krankenhäuser, Kaufhallen, Schlachthöfe und Friedhöfe sowie Produktionsstätten und Fabriken wurden als gesellschaftliche Bauaufgaben eines neuen, aufgeklärten Bürgertums erkannt und sollten seinen Anspruch auf die Übernahme der gesellschaftlichen und politischen Verantwortung verdeutlichen. Aber das Bürgertum wurde nicht zum Auftraggeber der Klassizisten, da sich der Adel und die kapitalhaltende Finanzbourgeoisie als Bauherren zu behaupten wußten.

„Hier begegnet man dem soziologisch interessanten Sachverhalt, daß die auf steigende Klasse des Bürgertums die hinabsinkende feudale mit ihrer Ideenwelt durchdringt, daß die beiden antagonistischen Klassen sich in Fragen der künstlerischen Äußerungsmittel begegnen. Dadurch wurde der K. zu einer mehrschichtigen Erscheinung, indem er teilweise von höfisch-aristokratischen, teilweise von bürgerlichen Schichten getragen wird. Dennoch steht außer Zweifel, daß in dem aus feudalen und bürgerlich ästhetischen Vorstellungen erwachsenen neuen kunstphilosophischen System das Bürgertum die geistig-schöpferische Führung übernahm. Die Feudalklasse wußte sich zu behaupten, indem sie der Strömung bürgerlichen Denkens folgt.“ [8]

Quarrée und Brandenburger Tor

In der Frühphase des deutschen Klassizismus wurde in Berlin das von *Karl Gotthard Langhans* entworfene Brandenburger Tor erbaut. [9] Mauern und Tore fanden nach dem Verlust ihrer fortifikatorischen Bedeutung ihre Daseinsberechtigung nur noch als Grenze für die Erhebung der Verbrauchssteuer, der Akzise, und wurden deshalb nach anderen Gesichtspunkten geplant. Seit 1781 waren bereits einige Tore, etwa das Rosenthaler und das Oranienburger Tor, durch repräsentative Neubauten ersetzt worden, die zwar nach barocker Tradition entsprechend ihres ehemaligen Wehrcharakters Monumentalität symbolisierten, zugleich aber durch ein größeres Maß an Transparenz die gewandelten Aufgaben zum Ausdruck brachten.

Anders als *Unger* und *Gontard* bemühte sich *Langhans* klassizistische Stilmittel zu verwenden. Nach eigenem Bekunden hatte er sich *„bey dem Bau des Neuen Thores das Stadt-Thor (sic) von Athen zum Modelle genommen“* [10], wie es sich in den Stichen von Le Roy (1758), Stuart und Revett (1788) darstellte. Trotz einiger im nachhinein bemängelter Unstimmigkeiten in der Architektur des Tores [11] gelang ihm mit diesem Bauwerk eine innovative und unverwechselbare Leistung. Ohne sich eindeutig einer bekannten, in Berlin favorisierten Stilrichtung zu bedienen, schuf er ein Übergangsmonu-

35 Das Brandenburger Tor, vom Tiergarten aus gesehen, um 1930

ment zwischen friderizianischem Barock und *Gillyschem* Klassizismus. Vom Aufbau her noch an die der römischen Barockarchitektur verwandten französischen Triumphbögen erinnernd, wird gleichzeitig die individuelle Interpretation der antiken Vorbilder durch die Reduktion auf wenige geometrische Grundformen erkennbar. Durch die Errichtung des neuen, bis dahin gültige Dimensionen sprengenden Tores erhielt der dahinterliegende *Pariser Platz* (damals noch *Quarrée*) eine architektonische Aufwertung, die ihn zum repräsentativsten Eingangsplatz der Stadt machte.

Der räumliche Charakter des Platzes, bis zu diesem Zeitpunkt trotz des wachsenden Verkehrsaufkommens eher verträumt und durch Tor und Gebäude überragende Bäume bestimmt, änderte sich: Das Einzelbauwerk, das Tor wurde zum Blickfang, zum eigentlichen Höhepunkt des Platzes [12]. Die quadratische Platzfläche und die zwei- bis dreigeschossige Randbebauung, bislang als Ensemble erlebbar, traten zugunsten des Monuments zurück.

Ein wesentliches Unterscheidungsmerkmal zu bisher gültigen Raumauffassungen wird deutlich: Das Einzelbauwerk erhebt sich im Klassizismus endgültig über das Ensemble und stellt sich damit in Gegensatz zu der den Zusammenhang suchenden Barockarchitektur.

Langhans war durch die Dualität des Tores ein genialer Entwurf gelungen: Von weitem bildete es den Abschluß der Straße Unter den Linden; doch nur scheinbar, denn kommt man näher, stellt die Durchlässigkeit der fünf Interkolumnien keine wirkliche Unterbrechung der Achse Großer Stern-Unter den Linden dar [13] (Abb. 35). Stadtseitig ragten die mit dorischen Giebeln verzierten seitlichen Anbauten in den Platz hinein, während sie auf der zum Tiergarten gelegenen Seite nur schlicht durch Pilaster gegliedert in die Mauer übergingen. Über der mittleren, etwas breiteren und nur für die königlichen Karossen bestimmten Durchfahrt fand als Bekrönung die

Schadowsche Quadriga ihren Platz. 3,5 Meter hoch, in doppelter Lebensgröße in Kupfer getrieben, den römischen Streitwagen nach Osten gekehrt, stand ihr eine wechselvolle Geschichte bevor [14].

Excurs Potsdamer Platz 2

Im letzten Jahrzehnt des 18. Jahrhunderts beschäftigte die Errichtung eines Denkmals für Friedrich II. die Berliner Kulturszene und kulminierte schließlich 1796 in einem Wettbewerb. An diese Aufgabe wagten sich so bedeutende Architekten [15] wie Gilly, Gentz, Hirt, Weinbrenner und Haun, alles Künstler, die dem Klassizismus zugetan waren. Aus der Zahl der eingegangenen Entwürfe beeindruckte besonders die Arbeit des jungen Friedrich Gilly, die durch die konsequente Verwendung antiker Elemente bestach und in der Wahl des Standortes von den anderen Arbeiten abwich. Die offizielle Ausschreibung sah vor, das Denkmal „Unter den Linden“ zu errichten, etwa dort, wo fünfzig Jahre später das von Rauch entworfene Reiterstandbild Friedrichs II. enthüllt werden sollte [16]. Friedrich Gilly dagegen verlegte sein monumentales Projekt an die Peripherie der Stadt, auf das Oktogon (später Leipziger Platz), einen der drei Eingangsplätze der Friedrichstadt. Er erfüllte zwei Voraussetzungen, die für Gillys Konzeption wichtig waren: Er bot Beachtung und Beschaulichkeit zugleich. Gilly benötigte für sein Monument eine weite, überschaubare Fläche, ähnlich wie sie die Projekte der Klassizisten der Französischen Revolution fordern, die von jeglichen Bindungen losgelöst erscheinen. Im relativ dicht bebauten Berlin fanden sich bereits an der Wende vom 18. zum 19. Jahrhundert nur wenige Standorte, die für derartige Vorhaben in Betracht kamen, speziell, wenn man die latente Furcht der Klassizisten vor der Nachbarschaft barocker Bauwerke berücksichtigt (Abb. 36).

Doch nicht die Standortwahl des Denkmals ist der herausragende Aspekt, der diesen Entwurf für die Stadtplatzgeschichte so interessant macht. Noch wichti-

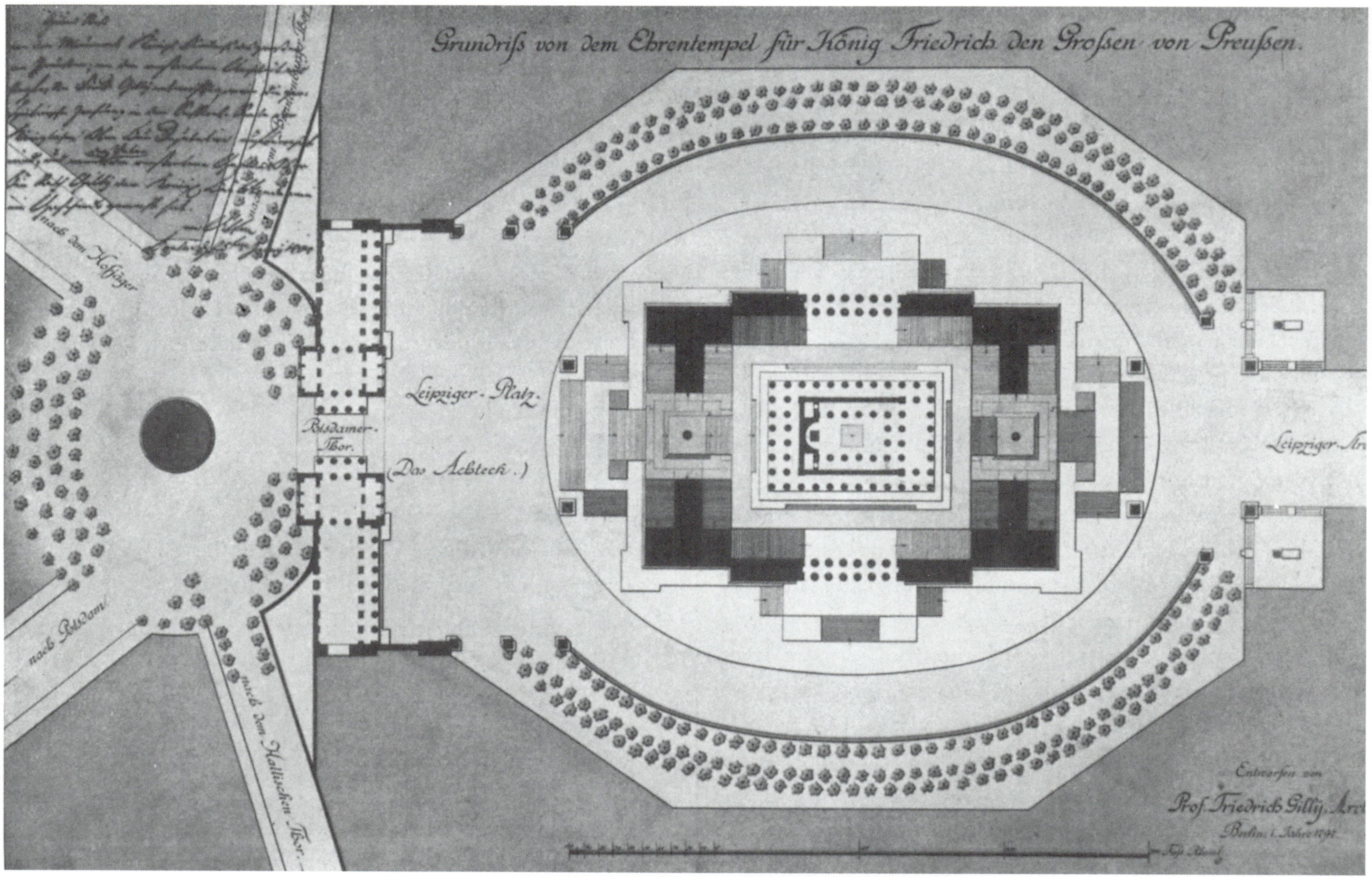

36 Grundriß von dem Ehrentempel für König Friedrich den Großen von Preußen 1797 von Friedrich Gilly

ger ist der sich anbahnende Wandel in der Bedeutung des Stadtplatzes für den öffentlichen Raum, den Gilly, in Konsequenz des von Langhans vorgezeichneten Weges, mit seinem Entwurf zum Ausdruck brachte. Mit der Konzeption des Friedrichsdenkmals als bestimmendem Bauwerk in der Mitte des Platzes wurde die kompromißlose Anwendung der klassizistischen Architekturvorstellungen auf einem innerstädtischen Platz in Berlin formuliert.

Gilly verlagerte die Erlebnishöhepunkte von der Umfassungswand, die während der Barockperiode mit ihren einheitlichen Fassaden primäres Gestaltungsmerkmal war, auf die Fläche. Die Fläche, seit dem Mittelalter aus funktionellen Gründen für jede Form schmückender Bebauung tabu, scheint sich während der klassizitischen Periode über die Wand zu erheben, diese zur Kulisse zu degradieren: Der Mittelpunkt, nun vom klassizistischen Monument beherrscht, hat sich zum Erlebnishöhepunkt herauskristallisiert. Die präzisen Aussagen der barocken Platzbegrenzungen wurden unschärfer, die Platzränder begannen in den Hinter grund zu treten (Abb. 37).

Der Zugriff auf die vormals freie Innenfläche, der sich durch den sukzessiven Wegfall der militärischen Nutzungen angekündigt hatte, bedeutete einen ernstzunehmenden Eingriff in die Nutzungsstruktur der Stadtplätze. Die bislang primär auf soziale und ökonomische Verwendungszwecke ausgerichteten Platzflächen vergangener Epochen sollten nun, wie Gilly im Begleittext formulierte, vorrangig „der Erbauung und Belehrung des Bürgertums dienen.“ [17]

Die Ära Schinkels und Lennés

Bereits im Jahre 1763 hatte *Erdmannsdorff* England besucht, Langhans war 1775, *Gilly* 1797 dort gewesen. Auch *Schinkel* zog es nach England.

Die Insel, die Jahrhunderte kaum spürbaren Einfluß auf die künstlerische Entwicklung Europas ausgeübt hatte, war plötzlich, neben dem traditionellen Reiseland Italien, zum weiteren Reiseziel der jungen Künstler und Architekten geworden. Der politische Einfluß des britischen Empires in der Welt hatte ermöglicht, daß englische Archäologen und Architekten zu den ersten gehörten, die aus dem von Türken besetzten Griechenland die Kunde der „weißen Bauten der Antike“ nach Westeuropa tragen konnten. Mit dem wachsendem Einfluß der englischen Archäologie wurden auf dem Festland auch andere Leistungen der englischen Wissenschaft und Kultur zur Kenntnis genommen. So wurde die Art der Engländer, landschaftliche Gärten aus der Natur heraus zu entwickeln, als willkommene Alternative zu den strengen geometrischen, keinerlei Zufälligkeit duldenden Barockgärten begrüßt.[18] Dazu gesellte sich das Interesse der Festlandsstaaten an den technologischen Fortschritten, die die Engländer, insbesondere in der letzten Hälfte des 18. Jahrhunderts, erzielt hatten.

Bereits 1650 hatte die Einwohnerzahl Londons die Halbmillionengrenze überschritten. Im Zuge der Industrialisierung hatten sich die Städte, allen voran London und Manchester, rapide vergrößert und ausgedehnt. Die besondere Lebensart des britischen Landadels und des wohlhabenden Bürgertums, bei der die Unantastbarkeit der Privatsphäre traditionell eine große Rolle spielte, führte zur intensiven Bebauung der ländlichen Umgebung der Stadtkerne mit ein- bis zweigeschossigen Häusern, so daß hier schon früher als auf dem Festland künstlich angelegte Grünflächen als Kompensation für fehlende Freiflächen im Stadtinneren benötigt wurden.

Die Einbeziehung des Grüns in die Stadtlandschaft erfolgte vor allem durch die Anlage von Parks, wie St. James- oder Hydepark, die bereits im 17. Jahrhundert der Öffentlichkeit zugänglich gemacht wurden. Darüber hinaus ermöglichte die sozialliberale Struktur des britischen Gemeinwesens die Anlage weiterer Stadtplätze (1630 *Covent Garden,* 1635 *Leicester Square,* 1681 *Soho Square,* 1684 *St. James Square* und 1695 *Grosvenor Square*) [19] (Abb. 38).

38 Grosvenor Square, 1695 begonnen

37 Wettbewerbsentwurf zum Denkmal Friedrichs des Großen, aquarelliertes Schaubild der Gesamtanlage 1797 von Friedrich Gilly

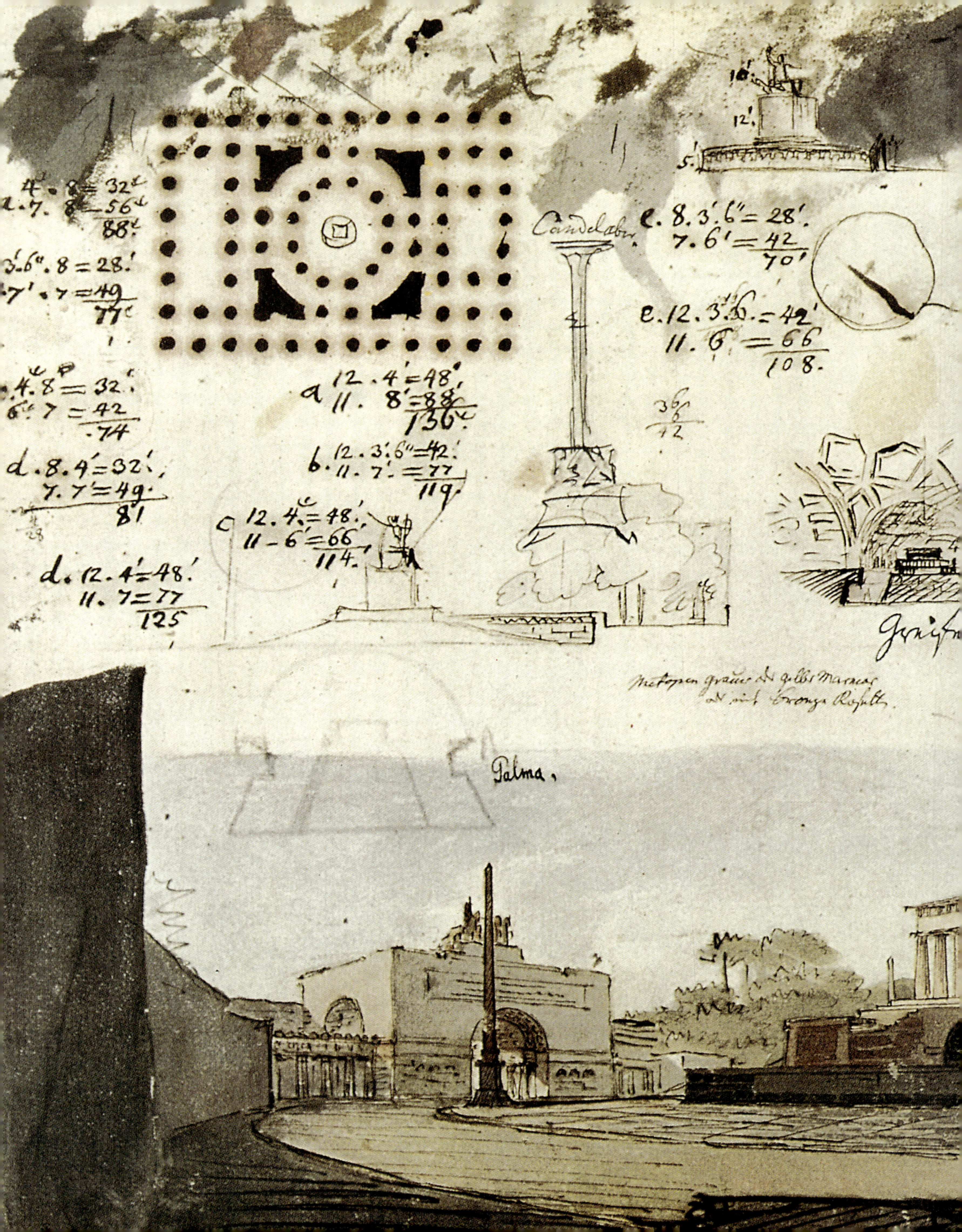
Candelaber
Palma.
a 12 . 4' = 48'
11 . 8' = 88
136
b. 12 . 3' 6'' = 42'
11 . 7' = 77
119
d. 8 . 4' = 32'
7 . 7' = 49
81
d. 12 . 4' = 48'
11 . 7 = 77
125
c 12 . 4 = 48'
11 - 6' = 66
114
e. 8 . 3' 6'' = 28'
7 . 6' = 42
70'
e. 12 . 3' 6 = 42'
11 . 6 = 66
108.

STAT MAGNI NOMINIS VMBRA
Montfaucon 364.

Im Verlaufe des 18. Jahrhunderts kamen zu diesen überwiegend in zentrale Wohngebiete eingebetteten, begrünten und eingezäunten Erholungsflächen weitere fünfzehn hinzu. Der Zugang zu den Platzinnenflächen war in der Regel nur Anwohnern mit Hilfe eines Schlüssels möglich. Die Anlage romantischer, mit Grün bestandener städtebaulicher Mittelpunkte erhöhten aber auch die Exklusivität der Wohnanlagen und bedeutete steigende Bodenwerte und wachsende Rendite.

Bis 1806 waren, zum Teil noch nach barocken Mustern, einige Berliner Plätze gestalterisch verändert worden.

Dem vorläufigen baulichen Abschluß des *Dönhoffschen Marktes* und des *Gendarmenmarktes* im Jahre 1786, dem Ausbau des *Hackeschen Marktes* 1787 und der Vollendung des *Pariser Platzes* mit dem Brandenburger Tor 1793 war die ar chitektonische Aufwertung des *Werderschen* Marktes durch den Bau der Münze von Heinrich Gentz im Jahre 1800 gefolgt.

Vor dem Hintergrund der sozialen und der kulturellen Entwicklungen, die nun verstärkt von England herüberwirkten, sind zwei Männer herauszuheben, deren geistiges Erbe sich bis in die Gegenwart behauptet hat: *Peter Joseph Lenné* und *Karl Friedrich Schinkel.*

Excurs Potsdamer Platz 3

Eine erste Gelegenheit, sich mit Berliner Stadtplätzen auseinanderzusetzen, erhielt Schinkel im Jahre 1814, als nach den siegreichen Freiheitskriegen ein Dankdom in der preußischen Hauptstadt errichtet werden sollte. Ursprünglich war das im vaterländisch-neugotischen Stil geplante Bauwerk auf dem Spittelmarkt vorgesehen. Alternativ schlug Schinkel jedoch den Leipziger Platz als Standort vor, jene Stelle also, von der bereits sein Lehrmeister Gilly fasziniert gewesen war (Abb. 39). Am 7. August 1814 war das bisherige „Octogon"in Leipziger Platz umbenannt worden und sollte nun zu einer Art nationaler Weihestätte erhoben werden. Alfred Woltmann schreibt über den großen Einfluß, den der Gillysche Entwurf auf den jungen Schinkel ausübte:"Dieser Entwurf war es, welchen der sechzehnjährige Gymnasi ast Carl-Friedrich Schinkel erblickte, um nun eine neue Welt vor sich erschlossen zu sehen...Dieser Tempel, diese Säulen redeten eine Sprache, die er verstand, er erkannte seinen Beruf, er wollte Architekt werden."

Das Dankdom-Projekt Schinkels, scheinbar realistischer als Gillys vorangegangener Entwurf (Besitzverhältnisse und Topographie waren besser berücksichtigt), war jedoch gleichfalls nicht zu Ende gedacht. Schinkel hatte, fasziniert von der Sinnkraft des Monuments, die technisch-funktionalen Anforderungen, die an einen Stadteingangsplatz zu stellen waren, übersehen.[20]

Beide, Gilly und Schinkel, sahen die Toreingangssituation aus der romantischen Perspektive des stadteinwärts ziehenden Wanderers, wozu der Leipziger Platz zu jener Zeit wahrscheinlich noch anregte. Zwar hatte der Verkehr noch nicht die Bedeutung, die er in der zweiten Hälfte des Jahrhunderts erlangte, dennoch gehörten die Eingangsplätze bereits zu den belebteren Zonen der ständig wachsenden Städte. Das Aufeinandertreffen von

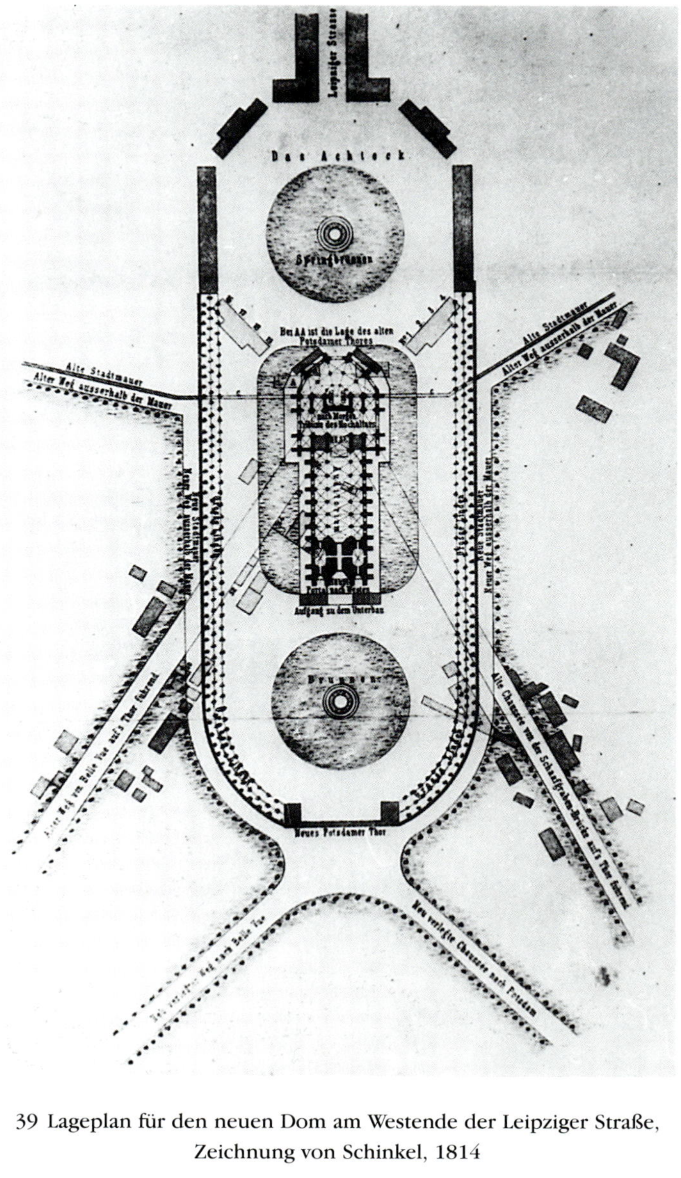

39 Lageplan für den neuen Dom am Westende der Leipziger Straße, Zeichnung von Schinkel, 1814

40 Großer Domentwurf mit hallenumschlossenem Vorhof, Federzeichnung von Schinkel, 1814

Ziel- und Durchgangsverkehr vor den Toren, an denen nach wie vor die Akzise erhoben wurde, verlangte darüber hinaus eine entsprechend große Staufläche.

Da Schinkel zur Verwirklichung seines Monuments, wie zuvor Gilly, mehr Fläche benötigte als vorhanden war, vergrößerte er den Platz in der Längsachse auf das Dreifache, jedoch unter Beibehaltung der achteckigen Form. Er benutzte die traditionelle Form weiter, obwohl deren Inhalte und Dimension neu definiert waren, um die von Gilly erfundene Idee der Bebauung der Mitte weiter verfolgen zu können. Auch Schinkels Entwurf wurde nicht ausgeführt.

Die Verwendung neugotischer Elemente, vor allem im Sakralbau, war typisch für die Tendenzen einer neuen Architektur, deren herausragender Berliner Protagonist *Schinkel* wurde. Sie hob die Neogotik neben den Klassizismus und glaubte, in ihr eine vergessene, ursprünglich deutsche, also *ehrliche* Kunstform wiederentdeckt zu haben. Im Dankdom-Entwurf, aber auch in den Bühnenbildern, finden sich Schinkels bevorzugte Kompositionselemente: Pathetische, vor allem gotische Formen, die dabei oft, besonders in den Theaterentwürfen, *‚nachtmahrhaft'* befremdlich wirken. Die Verwendung von Baum- und Strauchgrün, welches in Gemälden und Zeichnungen immer wieder erscheint, setzt er dabei geschickt ein, um der Uferlosigkeit des Hintergrunds optischen Halt zu geben (Abb. 40, 41).

Der Petriplatz

1818 beteiligte sich Schinkel an Überlegungen, die im Zusammenhang mit der künftigen Gestalt des Petriplatzes angestellt wurden. Nach wechselhafter Geschichte war die Petrikirche nach dem Brand von 1816 abgetragen worden. In einem Bericht der Regierungszeitung vom 15.2.1817 hieß es, es äußere sich *„(immer)... lebhafter die Erwartung des Publikums, dort einen freien Platz ent stehen zu sehen, und der Wunsch, daß auf demselben keine neue Kirche erbaut werden möchte"*. [21] Die Gründe der Bürger waren zum einen in der zunehmen den Enge zu suchen, die durch die Maßstabsveränderungen der Barockperiode eingetreten waren, zum anderen war auch nicht auszuschließen, daß die *„mehreren achtbaren Männer der Umgebung"* [22], die den König baten, die

41 Entwurf eines Bühnenbildes von Schinkel aus dem Jahre 1816
für die Aufführung der ‚Undine' von E. T. A. Hoffmann im alten Schauspielhaus

Fläche nach Art der englischen Squares in einen offenen Bürgerplatz umzuwidmen, einem königlichen Wunsch entsprachen. Der König wollte an dieser Stelle vorerst keine neue Kirche errichtet sehen.

Die Planungen des *Petriplatzes* im 19. Jahrhundert zeigen die Wandlung des innerstädtischen Platzes vom multifunktionalen Nutzplatz zum bürgerlichen Freiplatz mit eingeschränkter Nutzung, wie sie auch für die Anlage des *Leipziger Platzes* charakteristisch wird.

Nach einem Plan des Magistrats sollte die freigelegte Platzfläche durch eine doppelte Reihe von Ahornbäumen optisch zusammengefaßt und in der Mitte mit von Gittern geschütztem Buschwerk bepflanzt werden. Dies kam in etwa den Absichten der *„achtbaren Männer der Umgebung"* nahe, die bürgerlich-soziale Aspekte in die Diskussion einbrachten, indem sie forderten, den *„nunmehr ebenen Platz zu einem Spaziergang für die Bürger und Zufluchtsort für die Kinder"* herzurichten.

Allerdings waren maßgebende Instanzen, zu denen Schinkel als Mitglied der Oberbaudeputation gehörte, nur bei ästhetischer Verbesserung des Stadtbildes und unter Berücksichtigung der „Pflegeleichtigkeit" der Plätze bereit, soziale Aspekte zu diskutieren.

Der erste Vorschlag des Magistrats wurde an das Ministerium weitergeleitet und fand dort keinen großen Anklang. Die sehr ähnliche Neugestaltung des Berliner Lustgartens bot offenbar zu diesem Zeitpunkt ein zu abschreckendes Beispiel intensiver Bürgernutzung. Der damalige Inspektor des Botanischen Gartens, *Ott,* der auf einer seiner Reisen durch England die dortigen Platzanlagen studiert hatte, entwickelte daraufhin einen alternativen Plan. Beide Vorschläge wurden der Oberbaudeputation vorgelegt. In ihrem Gutachten hieß es: *„Die Grasfläche verliert durch die Wege ihre Größe und dadurch ihre Hauptschönheit so wie den Zweck, etwas mit dem Straßenpflaster Kontrastierendes zu bilden.*

Eine Anlage dieser Art wird sich darauf beschränken müssen, in der Mitte einer möglichst großen Rasenfläche einige hohe Baumgruppen zu zeigen, um die herum niedrige Gesträuche sich lehnen und endlich Blumen die letzte Stufe gegen den Rasen hinab ausmachen, so daß die Sonne überall wirken und die Luft den freien Wuchs der Bäume, der Sträucher, der Blumen und des Grases von allen Seiten befördern kann. Der Platz muß sorgfältig gepflegt, eingeschlossen und bei diesem geringen Umfange eigentlich zum Spazierengehen gar nicht bestimmt sein" [23] (Abb. 42). Keiner der Vorschläge wurde verwirklicht. In Berlin war die Zeit noch nicht reif für eine Anlage, die, dem englischen Vorbilde folgend, vorrangig für Erholung und Zeitvertreib der Bürger angelegt war. 1820 pflanzte man in der Platzmitte einige Bäume, die jedoch, kaum daß sie eine passable Höhe erreicht hatten, zum Ärger der Anwohner 1845 einem Kirchenneubau weichen mußten [24].

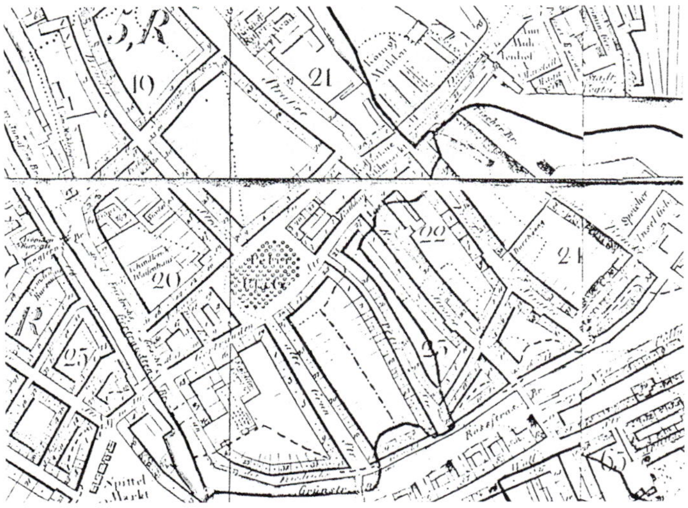

42 Der Petriplatz,
Ausschnitt aus dem Selterschen Plan von 1826

Berlins erster Bürgerplatz: Der Leipziger Platz

1822 wandte sich *Schinkel,* der im Rahmen seiner Berliner Platzgestaltungen weitere Vorschläge für den *Lustgarten* und den Platz am *Halleschen Tor* gemacht hatte, erneut dem *Leipziger Platz* zu. Der König wollte das Potsdamer Tor im Sinne der gerade fertiggestellten Frankfurter Stadttore neu gestalten lassen.

Excurs Potsdamer Platz 4

Der Auftrag zur Umgestaltung der sich als Doppelplatz herauskristallisierenden Anlage erging an Schinkel. Er war mit der Auflage verbunden, die barocken Laternenträger der abgerissenen Opernbrücke in die Planung zu integrieren. Schinkel entwarf zunächst zwei schlichte dorische Torhäuser, die er sensibel in die Akzisemauer einfügte."Die baukünstlerische und städtebaulich hervorragende Tat Schinkels bestand nun darin, daß er die Toranlage soweit wie möglich zurückrückte und damit das Achteck des Leipziger Platzes erst richtig abschloß und regelmäßig machte, andererseits einen schönen weiten Platz vor dem Tore schuf, wo mitunter viel Fuhrwerk auf Abfertigung warten mußte" [25]*, meint P.O.Rave. W. Dehmel bemerkt, daß der Platz (zu diesem Zeitpunkt noch) „wohl eher ein Ort der innerlichen Sammlung als ein Sammelplatz des bereits recht lebhaften Verkehrs war."* [26]

Spiker verweist 1833 auf einen weiteren Aspekt: *„...der Kunststraßenbau, welcher jetzt die Hauptstadt mit allen wesentlichen Provinzial-Abteilungen der Monarchie verbindet, macht diese Eingangspforte zu dem beliebtesten und wichtigsten aller 15 Tore Berlins,....und ihre Zollstätten sind die einträglichsten des Staates"* [27]*. Die Herausbildung von Doppelplätzen an den westlichen Eingängen der Stadt zu Beginn des 19. Jahrhunderts unterstreicht die wachsende Bedeutung des Ver kehrs. Entstanden aus dem Bedarf an Stauflächen für die Abfertigung der ein- und ausfahrenden Fuhrwerke, kam auch dieser Nutzung nur temporäre Bedeutung zu, in der Regel nur so lange, wie Stadtmauer und Akzise bestanden* [28]*. Eine Ausnahme bildete hier der Potsdamer Platz, der sich noch über einen längeren Zeitraum als Funktionsfläche behauptete, denn die verfestigten Blockstrukturen und der permanente Verkehrsfluß ließen nur unter schwierigsten Bedingungen realisierbare Lösungen zu, wie die später behandelten Wettbewerbe zum Umbau des Potsdamer Platzes im 20. Jahrhundert belegen.*

Zu Beginn des 19. Jahrhunderts jedoch, als sich das wachsende Verkehrsaufkommen zum Anlagekriterium des Doppelplatzes entwickelte, war die Notwendigkeit dieses Platztyps so unbestritten, daß bei der Planung des Neuen Tores im Norden Berlins von vornherein ein zweiter, dem Tor vorgelagerter Platz vorgesehen wurde.

Auch Schinkel bezog bei der Neuplanung des Potsdamer Tores die Flächen vor und hinter dem eigent-

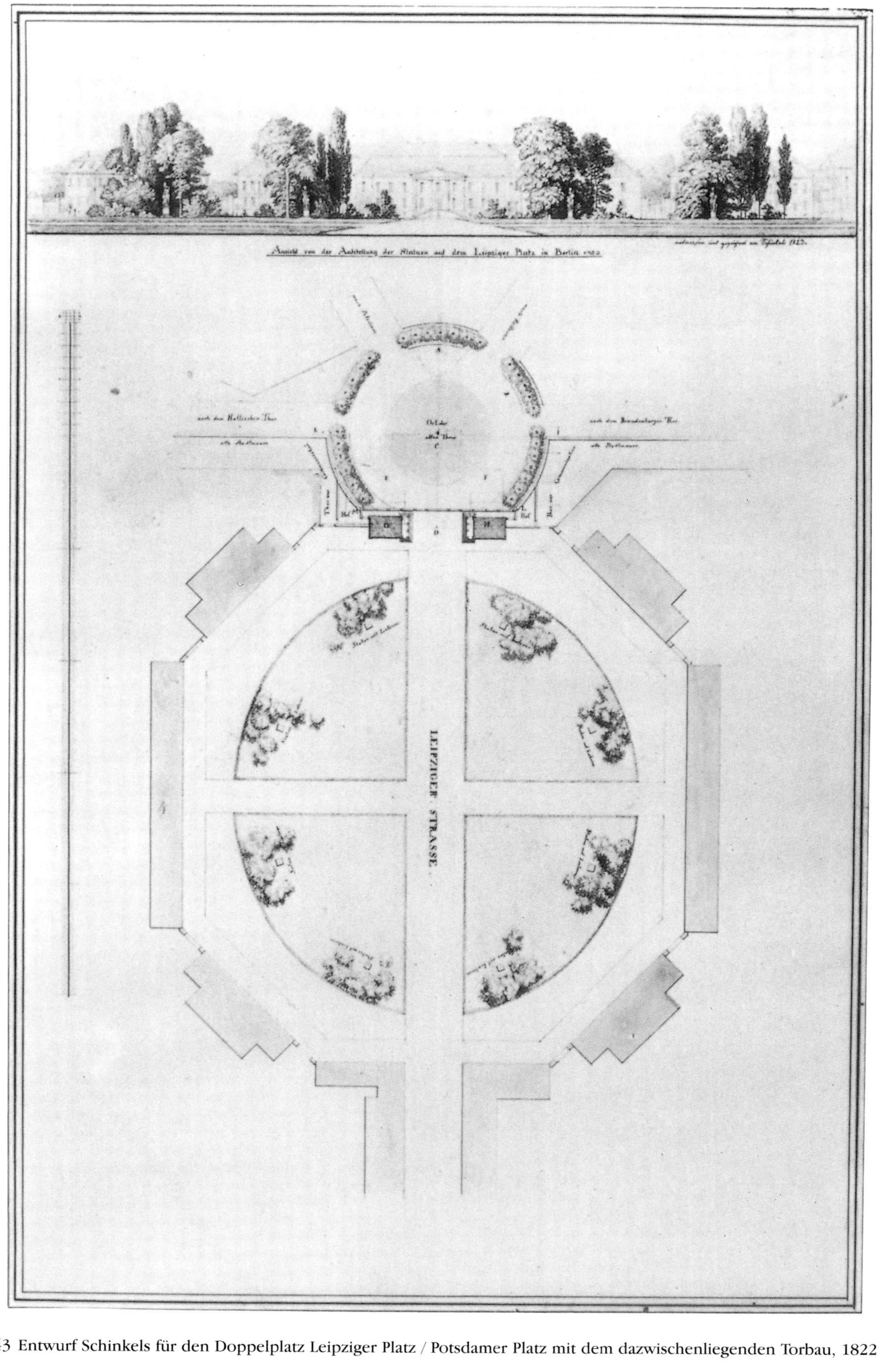

43 Entwurf Schinkels für den Doppelplatz Leipziger Platz / Potsdamer Platz mit dem dazwischenliegenden Torbau, 1822

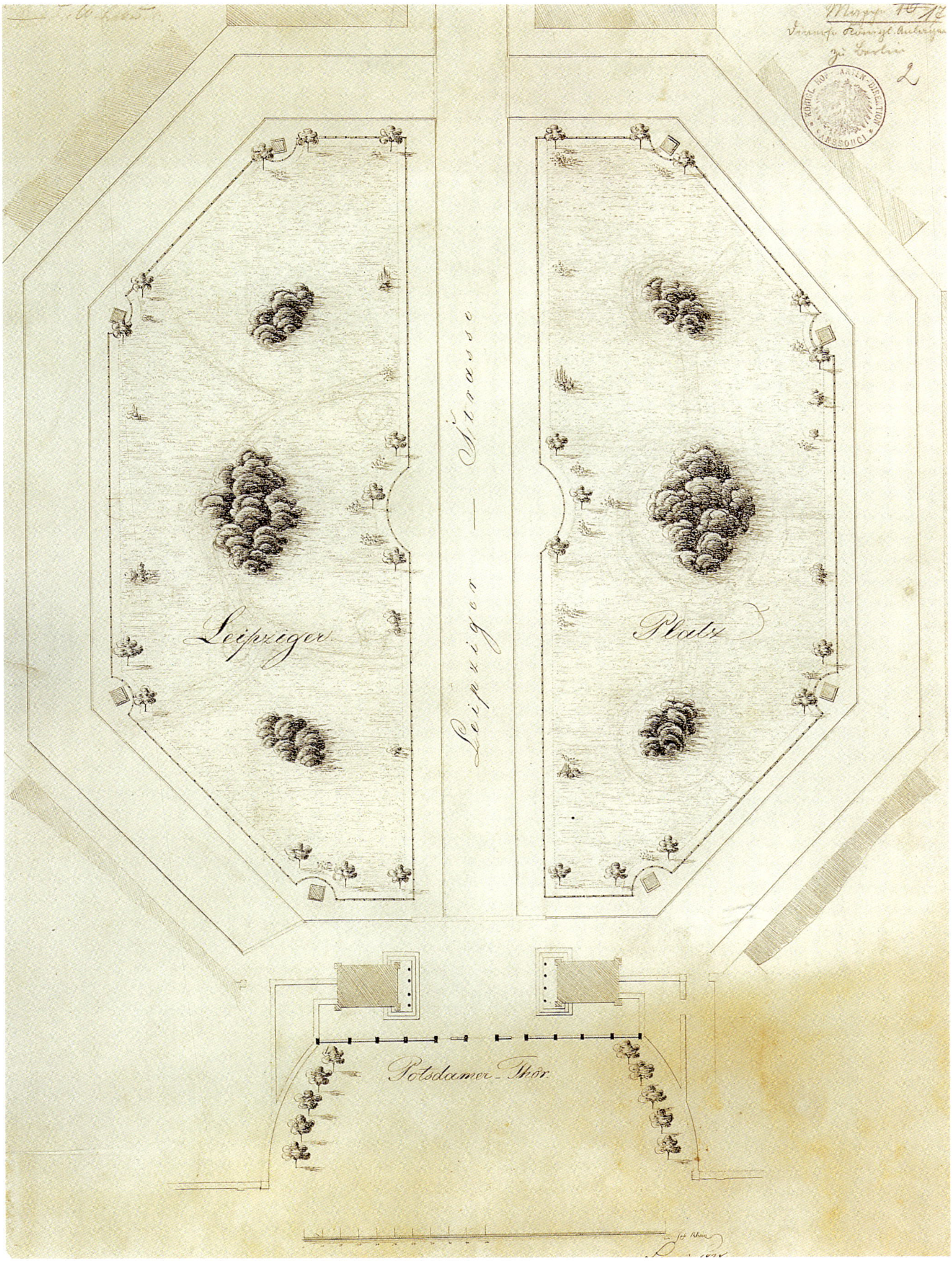

44 Entwurf P. J. Lennés für die Gestaltung des Leipziger Platzes (1824)

lichen Tor in seine Planungen mit ein. (Abb. 43) Sein erster Entwurf zeigte in der Mitte des achteckigen Platzes eine runde Rasenfläche, die von zwei sich unter neunzig Grad kreuzenden Verkehrswegen in gleichgroße Viertel zerteilt wurde. Auf diesen sich kreuzenden Fußwegen konnte der Platz leicht überquert werden, und man hoffte auch, dadurch einer Zerstörung der Rasenflächen vorzubeugen. Diese Überlegungen dürften aber nicht den Ausschlag für die Kreuzungswege gegeben haben, da der Platz zur Erschließung der anliegenden Gebäude ohnehin mit parallel zur Bebauung liegenden Straßen versehen werden mußte. Der Integration der Laternenträger versuchte Schinkel sich zu entziehen, indem er die Figuren auf die innere Rasenfläche verbannte und sie dort durch Gehölzgruppen verdeckte.

Zur Behandlung der vor dem Tor liegenden Fläche des späteren Potsdamer Platzes meint P.O. Rave: „Wegen Gestaltung des Außenraumes bestimmte der König durch einen Erlaß vom 10. April 1824, daß der runde Platz vor dem Potsdamer Tor nicht begrünt werden, sondern für die Passage frei bleiben und daß dort weiter keine Pflanzungen von Bäumen oder Gesträuchern stattfinden soll. Nur in den beiden Halbzirkeln, die die eingebogene Mauer zu beiden Seiten des Tores bildet, sollen Bäume verpflanzt werden, die aus dem Lustgarten wegen des Baus des Museums weggenommen werden müssen.“ [29] Im Jahre 1824, als die Ausführung des Ensembles konkrete Formen annahm [30], wurde Peter Joseph Lenné zum Königlichen Gartenbaudirektor berufen, der nun federführend in die Platzplanung eingriff. Schinkel fertigte 1824 noch einen weiteren Entwurf, der sowohl auf die innere Kreisform als auch auf eine der kreuzenden Straßen verzichtete. Von Lenné existiert ein Plan aus demselben Jahr, der weitere Veränderungen vorsah. So sollten die beiden Platzhälften symmetrisch aufgeteilt und die Laternenträger in den Ecken der Rasenflächen aufgestellt werden. Ein Novum war die Idee, beiderseits der Leipziger Straße aus den Rasenflächen je ein Halboval auszusparen. Hier konnten Standbilder errichtet oder Ruhebänke vorgesehen werden [31] (Abb. 44). Die Lennésche Variante eines bürgerlichen Schmuckplatzes wurde schließlich 1824 bis 1828 realisiert. Vom Schinkelschen Entwurf blieb, neben den beiden Torgebäuden, die er in Form eines Prostylos entworfen hatte und die jeweils eine Wache und ein Zollamt enthielten, nur die Idee, den Potsdamer Platz als eine runde Fläche mit sternförmig einmündenden Straßen anzulegen. Die Ausführung scheiterte jedoch an den dazu notwendigen

45 Blick ~~um~~ vom Leipziger Platz auf die Leipziger Straße, Lithographie F. A. Borchel um 1860

Arrondierungen. Mit dem Leipziger Platz wurde eine Anlage geschaffen, bei der neben der weiterhin im Vordergrund stehenden Repräsentation auch soziale Gesichtspunkte Berücksichtigung fanden. Noch war die Fläche klein, die der Öffentlichkeit zur Nutzung überlassen wurde, und die Nutzung des eigentlichen Zentrums blieb dem Bürger vorenthalten, da ästhetischen Gesichtspunkten weiterhin Vorrang vor sozialen Belangen eingeräumt wurde.

„Hier waren Ruhebänke (und Bildwerke) vorgesehen, die den Platz damit erst für ein verweilendes Publikum benutzbar machten. Durch Verkaufsbuden, Anschlagsäulen, Normaluhr und Haltestellen der öffentlichen Verkehrsmittel wird diese Funktion in der weiteren Entwicklung noch verstärkt, der Leipziger Platz - von Fahrzeugen und Fußgängern gleichermaßen belebt - erfüllt eine ureigene städtische Platzfunktion, er ist Raum für Begegnung und Kommunikation“ [32] *schreibt W. Dehmel mit Sicht auf die weitere Entwicklung des Leipziger Platzes im 19. Jahrhundert* (Abb. 45).

Die Anlage dieses Platzes wurde Vorbild für weitere Planungen *Lennés.* 1842 gestaltete er den *Belle-Alliance-Platz,* 1844 den *Wilhelmplatz,* 1846 den *Opernplatz* und 1857 den *Hausvoigteiplatz* in diesem Sinne als Schmuckplätze. Daneben veränderte er den *Luisenplatz* in Charlottenburg, den *Platz vor der Bauakademie* und den ehemaligen *Exerzierplatz* im Tiergarten. Entscheidend wird dabei die Begrünung der Platzmitte. Sie besiegelt den Verlust des Platzzentrums als multifunktionale Nutzfläche.

Friedrich Wilhelm III. und der Berliner Lustgarten

In die erste Hälfte des 19. Jahrhunderts fällt auch die Neugestaltung des *Berliner Lustgartens,* jenes Platzes nordwestlich des Stadtschlosses, der bis zur Erweiterung des Weichbildes 1861 die größte innerstädtische Freifläche Berlins war. Den *Lustgarten* hatte *Friedrich Wilhelm I.* 1713 zu einem Truppenübungsplatz herrichten lassen. Gegen Ende des 18. Jahrhunderts jedoch ging das Exerzieren auf den öffentlichen Berliner Plätzen zurück. Die von *Friedrich II.* begonnene Vergrößerung und Umstrukturierung des Heeres machte innerstädtische Sammelplätze überflüssig. Die Stadtplätze waren dafür zu klein geworden. Zum Exerzieren zog das inzwischen gewaltig vergrößerte Heer nun auf das Tempelhofer Feld oder nach Moabit.

Einer Rückführung des Platzes in die öffentliche Nutzung stand - von gelegentlichen Paraden abgesehen- eigentlich nichts im Wege, doch hatten sich nicht nur die politischen und funktionalen Bedingungen verändert, auch topographisch war die Lage des Lustgartens eine andere geworden. Hatte der königliche Küchengarten des 16. Jahrhunderts noch abgelegen an der Peripherie der Stadt [33], auf morastigem Grund zwischen Stadtmauer und Schloß gelegen, so befand er sich im 17. Jahrhundert, nach den Erweiterungen des Stadtgebietes um Dorotheen- und Friedrichstadt in zentraler Position. Städtebaulich war dieser Tatsache dadurch Rechnung getragen worden, daß 1738 zunächst die ehemalige Grotte im *Lustgarten* zur Kaufmannsbörse aufgewertet, das Pomeranzenhaus zum Lagerhaus umfunktioniert und schließlich, mit der Versetzung des Doms vom *Schloßplatz* in den *Lustgarten,* im Jahre 1750 das ehemalige Wiesenstück zu einem repräsentativen Teil der Stadt umgewandelt worden war. 1799 erhielt *David Gilly* den Auftrag, die öde Sandfläche des Lustgartens in einen für das Auge gefälligeren Zustand zu versetzen. *„Statt einer geplanten Budenstraße, die im rechten Winkel von der Hundebrücke zur Packhofbrücke führen sollte, wurde David Gillys Plan zur Ausführung befohlen, nämlich die Baumbepflanzung ringsherum geführt.“* [34] (Abb. 46, 47). Da Straßenland und öffentliche Plätze zum königlichen Besitz zählten, blieb die Entscheidung über ihre Gestalt und Nutzung beim König, der die ästhetisch- repräsentative Variante wählte. Zunächst ließ er den unebenen Platz planieren, mit Sand aufschütten und zwischen Schloß und Kupfergraben Rasen säen, den eine doppelte Reihe Pyramidenpappeln optisch fassen sollte. 1803 wurde der Weg zur Pomeranzenbrücke mit Kies erhöht und die Rasenfläche mit einem Zaun versehen, der das Betreten des Rasens verhindern sollte. Die etwa kniehohe Einfrie-

46 Lustgarten mit Pappelanlage, 1801

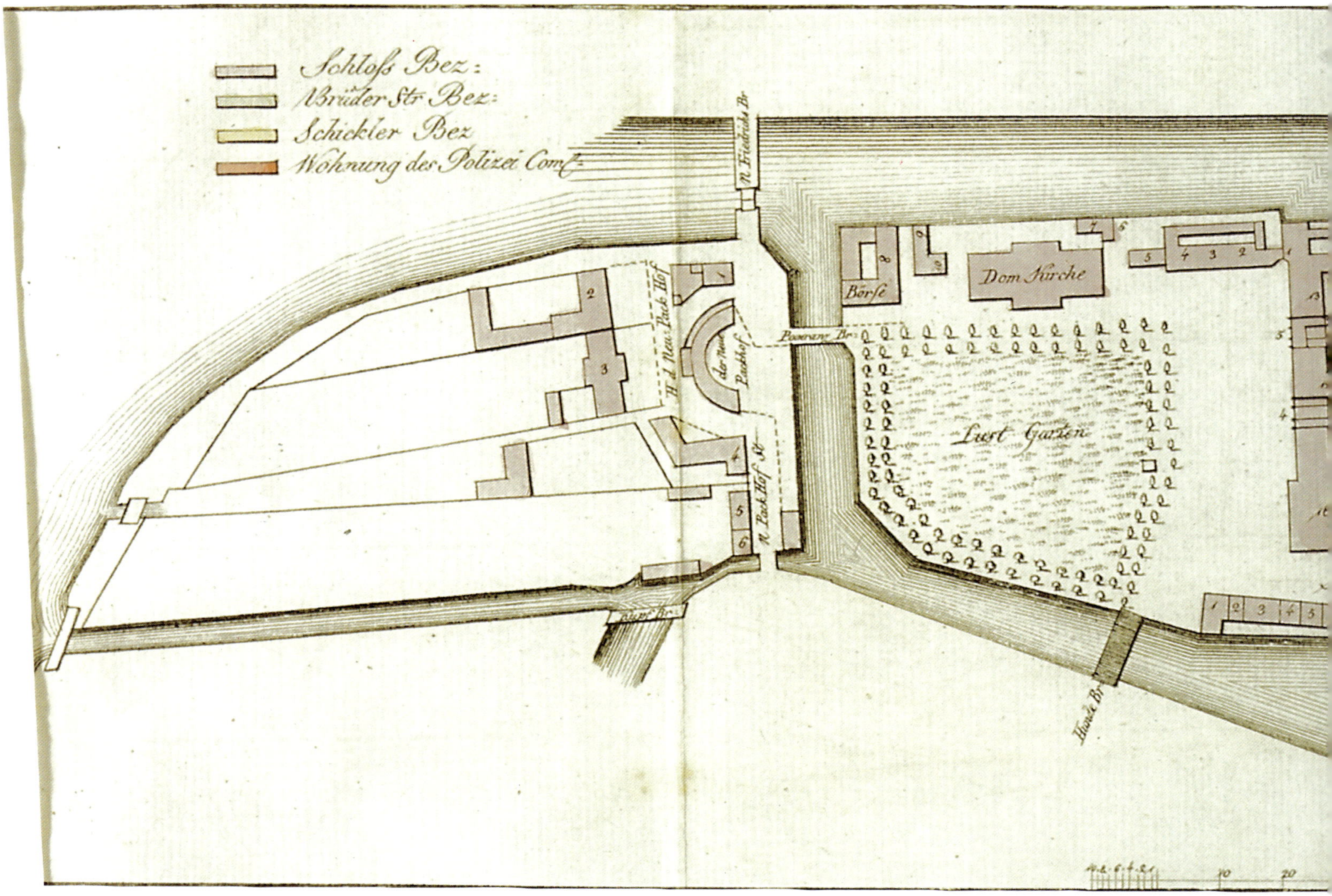
Schloss Bez:
Brüder Str Bez:
Schickler Bez
Wohnung des Polizei Com.
N. Friedrichs Br
H. d. Neu. Pack Hof
der Neue Packhof
N. Pack Hof St
Pomeranz Br
Börse
Dom Kirche
Lust Garten

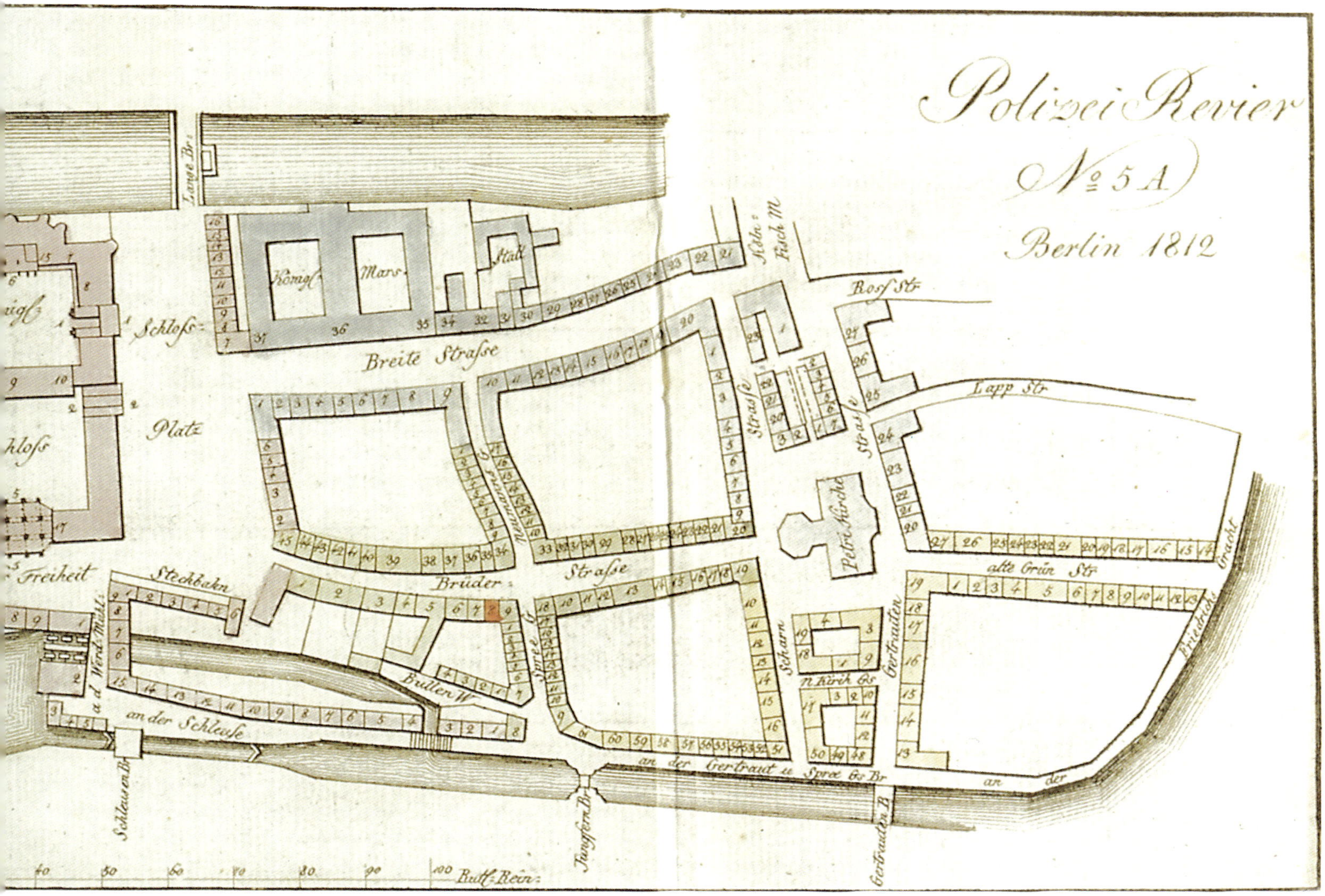

47 Die Gebäude um den Lustgarten vor Beginn des Museumsbaues, Kupferstich 1812

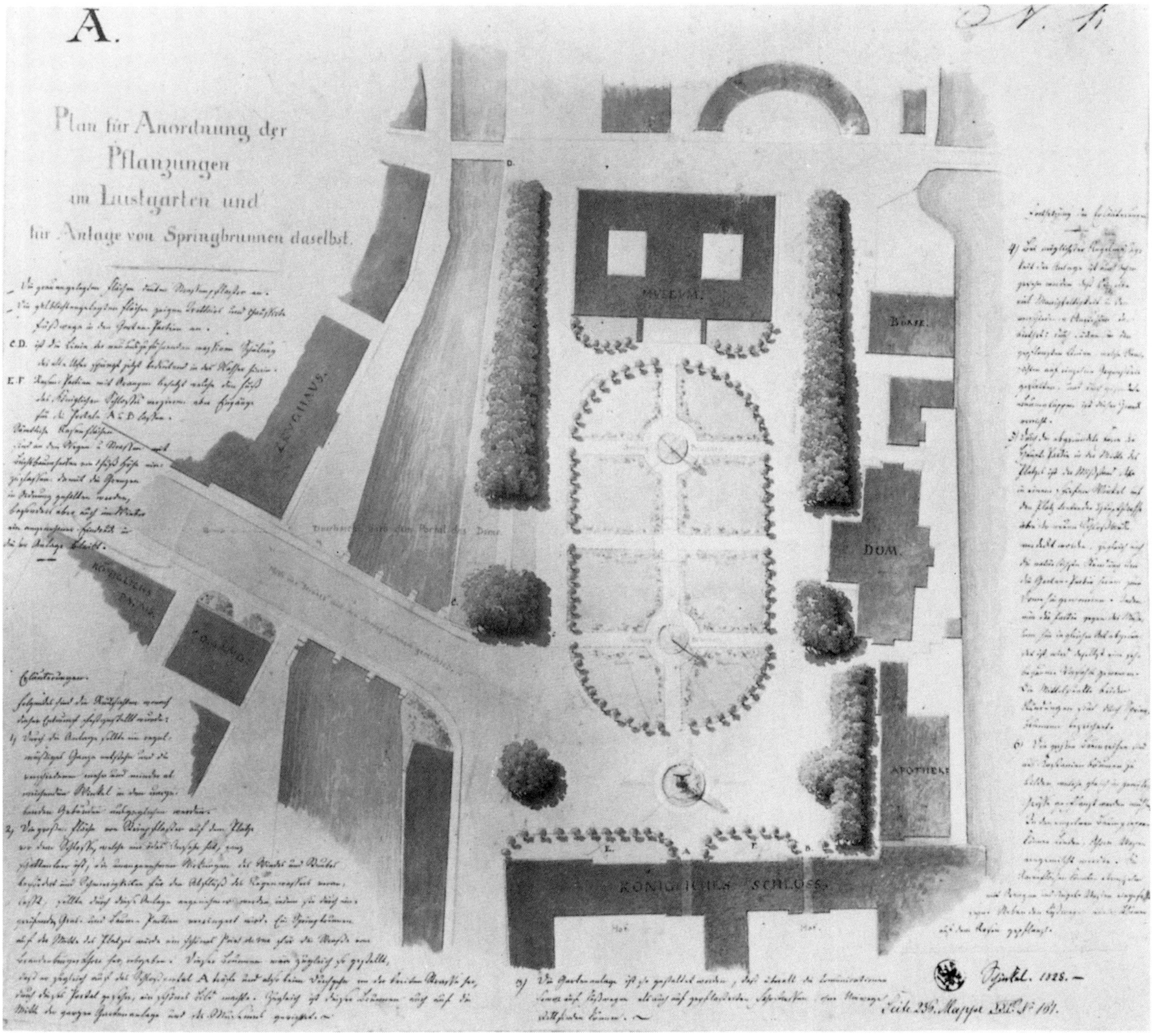

48 Plan des Lustgartens, Entwurfzeichnung von Schinkel, Sommer 1828

dung der Rasenfläche bestand aus doppelten Eisenstäben, die in pyramidenförmige Steinpfosten eingelassen waren. Drei Jahre später wurden sie von den Besatzungstruppen Napoleons respektlos herausgebrochen, die hier ihr Lager aufschlugen und exerzierten. Daraus wollten die Berliner nach Ende des Krieges das Recht auf weitere freie Nutzung ableiten, doch diese Hoffnung wurde 1817 zunichte gemacht.

Im Zuge der Neuordnung des Schloßbereiches hatte *Schinkel* zunächst den alten *Boumannschen Dom* im klassizistischen Stil erneuert. 1828, der Museumsbau ging seiner Fertigstellung entgegen, legte er zwei Varianten zur Gliederung der größten innerstädtischen Freifläche vor, von denen die rechteckige schließlich akzeptiert wurde (Abb. 48, 49). Die Konzeption der Gesamtanlage, die Museum und Schloß einbezog, wurde darin durch zwei parallel zu den Spreearmen verlaufende Gehölzgruppen unterstrichen, von denen die rechte vor allem dazu gedacht war, die meist noch barocken Bauten des Lustgartens zu verdecken. *Schinkels* Abneigung gegen den

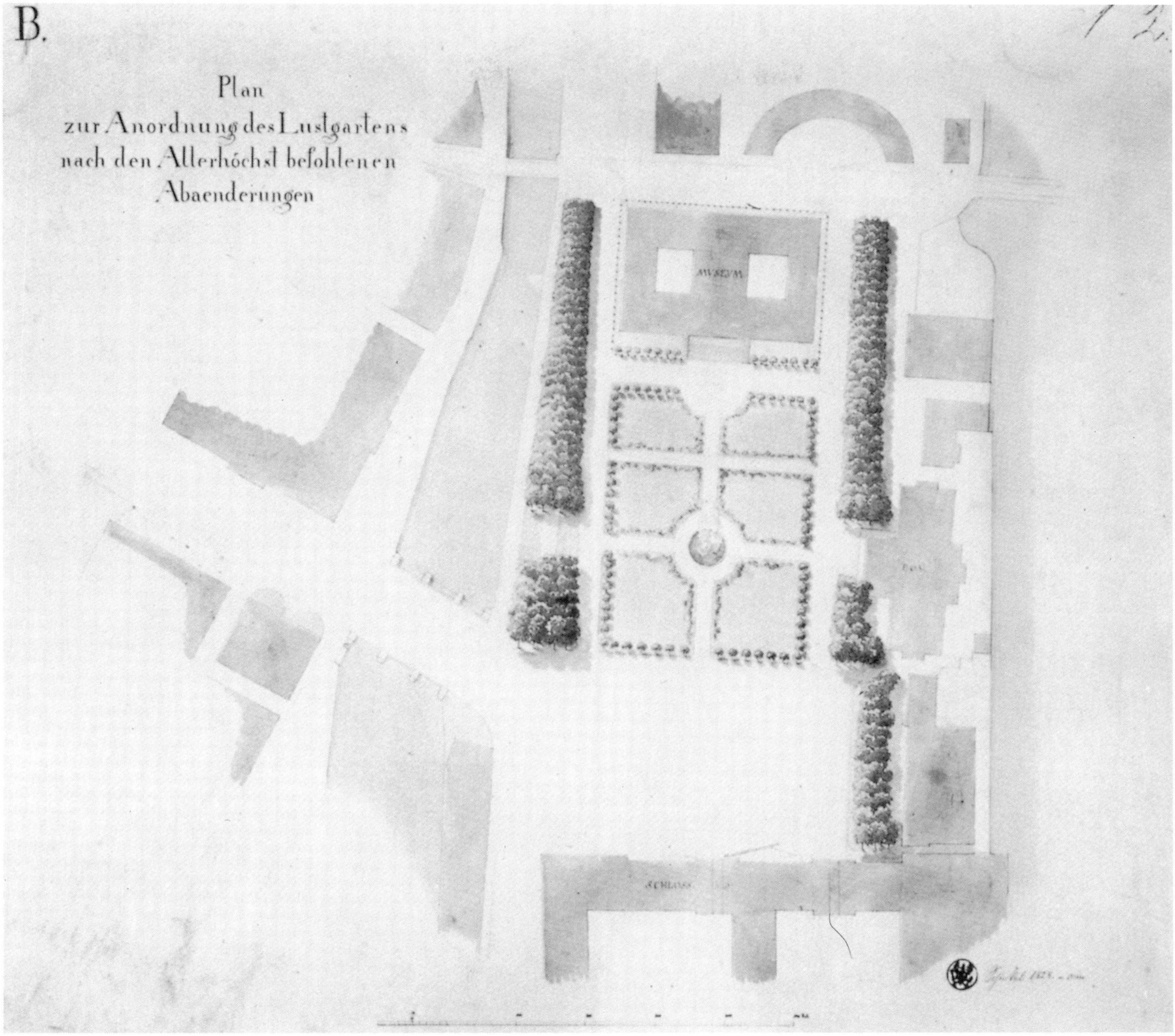

49 Plan des Lustgartens, Entwurfzeichnung von Schinkel, Oktober 1828

Barock wird bei der Behandlung des Doms deutlich, den er trotz seines eigenen Umbaus nicht in das Gesamtbild des neuen Lustgartens integrieren wollte. Lediglich Portal und Kuppel, denen er selbst eine klassizistische Architekturdekoration verordnet hatte, sparte er geschickt aus der Baumreihe aus.

Friedrich Wilhelm III., dem Hegemann nachsagte, er hätte der oft zügellosen Phantasie Schinkels zu vorteilhafter Zurückhaltung verholfen, bewies bei diesem Projekt erstaunlichen Überblick: *„...auf der Zeichnung finden sich Bleistiftvermerke, die sicher von des Königs Hand herrühren. Durchkreuzt ist sowohl der Springbrunnen vor dem Museum wie der vor dem Schloß und der Standpunkt des mittleren allein übrigbleibenden im Schnittpunkt der Mittelwege angegebenen, ferner gestrichen der halbrunde Anschluß des Rasenfeldes nach Süden sowie die gegenüberliegenden schmalen Rasenstücke unmittelbar am Schloß. Der König hatte ganz richtig empfunden. Es ging wohl nicht an, den ganzen Platz vor dem Schloß in biedermeierlicher Nettigkeit auf-*

50 Der Lustgarten um 1890 mit dem von Schinkel umgebauten alten Dom

zuteilen. Wenigstens ein Stück dieses wichtigen Stadtraumes wollte er platzartig erhalten wissen.“ [35]

Mit der Neuordnung des Lustgartens im Sinne des zweiten Schinkelschen Plans unter Berücksichtigung der königlichen Einwände sollte den Forderungen des Bürgertums nach einer innerstädtischen Freifläche entsprochen, darüber hinaus die distanzierte Bürgernähe des Königs demonstriert werden (Abb. 50).

Der Doppelplatz am Neuen Tor

Eine umfassende Gesamtplanung für das Charitégebiet wurde 1828 begonnen. Anwohner hatten in einer Eingabe die Errichtung eines eigenen Stadttores gefordert, da sie bislang gezwungen waren, das westlich gelegene Brandenburger oder das östliche Oranienburger Tor zu benutzen. Charité, Eisengießerei und einige kleinere Gewerbebetriebe auf dem noch dünn besiedelten Gelände nördlich der Spree machten eine zukunftwei-

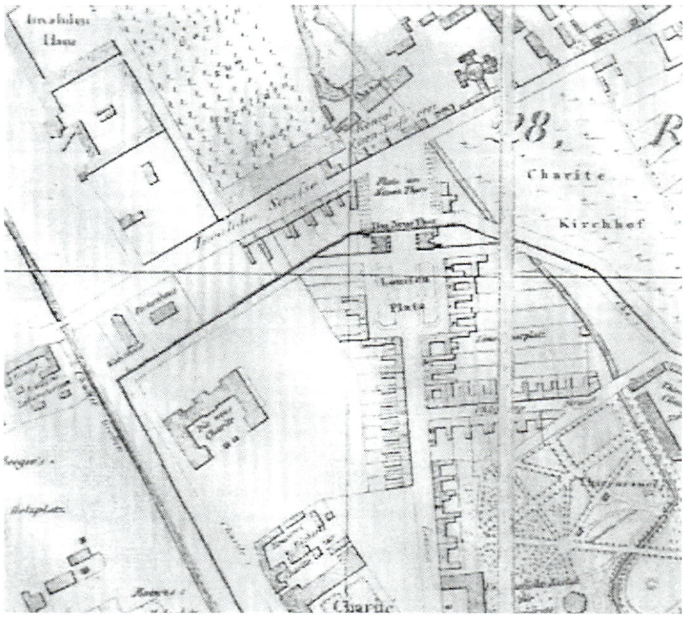

51 Lageplan für die Erweiterung der Charité und Stadtmauer des Bauraths Krahmer aus dem Jahre 1829

53 Der Platz vor dem Neuen Tor mit dem Luisenplatz, 1905. Foto von Max Missmann, Märkisches Museum Berlin

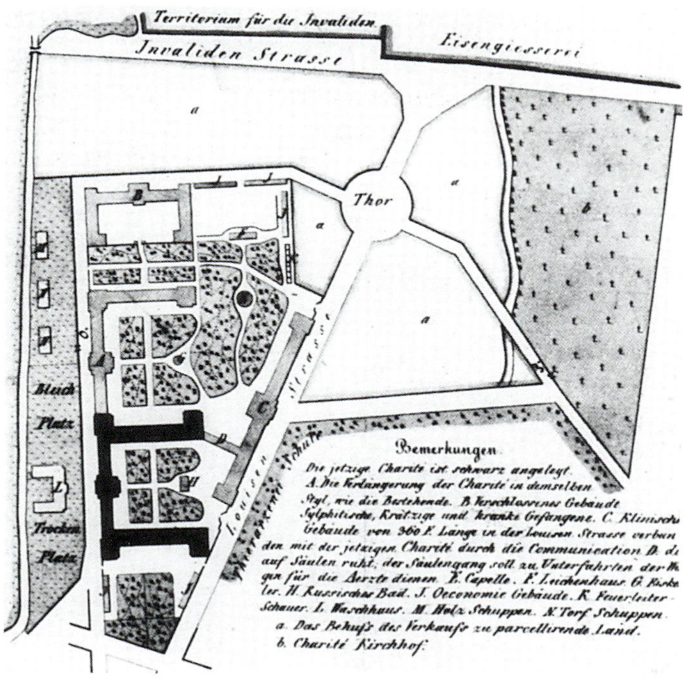

52 Neues Tor, Ausschnitt aus dem Selterschen Plan von 1841

sende Planung dringend erforderlich, insbesondere da sich 1822 nach dem Bau der Marschallbrücke die Erschließung des Gebietes über die verlängerte Louisenstraße anbot. Der erste Planungsschritt bestand 1829 in der Erweiterung der Stadt in nördlicher Richtung bis an die Invalidenstraße [36]. Aus demselben Jahre stammt ein erster Planungsvorschlag des Baurats Krahmer, der Anlaß zu Kritik gab. *"Krahmer war offenbar kein sehr selbständig schaffender Geist. Er übernahm die allgemeine Anlage und Verteilung von den bisher entstandenen unkünstlerischen Lageplänchen, und bei der Gestaltung der Torgebäude lehnt er sich ein wenig an die von Schinkel errichteten des Potsdamer Tores an, aber kleinlicher, ohne die dort waltende Sicherheit."* [37] (Abb. 51)

Die simple Art, mit der *Krahmer* den Anschluß durch eine kleine Kreisfläche zu bewältigen suchte, steht in Gegensatz zu *Schinkels* späterer Lösung. Dieser schaltete sich 1830 mit einem Gutachten in die Planung ein und präsentierte im darauffolgenden Jahr eigene Entwurfsvorschläge, die zwei neue Torgebäude vorsahen und die

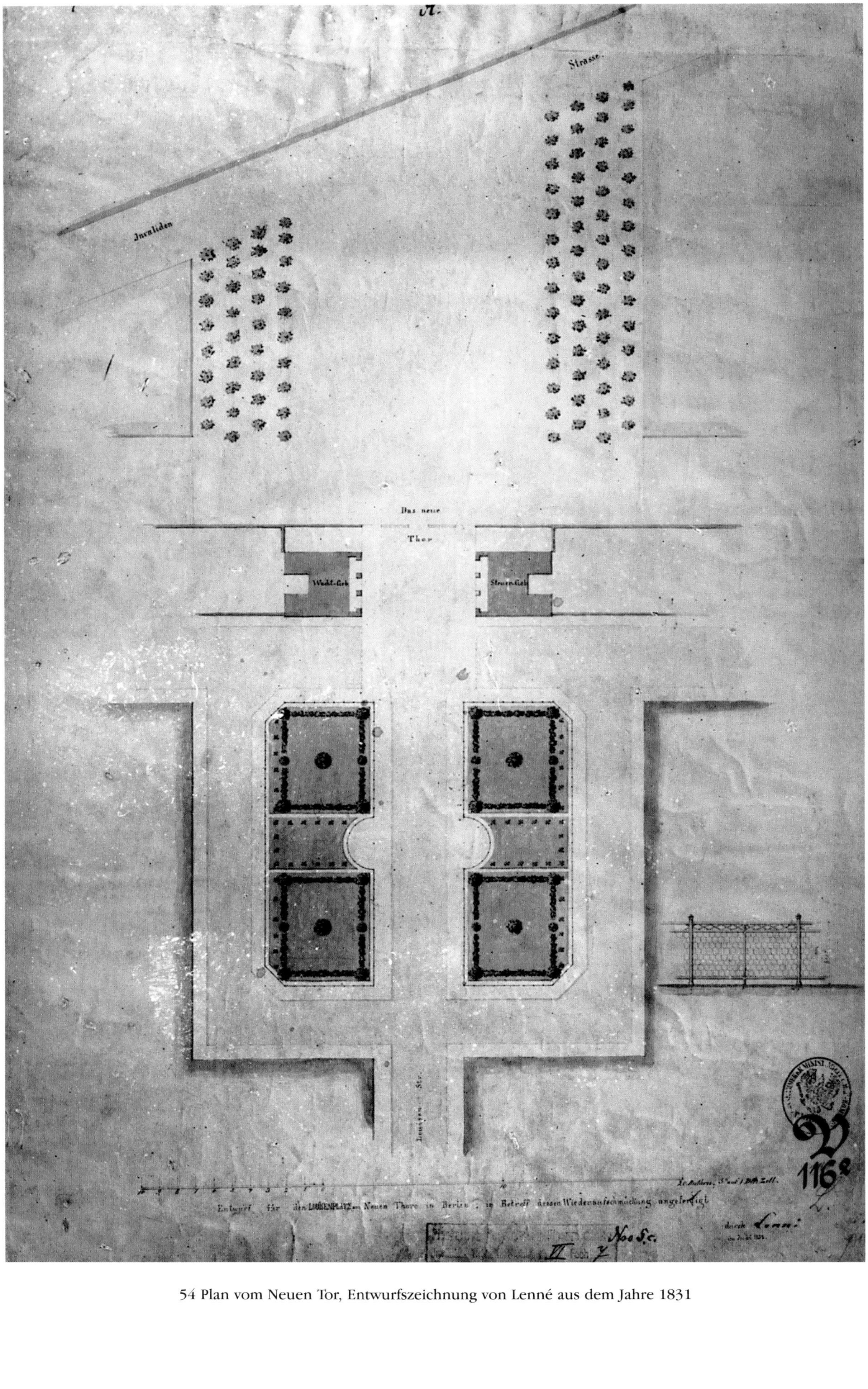

54 Plan vom Neuen Tor, Entwurfszeichnung von Lenné aus dem Jahre 1831

städtebauliche Situation bereinigten. Das Hauptelement bildete der Doppelplatz, den Schinkel zum Anschluß beider Straßen benutzte. Außen plante er einen Stauplatz, dessen Gestaltung entsprechend funktional war: In der ersten Planung fand sich in der Mitte des schräg von der Invalidenstraße angeschnittenen Platzes ein Rasenoval, das jedoch nicht realisiert wurde, seitlich parallel, den Verkehrsfluß nicht behindernd, waren Baumgruppen vorgesehen (Abb. 52).

Die dreibögigen, von Zinnen gekrönten Torhäuser bildeten das eigentliche Bindeglied zwischen äußerem und innerem Bereich. Die aufwendigere Gestaltung der inneren Platzfläche verdeutlichte den Unterschied, der in der Nutzung beider Plätze bestehen sollte: Analog zum *Leipziger Platz* wurde der annähernd quadratische Platz innen mit einer achteckigen Rasenfläche versehen, in deren Zentrum für den Verkehr eine Durchfahrt freigehalten war. Buschwerk, halbhohe Eisengitter und Ruhebänke vervollständigten den Eindruck einer innerstädtischen Oase, die, weit eher als am *Leipziger Platz,* eine echte Ruhezone darstellte (Abb. 53).

Bei der Platzrandbebauung offenbarte sich ein Gegensatz zum Ideal klassizistischer Raumauffassung, das vorher sowohl für den *Leipziger Platz* als auch für den *Lustgarten* Gültigkeit besessen hatte: Waren dort noch freistehende Patrizierhäuser der klassizistischen Auffassung von Raum und Fläche entgegengekommen, so ließ sich bei der Planung des *Louisenplatzes* auch hinsichtlich der Platzwände eine weitergehende Annäherung an die englischen Vorbilder erreichen. Die Grundstücke wurden in schmale, längliche Parzellen aufgeteilt, die eine reihenhausartige Bebauung des Platzrandes ermöglichten.

Die Anlage der Innenfläche erfolgte im Einklang mit *Lenné,* der nach der Fertigstellung der *Schinkelschen* Torbauten 1840 die Grünplanung übernahm (Abb. 54). 1848 befand sich am südlichen Platzausgang zur Louisenstraße eine Barrikade, die während der Unruhen der Märzrevolution heftig umkämpft wurde. Im Verlauf der Auseinandersetzungen gingen die Torhäuser in Flammen auf.

Bürgerliche Stadtplatzplanungen der zweiten Hälfte des 19. Jahrhunderts

Ein wichtiges Charakteristikum der bürgerlichen Stadtplatzplanungen des 19. Jahrhunderts ist die zunehmende Spezialisierung der Nutzungsangebote, in deren Folge die für alle frei verfügbare, multifunktionale Mittelfläche aufgegeben wurde. Beispiele solcher Entwicklung gibt es bereits in der italienischen Renaissance, vor allem die schrittweisen Veränderungen der *Piazza Signoria* in Florenz in der Zeit der Medici seien hier erwähnt.

Seit der Mitte des 19. Jahrhunderts jedoch wurden unter dem Vorwand der Rückführung in den allgemeinen „bürgerlichen" Gebrauch die teilweise über Jahrhunderte völlig unbehandelt gebliebenen Platzoberflächen befestigt und wohl nach englischem Vorbild in der Mitte mit Rasen- oder Buschwerk bepflanzt, das anschließend häufig eingezäunt wurde. Damit war die allgemeine Nutzung der Platzmitte eingeschränkt. Sie konnte häufig nur noch betrachtet werden.

Mit dem wachsenden Verkehr in der zweiten Hälfte des Jahrhunderts wurden die relativ kleinen begrünten Inseln zunehmend vom Straßengeschehen isoliert. Die Stadtplätze waren vom Beginn des urbanen Lebens an öffentliche Kristallisationspunkte, in denen die Fernstraßen zusammentrafen, wo Fremde geprüft und begutachtet wurden, die ihrerseits hier die Größe und Macht der Stadt kennenlernten, wo begrüßt, verabschiedet, gestanden, flaniert, geschwatzt, gehandelt und präsentiert wurde, wo alle Bereiche der Kommunikation kumulierten. Sie wurden durch diese aufgezwungene Monofunktionalität in ihrem Lebensnerv getroffen.

Die logische Konsequenz war, daß sich weitere Spezialplätze herausbildeten, mit denen die verlorengegangenen Attraktivitäten des multifunktionalen Platzes in Teilen zurückgewonnen werden sollten. Es entstand zum Beispiel der Typus des Markthallenplatzes, der das nach Auffassung des 19. Jahrhunderts kleinstädtische, unhygienische Marktgeschehen den öffentlichen Blicken entziehen sollte. Eine andere Erscheinung werden die Plätze an den Kopfbahnhöfen der Eisenbahnlinien, die traditionelle Eingangs- und Torfunktionen übernehmen; denn Bahnhöfe werden zum neuen „Tor in die Stadt".

55 Der Stadtplan von J. C. Selter in der revidierten Fassung von 1826, der unten rechts die beabsichtigte Planung des Baurats Schmid für die Luisenstadt zeigt

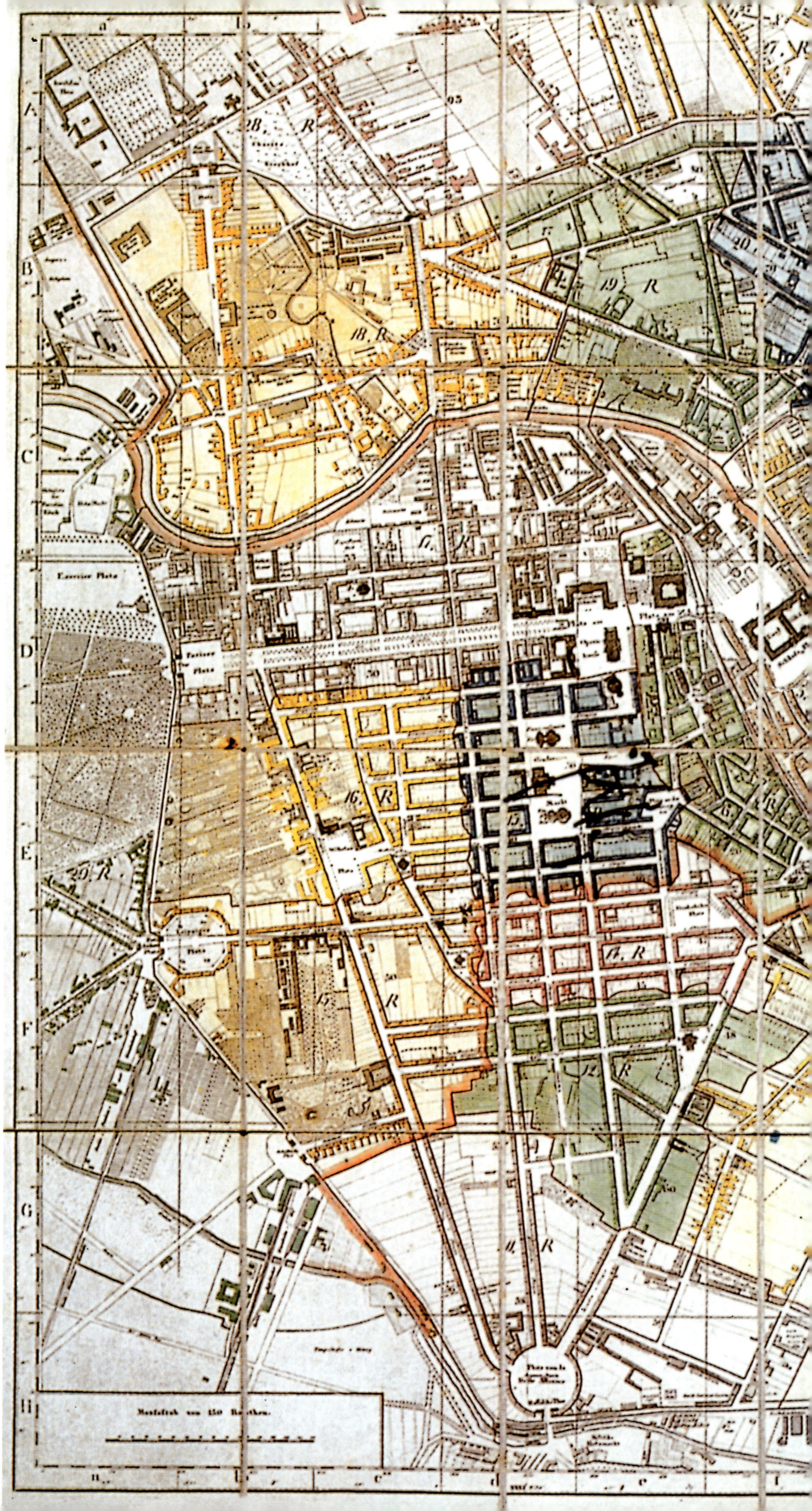
A
B
C
D
E
F
G
H

GRUNDRISS
von
Berlin
J. C. Selter.

Die Plätze der Luisenstadt

Die Planung der Luisenstadt, die sich über einen Zeitraum von zwanzig Jahren hinzog, begann 1823 mit der Neuvermessung des Stadtgebietes. Die Köpenicker Wiesen bildeten zu diesem Zeitpunkt mit über 370 Hektar Weideland die größte nach der Städteordnung von 1808 innerhalb des Weichbildes verbliebene Baulandreserve. Im Jahre 1816 hatte der Berliner Magistrat den Status einer königli chen Regierung erhalten und sogleich die Aufstellung eines Bebauungsplans beschlossen. Damit betraut wurde 1825 Baurat Schmid. Er stellte einen ersten Bebauungsplan für das Gelände auf, dem bald darauf die Absteckung von Straßen folgte. Primäres Planungskriterium war für Schmid, die Übereinstimmung mit den bestehenden Grundstücksgrenzen herzustellen, um eventuellen Abfindungsansprüchen vorzubeugen. Die Aufteilung nach dem Orthogonalsystem erfolgte in möglichst große Blöcke. Diese Maßnahme war eigentlich als Unterstützung des Vorstadtcharakters gedacht, sollte sich aber als falsch herausstellen und später maßlose Grundstücksüberbauungen begünstigen. Hatte die Einwohnerzahl Berlins 1810 etwa 150 000 betragen, war sie 1819 bereits bei 200 000 angelangt und erreichte 1831 rund 250 000. Im Jahr 1840 war mit fast 330 000 Einwohnern eine Verdoppelung der Vorkriegszahl erreicht [38]. Gleichzeitig hatte sich die Einwohnerdichte von 21,4 auf 39,0 Personen je Grundstück ebenfalls fast verdoppelt und erreichte 1861 mit 55,1 ihren höchsten Stand. So sollte die Luisenstadt vor allem der Wohnraumknappheit innerhalb des Weichbildes der Stadt entgegenwirken.

Der Plan von *Selter* aus dem Jahre 1826 (Abb. 55) zeigt die charakteristischen Elemente des Lageplanentwurfs von *Schmid:* Ein Orthogonalsystem mit über durchschnittlich großen Baublöcken war um dreißig Grad gekippt, so daß eine weitgehend parallele Annäherung an die Lindenstraße der Friedrichstadt und den Oberlauf der Spree möglich wurde. Der geplante Kanal, der zur Entlastung der Stadtschleuse im Zusammenhang mit dem Ausbau des Landwehrgrabens vorgesehen war, stellte für Schmid primär die kürzeste Verbindung zweier Punkte im Stadtplan dar. Den Grachtencharakter, der dem Kronprinzen vorschwebte, versuchte er durch bauchige Erweiterungen herauszustellen. Die Verwendung von Plätzen als Elemente des Stadtplanes verdeutlicht den Pragmatismus *Schmids:* Er sah sie in erster Linie als auszusparende Teile der Baublöcke an, in Größe und Erschließung variabel. Andere Formen als das Rechteck wurden nur widerwillig an den Schnittpunkten des Rasters mit bestehenden Straßen in Kauf genommen. Im Umgang mit Formen und Ideen bestand ein deutlicher Unterschied zu *Lenné.* In der Zulassung prinzipieller Nutzungsmöglichkeiten dagegen wird der Pragmatismus *Schmids* zum Vorteil: Seine Plätze waren in erster Linie als Nutzplätze gedacht, wie zum Beispiel die mehrfach auftretenden Wollmärkte zeigen [39]. Zwar differenzierte auch er bereits nach Nutz- und Schmuckplätzen, doch ließen seine Flächen durch den Verzicht auf schmückende Bebauung viele Möglichkeiten offen.

Aus diesem Plan wurde die Einteilung der Baublöcke übernommen, deren Größe das Vier-, Sechs- bis Zehnfache der Altstadtbebauung betrug und die immer noch zu groß waren, trotz einiger weiterer Unterteilungen, wie zum Beispiel durch die Naunynstraße. Nun nahm sich der Kronprinz, der sich schwer damit abfinden konnte, daß sich der Stadtbau als „vornehmste Aufgabe der Könige" erschöpft haben sollte, der Luisenstadtplanung an. Er ließ einen zweiten Plan fertigen, der die Elemente des Stadtplans nach ästhetischen Gesichtspunkten verwendete, allerdings mit einem Seitenblick auf mögliche Alternativen. Boulevards und Platzfolgen waren in reicher Zahl vorgesehen und reduzierten das verfügbare Bauland erheblich. Die große Geste, die den Plan bestimmte, gipfelte in der Anlage eines überdimensionierten Stern-

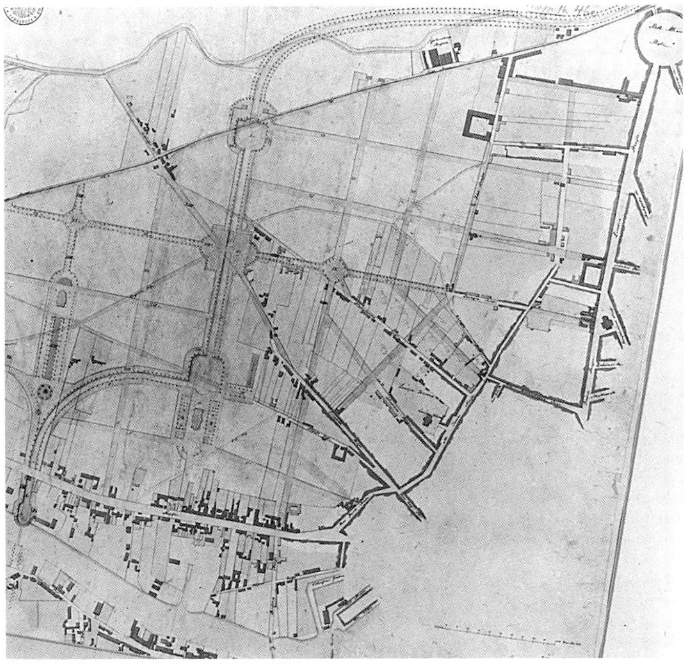

56 Bebauungsplan für das Köpenicker Feld nach einer Entwurfszeichnung von Lenné 1841

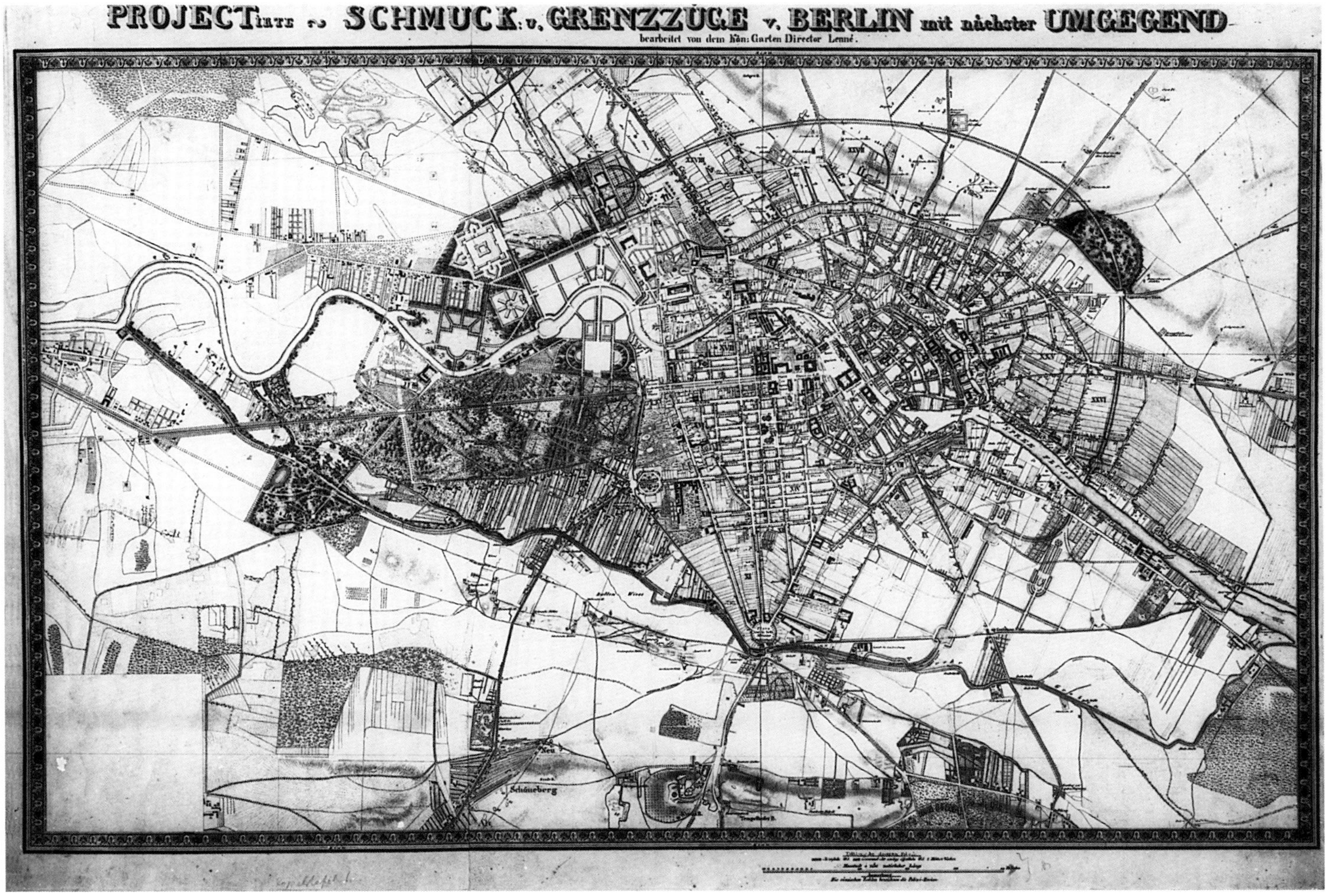

57 Projektierte Schmuck- und Grenzzüge von Berlin mit nächster Umgebung, Lenné nach 1840

platzes, der es mit den Vorbildern der Pariser City hätte aufnehmen können. Die von *P.O. Rave* vermutete Zusammenarbeit des Kronprinzen mit *Lenné* scheint wahrscheinlich, wenn man sieht, wie der Kanal zur Fortsetzung des von *Lenné* geplanten Ringboulevards, der von Norden als Landweg kommend die Luisenstadt als Wasserweg durchziehen sollte, eingesetzt wurde.

Wieder hatte *Schinkel* die Pläne zu begutachten, wobei er mit Kritik an den Vorstellungen des Kronprinzen nicht zurückhielt, überzeugen konnte er ihn jedoch nicht. Lenné wurde beauftragt, eine strengere Alternative anzufertigen, die dann Grundlage der endgültigen Ausführungsplanung wurde, wenn auch durch die Baupolizei in Teilbereichen verändert [40] (Abb. 56).

Der sanfte Bogen des Kanals bereicherte das Stadtbild an exponierten Stellen um eine weitere Variante des innerstädtischen Schmuckplatzes. Die Kreuzungspunkte von Wasser- und Landwegen wurden durch räumliche Erweiterungen zu einer Art von Wasserplätzen ausgebildet, quasi eine Fortsetzung des Platzgedankens auf dem Wasser (Engelbecken und Wassertorplatz). *Lenné* ging es vor allem um die repräsentative Aufwertung des öffentlichen, der Erbauung dienenden Platzraumes. Die pragmatischen Gesichtspunkte *Schmids,* der Lager-, Tor-, Markt- und Handelsfunktionen den Vorrang eingeräumt hatte, gerieten bei *Lenné* in den Hintergrund. Für ihn gehörten schmückende Attribute in Form von Baum- und Strauchgrün oder von kleineren Baulichkeiten auf den Platz. Sein Plan der Schmuck- und Grenzzüge Berlins, in dem der spätere Friedrichshain [41] bereits Bestandteil des Ringboulevards ist, erhellt die künstlerischen Ambitionen des bedeutendsten in Berlin tätigen Gartengestalters (Abb. 57).

Lenné löste sich zunächst vom Kriterium der diagonalen Platzüberquerbarkeit und erhielt dadurch Freiheit für geometrisch-axiale Oberflächengestaltungen. Auf dem geraden Teil der Achse *Wassertorplatz* - Michaelkirche aufgereiht befinden sich drei direkt vom Wasser berührte

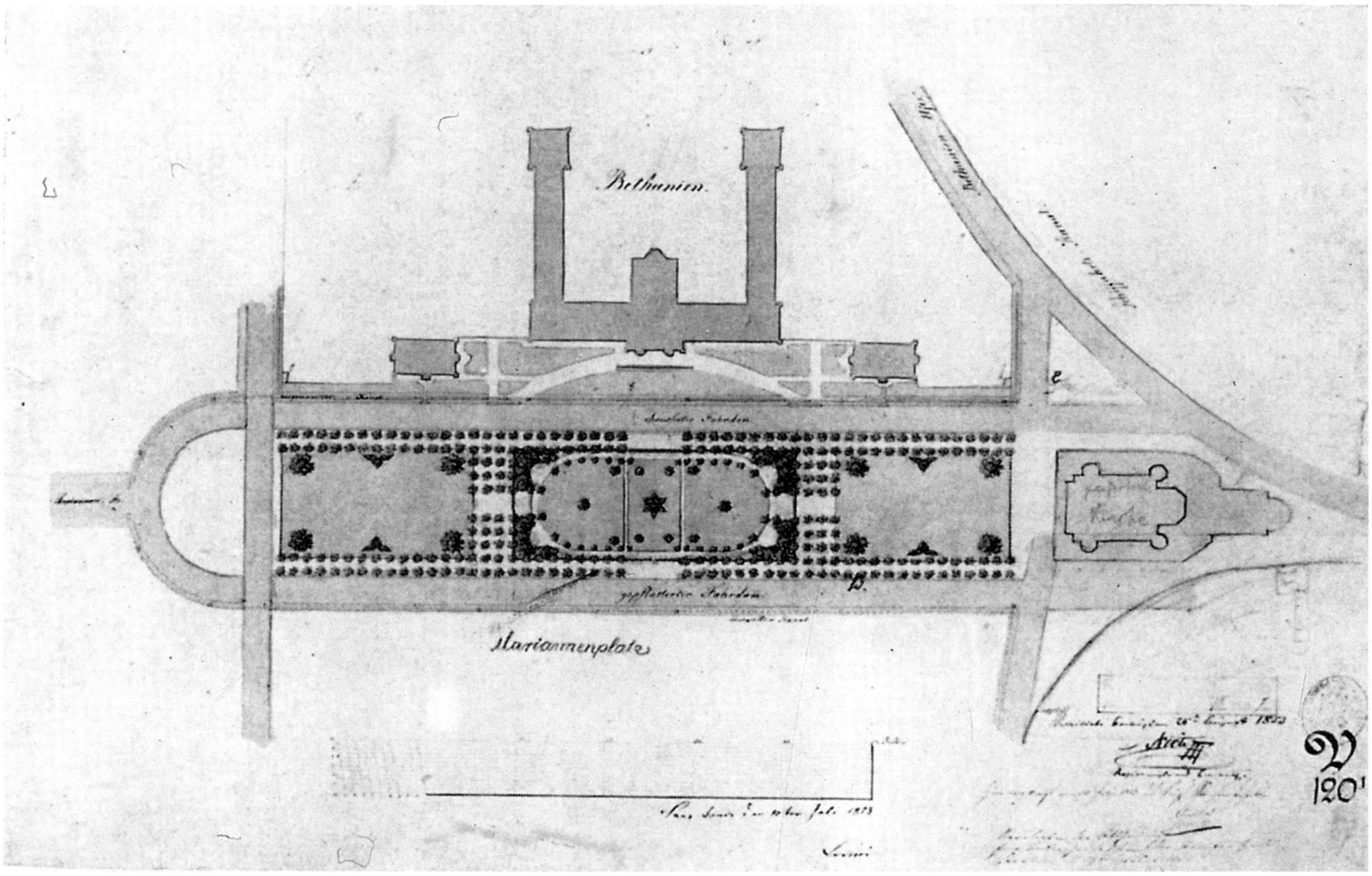

58 Plan vom Mariannenplatz, Zeichnung von Lenné, 1853

Plätze: *Wassertorplatz, Oranienplatz, Michaelkirchplatz,* deren schönster, der *Michaelkirchplatz,* eine gelungene Synthese von Land- und Wasserflächen ist. Optischer Höhepunkt ist die als katholische Garnisionskirche 1853 bis 1856 von *Soller* errichtete Michaelkirche am Engelbecken. Sie ist die von einer Allee unterstützte Sichtachse des Kanals.

Eine besondere Position in diesem Ensemble nimmt der 1853 entstandene *Mariannenplatz* ein. Während der Kanal im Viertelkreisbogen nach Westen abbiegt, führt der langgestreckte *Mariannenplatz* geradeaus weiter in die Mariannenstraße, in die er mittels einer kleinen Konche übergeleitet wird. Die St.-Thomas-Kirche im Norden des Platzes, 1864 bis 1869 von *Adler* erbaut, dient dabei als Gelenk zwischen Platz und Boulevard, dessen Allee weiterhin dem Kanal folgt. Senkrecht zur Achse Mariannenstraße - St.-Thomas-Kirche entstand in der Mitte des Platzes die Waldemarstraße als weitere Sichtbeziehung. Die gestreckte Form des *Mariannenplatzes* resultierte aus der ursprünglichen, bereits in den „Schmuck und Grenzzügen von Berlin" enthaltenen Planung von 1840. Lenné besaß eine ausgesprochene Affinität zur Form des Hippodroms, wie man aus dem großen Berlinplan ersehen kann. Er hat dieses der antike entlehnte Formelement nicht nur in Berlin und Potsdam häufig verwendet, viele seiner Planungen beziehen sich auf die gestreckte Ellipse als gestalterischem Höhepunkt. In den Tusci des Plinius lesen wir bereits über die Vorzüge des Hippodroms als Bestandteil antiker Gartenanlagen. Hier sind nicht nur *Lennés* Vorbilder zu vermuten, auch die *Piazza Navona* basiert auf dieser Form. Am Halbkreis stießen sich jedoch die Pragmatiker in Berlin. So insistiert *von der Heydt,* der seit 1851 dem neugeschaffenen Ministerium für öffentliche Arbeiten vorsteht, beim König: *„Noch jetzt besteht die Ansicht, daß die Ringform für Plätze ... keine empfehlenswerte sei, weil sie die Ausführung regelmäßiger Gebäude, welche Ansehen und Schönheit eines Platzes mehr fördern dürf-*

ten, als eine runde Form derselben dies zu tun vermag, sehr erschwert“ [42]. Dem Bau des Krankenhauses Bethanien an der Westseite des Platzes 1848 folgte 1853 die gärtnerische Gestaltung des Platzes, ebenfalls nach Plänen *Lennés* (Abb. 58).

Die Geschichte des Luisenstädtischen Kanals ist eng verbunden mit wirtschaftlichen Krisen. Sowohl die Aushubarbeiten 1848 als auch die Zuschüttungsarbeiten 1928 wurden im Rahmen eines Arbeitsbeschaffungsprogramms vorgenommen. Die Zuschüttung und damit die Zerstörung der Anlage geschah unter dem Vorwand der Hygiene. Die Fließgeschwindigkeit des Wassers war zu niedrig ausgefallen und hatte zu Geruchsbelästigungen geführt. Darüber hinaus hatten sich die ökonomischen Erwartungen, die mit der Anlage des Kanals verbunden gewesen waren, nicht erfüllt. Eine der letzten Überlegungen des Berliner Senats vor dem Fall der Mauer 1989 galt der Wiederherstellung des Kanals, übrigens unter ähnlichen Bedingungen, die einmal die Zuschüttungen begleitet hatten: als Konjunkturprogramm und Arbeitsbeschaffungsmaßnahme. Doch der Zusammenschluß der geteilten Stadt brachte so viele, weit wichtigere Probleme mit sich, daß die Wiederherstellung des Kanals in weite Ferne gerückt ist.

Der Hobrechtplan

Auf *Lennés* Bebauungsplan der Luisenstadt folgte der erste große Berliner Bebau ungsplan, der nach seinem Verfasser, einem Angestellten der Berliner Baupolizei, *Hobrechtplan* genannt wurde. Dieser für die Stadtentwicklung längst überfällige Planungsschritt war 1853 möglich geworden, nachdem durch die Verabschiedung der revidierten Städteordnung einer Anpassung des Weichbildes an eine künftige Stadtentwicklung nichts mehr im Wege stand. Wie in der Städteordnung von 1808 blieb das Straßenland jedoch im Kompetenzbereich des Polizeipräsidiums, und so erging 1858 der Auftrag der Regierung an die Polizeibehörde, einen Bebauungsplan für die Berliner Umgebung zu erstellen. Dort hatte sich bisher der als Kanalisationsfachmann tätige Angestellte *James Hobrecht* damit befaßt. Der meist diskutierte und folgenschwerste Berliner Bauungsplan erhielt schon bald nach seiner Veröffentlichung im Jahre 1862 einen Stellenwert, der seine ursprünglichen Intentionen bei weitem überstieg. Mitte des 19. Jahrhunderts befand sich die Stadtplanung, nachdem der Absolutismus überwunden schien, in ihren bürgerlichen Anfängen. Für die Übernahme der Planungskompetenz in die kommunale Selbstverwaltung fehlte es an adäquat ausgebildetem Personal, das sowohl über politische Reife, humanistische Bildung als auch Verantwortungsbewußtsein verfügte. Wie bereits drei Jahrzehnte zuvor, beim *Schmidschen* Luisenstadtplan, suchte man auch beim *Hobrechtplan* das künstlerische Defizit durch scheinbar schlüssige und leicht nachvollziehbare Kriterien aus Technik und Ökonomie zu überspielen. Nach dem Willen seines Verfassers sollte der Plan eigentlich nicht mehr als die Festlegung von Straßen und Baugrenzen innerhalb eines möglichen Entwicklungsbereiches sein, also primär den Charakter eines städtebaulichen Rahmenplanes haben.

Das Planungsgebiet umfaßte weite Teile des alten Weichbildes der bestehenden Stadt und erstreckte sich mit großen Ausweitungen im Norden bis zum Wedding, im Osten bis nach Weißensee und Lichtenberg, im Süden bis nach Rixdorf und Schöneberg und im Westen (noch unter Aussparung von Wilmersdorf, dem damit die Chance einer späteren künstlerischeren Gestaltung erhalten blieb) bis hinter Charlottenburg. Dadurch vergrößerte sich die Fläche der Stadt von rund 1400 Hektar auf mehr als das Vierfache, auf 5900 Hektar. Hier sollte einer großen zukünftigen Stadtentwicklung Raum gegeben werden. Nach der langsamen Wachstumsphase im 12. Jahrhundert von 80 Hektar und drei Stadtplätzen auf rund 560 Hektar und sechs Stadtplätzen zu Beginn des 18. Jahrhunderts war nach der Friedrichstadterweiterung Mitte des 18. Jahrhunderts das Stadtgebiet auf fast 1300 Hektar und achtzehn Plätze angewachsen. Nun sah die *Hobrechtplanung* eine unglaubliche Vergrößerung des Stadtgebietes vor. Damit verbunden waren fast neunzig weitere Plätze.

Die Elemente, die *Hobrecht* zur Gliederung seines Plans verwendete, waren denen des *Schmidschen* Plans von 1824 sehr ähnlich, doch war stellenweise ein leichter Einfluß der *Lennéschen* Planungen spürbar. Auch *Hobrecht* nutzte das orthogonale Blocksystem, zum Teil mit noch größeren Blöcken als in der Luisenstadt, wodurch die Orientierung erleichtert und eine weitgehende Anpassung an vorhandene Bauten oder Ausfallstraßen gewährt werden sollte; auch sah er Ringstraßen vor, wie sie schon im *Lennéschen* Plan enthalten waren, wenn auch weitaus sensibler eingepaßt. Sie prägten besonders den Norden und Süden, während der Osten einen noch unfertigen Eindruck hinterließ. Darüber hinaus enthielt der Plan fast neunzig, größtenteils in geometrischen Grundformen gehaltene Plätze. Einer solch großen Zahl von Plätzen Funktionen zuzuweisen, stellte *Hobrecht* vor eine schwierige Aufgabe. Er suchte den Formenreichtum *Lennés* mit dem Pragmatismus *Schmids* zu verbinden, doch schon bald wurde deutlich, daß durch die Methode, mit eingestreuten Plätzen das Raster ästhetisch aufzuwerten, bestenfalls *„Löcher im Stadtplan"* entstanden [43].

Die Plätze waren relativ gleichmäßig über den Plan verstreut, weitgehend unbeeinflußt von topographischen oder auch, wie vielfach unterstellt wurde, sozialen Differenzierungen. Erst die Ausführung des Plans führte stellenweise zu recht unterschiedlichen und vom Plan abweichenden Ergebnissen. Für *Hobrecht* waren Plätze nicht die Erfüllung eines stadtbaukünstlerischen Bedürfnisses, vielmehr sollte sich ihre Anlage auf die Erfüllung funktioneller Gesichtspunkte beschränken. Als Mittel ästhetischer Aufwertung des Stadtbildes waren seine Plätze unzulänglich, da die schematische Grundhaltung zu stark in den Vordergrund trat. Die formale Zurückhaltung sollte Funktionalität implizieren. Dort, wo eine vorhandene Bebauung oder eine besondere topographische Situation zu einer klareren Planaussage zwang, waren gedankliche Absichten weiter ausformuliert. An anderen Stellen dagegen dienten die Plätze lediglich der Verbindung aufeinandertreffender Straßen, wobei eine Verfolgung gestalterischer Absichten im Sinne der Schaffung neuer räumlicher Erlebnisbereiche kaum erkennbar wurde. Der Nutzen einer derartigen Platzflut ist darüber hinaus schwer erkennbar. Die implizierte Funktionalität wurde bereits im Ansatz durch Planungsmängel behindert. Für Grünflächen mit ökologischem Nutzen waren die Flächen zu klein, falls die gute Absicht, einen von grünen Oasen aufgelockerten Ringboulevard zu schaffen, überhaupt unterstellt werden darf; als räumlich erlebbare Kommunikationsflächen waren sie jedoch zu groß und nicht genügend differenziert.

Hobrechts Vorschläge wurden nur zum Teil umgesetzt, viele Plätze fielen der Bodenspekulation zum Opfer. Mögliche Nutzungsaspekte gingen im *„Schmuckplatzboom"* der letzten Jahrzehnte des Jahrhunderts verloren, der durch die Einrichtung einer zentralen Gartenverwaltung im Jahre 1870 und die Übernahme des Straßenlandes in die Selbstverwaltung gefördert wurde.

Im *Hobrechtplan* scheint sich der endgültige Durchbruch des utilitaristischen Ansatzes zu manifestieren, der charakteristisch für die bürgerliche Stadtplanung des 19. und 20. Jahrhunderts in Berlin ist. Darüber hinaus offenbart sich ein grundsätzlicher Wandel der Entwicklung des Berliner Städtebaus, von dem nicht nur der Stadtplatz, sondern die Stadtgestalt insgesamt beeinflußt wurde: Die Tendenz, Funktion und Ästhetik lediglich als Begleiterscheinungen technisch-ökonomischer Determinanten zu handhaben, führte mit dem Ableben der Schmuckplatzideologie zur fast völligen Ausgliederung des Stadtplatzes als multifunktionalem Nutz- und Erlebnisraum aus dem Stadtgefüge.

Stadtplatzentwicklungen der Jahrhundertwende

Der Spezialisierungstrend, der sich bei der Nutzung von Stadtplatzflächen abzeichnete, setzte sich auch in der zweiten Hälfte des Jahrhunderts fort. Parallel dazu etablierte sich der begrünte, von der Funktion her eingeschränkte Schmuckplatz bis ins 20. Jahrhundert hinein als prominentester Vertreter des öffentlichen Stadtplatzes.

Die Gründe hierfür sind offensichtlich: Der Bedarf an kompensatorischen Grünflächen in der Stadt hatte sich analog zur Ausdehnung der bebauten Flächen vergrößert.

Die Protagonisten des Schmuckplatzes konnten sich dabei auf theoretische Abhandlungen berufen, etwa auf das bereits 1859 erstmals erschienene Standardwerk des späteren Gartenbaudirektors *Gustav Meier „Lehrbuch der schönen Gartenkunst"* [44], in dem der Gestaltung der öffentlichen Straßen und Plätze besondere Aufmerksamkeit gewidmet wird. *„Jeder Raum daher, welcher den Straßen und Plätzen einer Stadt zu öffentlichen (Garten) Anlagen abgewonnen werden kann, ohne den Verkehr zu beengen, ist als eine Wohltat für das Gesamtwohl zu betrachten!"* In dieser Aussage sind die beiden vorrangigen Kriterien der Platzplanung des ausgehenden 19. Jahrhunderts konkretisiert: Der Stadtplatz wird, neben den Parks, als Mittel zur Gewinnung öffentlicher Grünflächen im Stadtbereich angesehen. Gleichzeitig unterstreicht das Zitat die Vormachtstellung des Verkehrs, die damals auch für den Grünplaner noch selbstverständlich ist. Dem Verkehr als Symbol der modernen Zeit gebührte der Vorrang, galt er doch als Synonym für weltstädtische Offenheit.

1876 erschien ein weiteres Standardwerk für den praktischen Städtebau, dessen Verfasser Reinhard Baumeister weitere aufschlußreiche Hinweise auf den zukünftigen Umgang mit Stadtplätzen gab. Sein Titel läßt Rückschlüsse auf die Intentionen des Verfassers zu: „Stadterweiterungen in technischer, baupolizeilicher und wirtschaftlicher Beziehung“ [45]. *„Während entsprechend den Regeln der von Baumeister propagierten geometrischen Straßensysteme Lage und Form neuer Plätze sich quasi von selbst ergaben, übernahmen die Ausgestaltung der vom Verkehr nicht beanspruchten Platzflächen - gewissermaßen als Retter repräsentativer Stadtraumgestaltung - die Gartenkünstler.“* [46]

Zwei Varianten dominierten bei der Planung von Schmuckplätzen: der architektonisch gepflegte, auf die Gestaltung der Fläche beschränkte Schmuckgartenplatz, der die *Lennésche* Tradition aufnahm und weiterentwickelte, und der zentrale Platz als Herzstück innerhalb neuer Siedlungen, der primär zur Erhöhung des Wohnwertes und damit verbundener ökonomischer Wertsteigerungen angelegt wurde. Während die bestehenden Schmuckplätze dem nach der Gründung des Deutschen Reiches gestiegenen Nationalbewußtsein Rechnung tragen mußten (was sich vor allem in der Denkmalsucht des Kaiserreiches manifestierte), entstanden gleichzeitig artverwandte Plätze, die der Bodenspekulation dienten. Die soziale Komponente, die eben erst bei der Anlage des Petriplatzes ihre Geburtsstunde erlebt hatte, rückte wieder in den Hintergrund. Kinderspielmöglichkeiten wurden, wenn überhaupt, auf Höfen oder in Parkanlagen angeboten. *„Wie gering der Wert von Kinderspielplätzen in der damaligen Zeit veranschlagt wurde, beweist der Verwaltungsbericht des Magistrats der Stadt Schöneberg aus dem Jahre 1904, aus dem hervorgeht, daß in der Zeit von 1899 bis 1902 Etatmittel in Höhe von 54 bis höchstens 81 M jährlich für die Errichtung von Kinderspielplätzen ausgegeben wurden.“* [47]

Schmuckplätze als Repräsentationsforen und Objekte der Bodenspekulation

Ein besonderes Beispiel für die Entwicklung des innerstädtischen Schmuckplatzes ist der *Wilhelmplatz,* einer der vier bei der Friedrichstadterweiterung entstandenen geometrischen Plätze absolutistischer Stadtformung. Ihm war durch Form und Lage von Anfang an eine andere Bestimmung als den gleichzeitig entstandenen Eingangsplätzen zugekommen. An der tangierenden Wilhelmstrasse gelegen, kam er konzeptionell eher einem Marktplatz

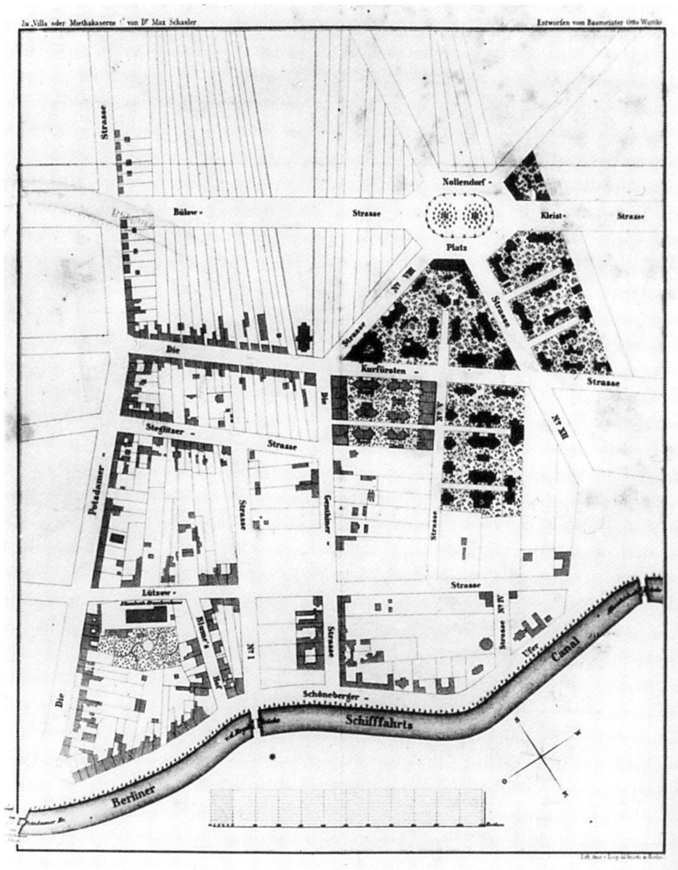

60 Bebauungsplan der Gegend des Nollendorfplatzes von den Parzellen des Gutbesitzers Herrn Georg Friedrich Kielgan um 1865

nahe. Hier, im nord-westlichen Abschnitt der Friedrichstadt, hatte sich auf den tiefen Grundstücken parallel zum Tiergarten der Landadel seine Stadtpalais eingerichtet: freistehende, reich verzierte Barockpalais, deren Gespannvorfahrten in Form erhöhter Rampen den Gebäuden vorgelagert waren und der Gegend ein vornehmeres Gepräge gaben. So wurde auch auf den gepflegten Zustand des Platzes mehr Wert gelegt als bei anderen innerstädtischen Platzanlagen.

Bald nach seiner Fertigstellung im Jahre 1732 wurde der *Wilhelmplatz* mit Bäu men bepflanzt [48]. Er erhielt mit dem Standbild von Schwerin 1771 als erster Berliner Stadtplatz ein Monument. Der Grund dafür mag wohl gewesen sein, daß sich in dieser Umgebung der würdigste Rahmen finden ließ und eine Beein trächtigung der Funktion des Platzes nicht vorlag. Mit der Aufstellung der Denkmäler für Winterfeldt 1777, Seydlitz 1778 und den Generalfeldmarschall von Keith befanden sich im 18. Jahrhundert bereits vier Standbilder auf dem Platz. Ihre Zahl stieg nach der Umgestaltung der Fläche zum Schmuckplatz durch *Lenné* 1844 auf sechs. Diese Stand-

59 Der Wilhelmplatz im Jahre 1901

bilder, obwohl noch am Rande gelegen, signalisierten das Vordringen leichter Bauten in den Platzbereich.

Zu diesem Prozeß, der sich im Verlauf des 19. Jahrhunderts innerhalb der sogenannten Denkmalsperiode vollzog, sagt J. Barth [49]: *„Während früher das funktionell bedingte Freihalten der Mittelfläche die Aufstellung von Bildwerken und selbst von Kirchen gegen den Platzrand zweckmäßig erscheinen ließ, rückten solche Standbilder nun zur Mitte der Plätze. Man verschenkte dadurch einen wesentlichen Teil der Raumwirkung." Anfang des 20. Jahrhunderts waren der Wuchs der Bepflanzung und die Überfrachtung mit Standbildern so eklatant geworden, daß sich Kritik zu regen begann* (Abb. 59).

Teilweise durch den *Hobrechtplan* vorgezeichnet, etwa beim „Kielganprojekt" am Nollendorfplatz oder durch die Parzellierung großer Arreale in den Vorstädten, entstanden Plätze, die der Verschönerung der neuen Vorortsiedlungen dienen sollten. Bis zur Ausdehnung der *„Mietskasernenbauordnung"* auf die Berliner Vororte im Jahr 1887 sahen diese Planungen eine offene Bauweise vor. Am Beispiel der Entwicklung des *Nollendorfplatzes* läßt sich aber erkennen, wie die Mietskasernen noch

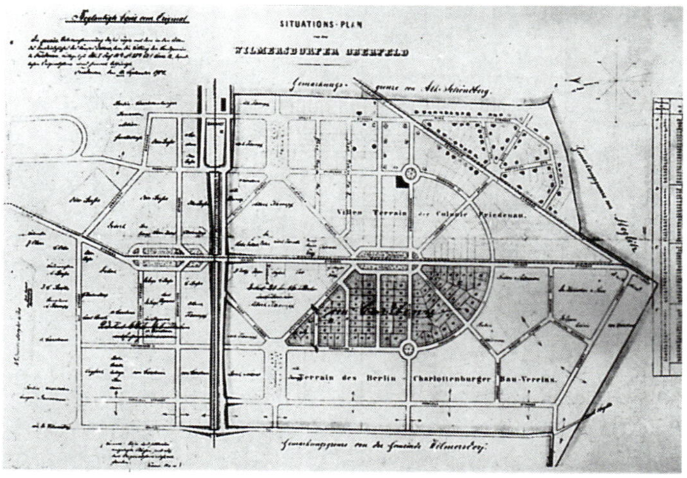

61 Situationsplatz von dem Wilmersdorfer Oberfeld von J. A. W. Carstenn, gezeichnet von Johannes Otzen um 1870

während der Bauphase unaufhaltsam sogar in die kleinen Villenviertel vordrangen (Abb. 60).

Die Planungen *Quistorps* für das Westend (1866), *Carstenns* für das Wilmersdorfer Oberfeld (Friedenau) und für Lichterfelde (1870) oder der Kurfürstendammgesellschaft, die 1890 für den Grunewald einen Bebauungsplan erstellte, enthalten - zumindest im Planungsstadium - zentrale Platzanlagen als städtebauliche Höhepunkte (Abb. 61). *„Sein Bebauungsplan (Carstenns) von Lichterfelde ist eine geometrische Spielerei, deren Formen und Zusammenhang nur aus der Vogelperspektive, das heißt im Plan ablesbar, in der Realität aber nicht erfaßbar ist...Eine zentrale Stellung hatten sie nur auf dem Plan, nicht im Sinne des Baumeisterschen Dreiecksystems als Knotenpunkte des Verkehrs. Denn die Plätze lagen abseits der Hauptverkehrsstraßen und die Diagonalstraßen führten nirgendwohin, sondern endeten zum Teil schon nach wenigen hundert Metern innerhalb des Villengebietes.“* [50]

Die Verfestigung der Spezialisierungstendenzen

Während der zweiten Hälfte des 19. Jahrhunderts verstärkten sich die Bemühungen, das Problem der Stadtgestalt und damit auch der Stadtplätze wissenschaftlich aufzuarbeiten. Dazu wurden unterschiedliche Funktions- und Nutzungskriterien erarbeitet. Den Verfechtern der Aussonderungs- und Spezialisierungstendenzen lieferte *Joseph Stübben* die theoretischen Grundlagen. Bereits 1877 hatte er eine Aufteilung der Stadtplätze in spezielle Kategorien vorgenommen, in Verkehrs-, Markt- und Architekturplätze sowie Squares nach englischem Vorbild. Immer mehr galt das Interesse der Planer Gestalt und Nutzung der Fläche, während das Zusammenwirken von Fläche und Wand kaum Beachtung fand. *Stübbens* Arbeit förderte diese Entwicklung, denn seine Kriterien über Anlage und Nutzung blieben unscharf und bewegten sich auf unterschiedlichsten Begriffsebenen: Während er für Verkehrsplätze Aussagen über deren Form traf, entwickelte er für Markt- und Schmuckplätze Festlegungen über deren Position im Stadtgebiet, um schließlich den Architekturplatz formal (als rechtwinklig und geschlossen) zu definieren [51]. Das Durcheinanderwerfen unvergleichbarer Begriffe wie Funktion, Raumbildung, Nutzung oder Lage im Stadtgebiet beförderte die Diskussionen zur Lösung des Problems nicht. In einem 1897 erschienenen Buch des Berliner Gartenbaudirektors *Hampel* wurden ebenfalls Rezepturen für die Anlage von Plätzen entwickelt. *Hampel* versuchte die Diskussion zu vereinfachen, indem er sein Bemühen um Kategorisierung auf Schmuckplatztypen beschränkte. Bei ihm gab es schließlich nur noch Schmuckplätze, allerdings unterschiedlicher Natur [52]. 1889 erschien *Camillo Sittes* Standardwerk: *„Der Städtebau nach seinen künstlerischen Grundsätzen“* [53], dessen zentrales Thema eigentlich der Stadtplatz war. Das Werk, das sich primär mit der ästhetischen Komponente des Stadtplatzes auseinandersetzte, enthält viele noch heute gültige Aussagen. *Sitte* war der erste, der die Gefahr einseitiger Inanspruchnahme des Stadtraumes durch Vertreter des bedingungslosen Fortschrittsglaubens erkannte: *„Vom künstlerischen Standpunkt geht uns die ganze Sippe gar nichts an, in deren Adern kein einziger Blutstropfen von Kunst mehr enthalten ist. Das Ziel ...ist die Regulierung des Straßennetzes. Künstlerisch wichtig ist nur dasjenige, was überschaut, was gesehen werden kann; die einzelne Straße, der einzelne Platz.“* [54] Seine altmodisch klingenden, überwiegend aber zutreffenden Forderungen zur Gestaltung des Stadtplatzes fanden nur teilweise Gehör. *„Freihalten der Mitte von jeglicher Bebauung“* oder *„Geschlossenheit der Platzwände“*, diese Forderungen wurden im Zeitalter der Industrialisierung als romantische Irrungen belächelt. Dabei ging es Sitte nicht um romantische Kopien mittelalterlicher Anlagen, im Gegenteil: *„...wenn es uns gelingt, das bedeutungsvoll auch auf moderne Verhältnisse anzuwenden, kann es gelingen, dem scheinbar unfruchtbar gewordenen Boden eine neue blühende Saat abzugewinnen.“* [55]

Markthallenplätze und Bahnhofsvorplätze

Verkehr, technische Ästhetik und das bürgerliche Selbstbewußtsein der Industriegesellschaft hatten zum Wandel des Erscheinungsbildes der Plätze geführt. Mit der Pflasterung der Straßen und dem Bau des Kanalisationsnetzes wurden die lange bemängelten unhygienischen Zustände beseitigt.[56] Die Möblierung der Platzflächen mit den Attributen der modernen Industriegesellschaft hatte 1839 eingesetzt, als das Straßenland in den Besitz der Gemeinde überging. Litfaßsäulen, Kioske, Laternenpfähle, sogenannte Uraniasäulen, später Schienen und Oberleitungsträger, kunstvoll ausgeführte Pissoirs und

U-Bahneingänge machten im Laufe der Zeit der traditionellen Platzmöblierung Konkurrenz.

Den Erfolg eines neuen Bautypus, der „Passage",war Ausdruck eines veränderten Kaufverhaltens [57], das von der Idee witterungsunabhängiger, hygienischer Kaufsituationen bestimmt wurde. Die bauliche Umsetzung dieser Idee wurde durch das Aufkommen von Eisenkonstruktionen ermöglicht, mit denen große Weiten überspannt werden konnten. Der Wandel der Kaufgewohnheiten hatte sich bereits in veränderten Handelsstrukturen angekündigt: Wurden die städtischen Wochenmärkte bislang durch Bauern der Umgebung beschickt, die ihre Produkte direkt an die Verbraucher weitergaben, zogen nun Zwischenhändler an die Stadtgrenzen, an Tore und Bahnhöfe, kauften dort den Bauern ihre Waren pauschal ab und boten sie ihrerseits auf dem Markt an. Schon in den sechziger Jahren des 19. Jahrhunderts wurde diese Entwicklung beklagt, die zu Preissteigerungen und der qualitativen Verschlechterung des Warenangebots führte. Man suchte nach Lösungen für einen witterungsunabhängigen Marktverkauf und fand sie in Form von geschlossenen Hallen. Zusätzlich waren Hygiene- und Ästhetikvorstellungen beim Bau der ersten Markthallen ausschlaggebend.

1865 bis 1868 wurde die erste Markthalle von *Hitzig* in der Karlstraße errichtet. Sie bestand aus einer Eisenkonstruktion, die über zwei Ebenen verlief, deren obere eine die Halle in der Mitte durchschneidende Straße überspannte. Damit sie die hohen Standmieten aufbringen konnten, waren die Händler gezwungen, nun ihre Waren täglich anzubieten und die Preise zu erhöhen. Der typische Markthandel, das schnelle Losschlagen von Waren und Produkten, war in diesen Hallen kaum noch anzutreffen. Folglich blieben die Käufer aus. Trotz des finanziellen Desasters dieser Halle, die seit 1871 nach vorübergehender Nutzung als Sammelquartier für die nach Frankreich ziehenden Truppen nur noch als Lagerhalle genutzt wurde (und während der Wintermonate einem Zirkus als Quartier diente), kam die Diskussion um die Notwendigkeit der Markthallen in den achtziger Jahren erneut in Gang. In Berlin wurden 1877 wöchentlich neununddreißig Märkte auf neunzehn ungedeckten Flächen abgehalten.[58] *„Während Berlin auf einer ganzen Reihe von Gebieten das großstädtische Kleid angezogen hat, ist es trotz aller veränderten Verhältnisse und trotz allen Wachstums ihm bisher nicht möglich gewesen, einen 'Anhängsel' früherer Zeiten, der sich für die Weltstadt gar nicht mehr recht schicken will, abzustreifen. Es sind dies die Wochenmärkte, welche noch täglich in den verschiedenen Stadtgegenden, auf Plätzen und Straßen abgehalten werden", schreibt die Zeitschrift „Der Bär" 1882* [59].

Im Zeitalter der Industrialisierung galt profanes Marktgeschehen auf öffentlichen Freiflächen als nicht weltstädtisch. Daher wurde 1886 erneut ein großes Markthallenprogramm aufgelegt, in dessen Rahmen bis 1893 fünfzehn Hallen errichtet wurden.

Drei der Hallen entstanden auf freien Flächen, deren Form und Lage im Stadtentwicklungsplan *Hobrechts* bereits eine Nutzung als Markt- oder Handelsfläche nahelegten, während die restlichen Hallen in die Blockbebauung eingefügt wurden. Die Halle auf dem *Magdeburger Platz* füllte nahezu die gesamte Fläche, während die Hallen auf dem Arminius- und dem Marheinekeplatz mit einer vorgelagerten Grünfläche in Verbindung standen. (Abb.62)

62 Die Markthalle auf dem Magdeburger Platz

Die Monofunktionalität der Platzfläche, mit dem Entstehen der Schmuckplätze eingeleitet, wurde baulich sanktioniert. Sie schloß jede darüber hinausgehende Nutzung aus. Die Verbindung der Hallen mit vorgelagerten Grünflächen konnten den Funktionsverlust nur bedingt ausgleichen. Nach dem Baustop von 1893 wurden keine neuen Hallen mehr errichtet. Die Gründe waren ausschließlich ökonomischer Natur.

Zur gleichen Zeit entstand der Typus des Bahnhofsvorplatzes, wobei die Situation in Berlin insofern eine besondere war, als es hier nur Kopfbahnhöfe gab. In Berlin war der Durchreisende gezwungen, mit Sack und Pack per Droschke die ganze Stadt zu durchqueren. Seit 1851 wurde entlang der Stadtmauer die Verbindungsbahn angelegt, die diesen Mißstand beseitigen sollte. Vor den Kopf- oder Sackbahnhöfen wurden Stau-

63 Der Askanische Platz mit dem Anhalter Bahnhof im Jahre 1927

flächen benötigt zur Aufnahme der Droschken und Fuhrmänner mit ihren Lastkarren.

Neben dieser Funktion hatten die Bahnhofsvorplätze eine weitere, nämlich die der Repräsentation: Hier fand die erste Begegnung des Fremden mit der Metropole statt. Der erste Eindruck durfte daher nicht nur von Droschkenkutschern und feilschenden Händlern bestimmt sein. Die Plätze mußten als Entree in den Stadtraum optisch aufgewertet werden.

Unter den Plätzen dieser Art sind bis zur kriegsbedingten Zerstörung nur wenige hervorzuheben, z.B. entstand südlich des *Potsdamer Platzes* eine eigenständige Platzanlage, der *Askanische Platz,* als Vorplatz des Anhalter Bahnhofs (Abb. 63). Seine Anlage datiert unmittelbar nach der Eröffnung der Linie Berlin-Jüterbog im Jahr 1841. Eine gärtnerische Gestaltung erhielt er jedoch erst nach dem Neubau des Bahnhofsgebäudes von *Franz Schwechten* im Jahre 1880.

Ende der siebziger Jahre des 19. Jahrhunderts hatte der Staat durch Ankauf der Privatbahnen das gesamte Eisenbahnnetz übernommen und konnte nun dementsprechend eine übergreifende Gestaltung, die auch die Vorplätze mit einschloß, durchführen.

Excurs Potsdamer Platz 5

Mit der Eröffnung der ersten Eisenbahnlinie von Berlin nach Potsdam 1838 endete die Beschaulichkeit des bis dato vor sich hindämmernden Potsdamer Platzes. Die Bebauung mit Landhäusern wich nach und nach einer geschlosseneren Bauweise in der Potsdamer Straße und der Bellevuestraße, die mit Alleen aufgewertet wurden. Südlich davon entstand, um den Bahnhof herum, seit 1843 das sog. Geheimratsviertel. 1845 mußte das Tor umgebaut werden. Es gab nun drei Durchfahrten und zwei seitliche Durchgänge. 1867 fiel die Akzisemauer und ließ den vor der Stadt gelegenen Vorplatz mit dem Leipziger Platz verschmelzen. Damit hatte die Gegend um den Potsdamer Platz ihren Status als Vorstadt endgültig verloren.1872 wurde der Neubau des Potsdamer Bahnhofs eingeweiht. Eine Reihe gehobener Hotels, Gaststätten und Cafés, die sich in der Folge ansiedelten, bewirkten einen erneuten Strukturwandel der Gegend, der schließlich den Potsdamer Platz zum belebtesten Verkehrsknoten werden ließ. Während der Potsdamer Platz mit seiner zufällig entstandenen, amorphen Gestalt weiterhin versteinerte Unfertigkeit symbolisierte, bildete der Leipziger Platz dahinter das Fertige, Wohlgeformte, der alten Stadt Zugehörige. Die Gründung des Deutschen Reiches im Jahre 1871 machte Berlin zur Reichshauptstadt. In der Folge siedeln sich verstärkt Regierungsstellen in der alten Friedrichstadt an. Das 1896 von Alfred Messel erbaute Warenhaus Wertheim in der Leipziger Straße schob sich nach zwei Erweiterungen bis 1906 in das Achteck hinein, womit der zunehmend exclusive Charakter der Leipziger Straße in den Platz hineingetragen wurde. Da sich die rege Bautätigkeit überwiegend auf den Geschäftshaus- und Servicebereich bezog, entmischte sich der Bereich um Bahnhof und Doppelplatz schon bald zuungunsten der Wohnbevölkerung. „Dabei verschob sich das Gleichgewicht des Doppelplatzes Potsdamer und Leipziger Platz unmerklich zum einstigen, unbedeuteren Vorplatz, der zu einer Drehscheibe des städtischen Lebens wurde,während der Leipziger Platz als traditioneller Schmuckplatz die Funktion seines östlichen Vorplatzes einnahm.“ [60]

Der Höhepunkt der Schmuckplatzära: Die Verselbständigung des Platzraums

Mit der Verabschiedung des Fluchtliniengesetzes im Jahre 1875 wurde ein weiterer entscheidender Schritt auf dem Wege zur Verbesserung des Stadtbildes getan. Im begleitenden Text heißt es: *„Im Interesse des Wohnbedürfnisses ist ferner darauf Bedacht zu nehmen, daß in ausgiebiger Zahl und Größe Plätze (auch Gartenanlagen, Spiel- und Erholungsplätze) vorhanden sind“* [61]. Das sich immer stärker artikulierende soziale Bewußtsein hatte dazu geführt, daß der Platz in seiner Bedeutung als Regenerationsfläche innerhalb der geschlossenen Stadtstrukturen anerkannt und gefördert wurde.

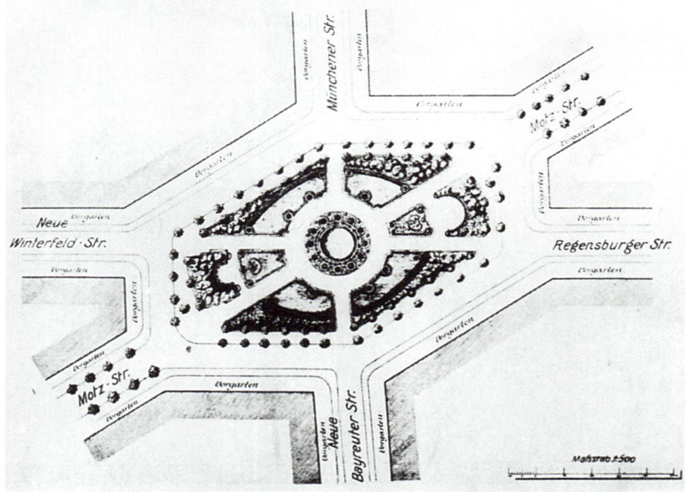

64 Der Viktoria-Luise-Platz in Schöneberg von Paul Encke

Die Veränderung des Stadtbildes durch Aneinanderreihung relativ geschlossener vier- bis fünfgeschossiger Wohnbauten, die sich nur graduell in der Fassadengestaltung unterschieden, hatte über die ästhetische Dimension hinaus nun auch Impulse für die soziale Diskussion geliefert [62]: *„Damit scheint ein erster Schritt in die mittelalterliche Geschlossenheit des Platzbegrenzungsraumes, der auch im Barock, aber weniger im Klassizismus bindend war, getan. Straße und Platz werden wieder als Raum aufgefaßt, die Ensemblebildung (Höhe, Fassade, Dachform etc.) angestrebt ...Der starke Fußgängerverkehr spielte sich in einem wohlformulierten, geschlossenen Straßen- und Platzraum ab, der diese Bewegung nicht auseinanderfließen ließ, sondern im Sinne eines Gefäßes zusammenhielt und damit in ihrer Wirkung steigerte“* (Abb. 64, 65). Doch diese Anlagen, etwa der *Viktoria-Luise-Platz,* erhielten nicht nur im Kontext mit der umgebenden Bebauung eine veränderte Gestalt; die spätbarocke Ausformung der den Platz umgebenden Fassaden übertrug sich auch auf die Gestaltung der Fläche: Rückkehr zur diagonalen Überquerung des Platzes, zu barocken Beeten und point-de-vue-artigen leichten Bauten wie Springbrunnen, Pergolen und Bildwerken. Die Verwendung dieser Stilelemente kritisiert Platz [63]: *„Die Stillehre ... leidet unter (der) Verballhornung der reinen Formen der Vergangenheit. Man vergißt allmählich, daß diese Formen einmal notwendig waren und einen inneren Sinn hatten, man würdigt sie zu billigen Dekorationen aus Surrogatstoffen herab!“ „Das Bürgertum schmückt sich mit den Fetzen bürgerlicher Pracht“*, steigert *Lichtwark* die Kritik an der damaligen Baukultur [64].

65 Ansicht des Victoria-Luise-Platzes. Foto von Max Missmann, Märkisches Museum Berlin

Die Straße als Barriere zwischen Platzinnenfläche und äußerem Straßenland wurde anscheinend widerspruchlos akzeptiert. Der Entfaltung von Aktivitäten auf der inneren Fläche, die von der umgrenzenden Bebauung unabhängig waren, stand nichts mehr im Wege. Die Fläche wurde als autarkes Gebiet aufgefaßt, auf dem sich ein vom restlichen Straßenraum unabhängiges Geschehen entwickeln sollte. 1898 fand ein Wettbewerb für die Ausgestaltung des *Viktoria-Luise-Platzes* durch den Bauträger, die Berlinische Bodengesellschaft, statt. Er wurde von *Paul Encke* gewonnen, der danach noch eine Reihe weiterer Platzanlagen gestaltete. *Encke* entwarf einen relativ starren Platzgrundriß mit barocken Elementen. Die Einbindung in die umgebende Bebauung versuchte er durch die Fortsetzung der Straßen in Form diagonaler Fußwege über den Platz zu unterstützen. Im Schnittpunkt der Straßen und Wege war eine kreisrunde Brunnenanlage mit Fontäne vorgesehen als Orientierungspunkt auf dem von allen Seiten einsehbaren Platz. Großzügig dimensionierte steinerne Pergolen gaben der Anlage ein ziemlich wuchtiges Erscheinungsbild. Die Grundrißkonzeption konnte jedoch nicht über die Verselbständigung der Platzinnenfläche innerhalb der gesamten Quartiersanlage hinwegtäuschen.

Paul Jatzow, der ebenfalls am Wettbewerb teilgenommen hatte, hatte in seinem Entwurf eine Aufteilung des Platzes in Spiel- und Erholungsfläche vorgeschlagen, die konsequent soziale Gesichtspunkte berücksichtigte. Auch für den *Bayerischen Platz* war eine Nutzung als Spiel- und Erholungsplatz in Erwägung gezogen worden, doch ähnlich wie beim *Viktoria-Luise-Platz* wurde zugunsten der repräsentativen Ausgestaltung und damit letztlich gegen die sozialen Möglichkeiten der Platznutzung entschieden [65].

Der Übergang vom öffentlichen Platz zum geschützten Hofbereich

Auf die Reichsgründung im Jahre 1871, die Berlin zum offiziellen Mittelpunkt Deutschlands werden ließ, folgte nach kurzer Prosperität bereits in den achtziger Jahren die sogenannte Gründerkrise. Der Druck auf die Preise hatte sich verstärkt, eine Proletarisierung unbekannten Ausmaßes kündigte sich an, der der Staat, gewarnt durch die Revolution von 1848, rechtzeitig mit einer neuen Sozialschutzpolitik zu begegnen versuchte. Aber der Staat war nicht nur der Staat der Bismarckschen Sozialgesetzgebungen [66], er war auch der Staat des Sozialistengesetzes, welches nach dem mißlungenen Attentat auf *Wilhelm I.* 1878 verabschiedet wurde und zur Inhaftierung und Ausweisung mehrerer tausend Bürger führte. Die sich verstärkende soziale Diskussion der siebziger und achtziger Jahre des 19. Jahrhunderts brachte eine Fülle innovativer Gedanken hervor, die sich auch auf dem Gebiet des Arbeiterwohnungsbaus durchsetzen konnten. Bereits 1877 existierten rund fünfzig Baugenossenschaften in Berlin. Nach dem vorübergehenden Rückschlag durch das Sozialistengesetz beförderte das Genossenschaftsgesetz vom 1. Mai 1898 den Wohnungsbau für einkommensschwache Schichten. Die seit 1853 bestehende Bauordnung wurde nach einer Ergänzung von 1887 im Jahre 1897 durch eine neue ersetzt, die bis 1924 in Kraft blieb.

Die Innovationsphase der Jahrhundertwende, in deren Folge sich die soziale Verantwortung immer mehr im allgemeinen Bewußtsein verankerte, war begleitet von geistiger Unruhe, die insbesondere in der Kunst zu Umbrüchen führte. Der Jugendstil als Antwort auf die Ratlosigkeit des Nach-*Schinkelschen* Eklektizismus war nur eine von mehreren sich in rascher Folge überlagernden Ausdrucksformen, die den Anbruch des neuen Jahrhunderts kennzeichneten. Landhausstil, Expressionismus, Expressiver Realismus und Neue Sachlichkeit lösten einander schon nach wenigen Jahren ab.

Paul Mebes propagierte in seinem 1908 erschienenen Werk *„Um 1800“* die Erneuerung der Baukunst durch Rückbesinnung und beeinflußte die Stilentwicklung der Jahrhundertwende damit ebenso nachhaltig wie *Hermann Muthesius* mit seinem Werk: *„Über die englische Baukunst“*. Die von England auf das Festland hinüberwirkende Idee der Gartenstadt stieß in Deutschland auf entsprechende Resonanz. Die Diskussion erfaßte alle Bereiche des Bauens [67] und erstreckte sich von der Umsetzung sozialer Forderungen bis hin zur „Materialwahrhaftigkeit“. Der von *March, Messel, Köhn, Geßner, Mebes, Klein,* u. v. a. beschrittene Weg führte schließlich zur vorbildlichen Bebauung ganzer Quartiere, in denen der Stadtplatz ebenfalls eine neue Wertigkeit bekam.

Die Gartenterrassenstadt um den *Rüdesheimer Platz* ist ein Paradebeispiel für die nach der Veränderung der Baupolizeiordnung von 1897 möglich gewordene Bauweise. Die Einteilung des Stadtgebiets in unterschiedliche Bauklassen sah eine Verringerung der Bebauungsdichte zum Stadtrand hin vor. Zwar war im Prinzip auch weiterhin eine Geschoßflächenzahl von 3,5 erlaubt, doch wurde die Baufreiheit derart eingeengt, daß die tiefen Hinterhofbebauungen kaum noch möglich waren. Architekten und Baugenossenschaften schufen in eigener Initiative eine veränderte Umwelt, in der die neuen sozialen Forderungen mehr als bisher berücksichtigt wurden. Nach ihren Vorstellungen sollte die Wohnung nicht länger Spekulationsobjekt und Keimzelle sozialer Benachteiligung sein. Der Grundriß und die Beziehung zum Außenraum sollten verstärkt den Bedürfnissen der Benutzer angepaßt werden, was auch für den Stadtplatz und seine Funktion im Stadtgefüge galt.

Der Rüdesheimer Platz

Bei dem Gelände der Gartenterrassenstadt, später so genannt nach den großen Hausvorgärten, handelte es sich um das von den Carstennschen Planungen unberührte Wilmersdorfer Südgelände. Ein aus dem Jahre 1892 stammender Fluchtlinienplan wurde 1909 von *Joseph Stübben* den gewandelten Auffassungen vom Stadtgrundriß angepaßt.[68]

Die Detailplanung lag in den Händen von *Paul Jatzow,* der die Vorstellungen des auf Rendite bedachten privaten Bauträgers, der bereits beim *Bayerischen* und beim *Viktoria-Luise-Platz* aktiven Berlinischen Bodengesellschaft, in ein ästhetisch ansprechendes Gesamtbild umzusetzen versuchte. Sein 1910 aufgestellter Bebauungsplan ging von einer einheitlichen Gestaltung der Gebäude aus. Im Sinne *Muthesius'* versuchte er die Stilmerkmale der englischen Landhäuser auf die vier- bis fünfgeschossige Berliner Miethausbebauung zu übertragen, in der Annahme, damit auch zur sozialen Verbesserung der Wohnsituation beizutragen. Verschieferte Erker, erdgeschossige Rosenspaliere und vertikal betonte

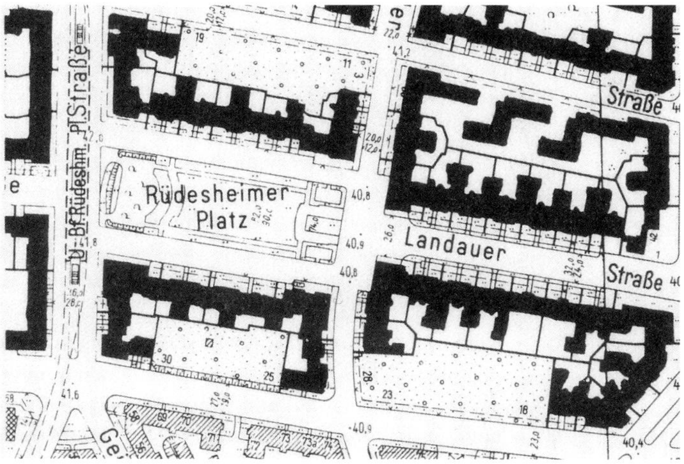

66 Der Rüdesheimer Platz (Schwarzplan)

67 Rüdesheimer Platz, 1926

Fenster zielten auf die Interpretation des Landhauses ab, was durch die Verwendung typischer Materialien zusätzlich verstärkt wurde.

Jatzow hatte sich die Aufhebung der Vorschrift über Bauwiche zunutze gemacht und in Zusammenarbeit mit der Behörde an dieser Stelle die offene Bauweise mit zehn Meter tiefem Bauwich durch eine geschlossene ersetzt, die eine Vergrößerung der Gesamtstraßenbreite auf 44 Meter zuließ. Die Einheitlichkeit der Fassaden hatte er sich im Grundbuch garantieren lassen. Die äußere Gestalt wurde aber nicht von einer neuen Konzeption der Grundrisse oder der Flächen hinter den Gebäuden begleitet. *„Das annehmbare Gesicht der ... Gartenstadt ist nur Maske vor Mietskasernen ... mit vielwinkligen, schachtartigen Höfen und häßlichen Rückseiten“,* zitiert W. Dehmel den Architekten Jean Krämer [69]. Auch die Aussparung des Platzes aus dem Straßennetz zeigte eine Anlehnung an die englische Art, innerstädtische Freiflächen zu gewinnen. Die Raumbildung erfolgte durch Verschieben der Blockränder nach außen, parallel zur Längsachse. Dadurch war es möglich, die Landauer Straße axial in den Platz einmünden zu lassen (Abb. 66).

Den beiden an den Längsseiten des Platzes befindlichen Häuserreihen wurden ca. zehn Meter tiefe Vorgärten vorgelagert. Diese Vorgartenterrassen, die zwangsläufig auf Kosten der Hofflächen entstehen mußten, bildeten einen Übergang zu den Rasen- und Gartenflächen des Platzinneren. Damit war *„bewußt der Zusammenhang zwischen der Umbauung der Platz- bzw. Straßenfläche hergestellt.“* [70]

Zur Gestaltung der inneren Platzfläche wurde 1910 ein Wettbewerb ausgeschrieben, den *H. Berg* und *H. v. Hoven* gewannen und im Jahr darauf ausführten. Der Entwurf beruhte auf einer Dreiteilung des Platzes. Im Westen an der tangierenden Rüdesheimer Straße, zugleich am eigentlichen Platzeingang, wurde leicht überhöht eine monumentale Brunnenanlage von *Ludwig Cauer* errichtet, die aus der Blickachse der Landauer Straße schon von weitem einen optischen Höhepunkt markierte. Das davorliegende weite Rosenfeld, zum verbotenen Kinderspiel förmlich auffordernd, war gegenüber diesem Teil etwas abgesenkt und verstärkte das räumliche Gefühl, welches sich beim Betreten der Anlage einstellt. Im Osten war ursprünglich ein kleiner Hain mit Blumenbeeten und Hecken angelegt, so daß scheinbar alle drei Gesichtspunkte des modernen Stadtplatzes berücksichtigt wurden: Repräsentationsfläche am Eingang, Spielfläche im Zentrum, Erbauungsfläche für Ältere im beruhigten Teil. Trotz einer Platzgröße von fast 17000 Quadratmetern und sechs einmündenden Straßen war eine Geschlossenheit erreicht worden, die aber vor allem auf der Maßstäblichkeit der Randbebauung beruhte (Abb. 67).

Der *Rüdesheimer Platz* läßt sich als gelungenes Vorbild späterer Platzanlagen bezeichnen, deren Nutzungsinhalte primär von sozialen Gesichtspunkten bestimmt wurden. Der von *Jürgen Barth* festgestellte Zustand der Verselbständigung von Flächen und ihrer Bezugspunkte trifft zu. Doch in einem ruhigen Wohnviertel dieser Art sind die Nachteile, die die Spezialisierungen für das Stadtgefüge mit sich brachten, unerheblich, der soziale Vorteil kompensiert die Verluste.[71]

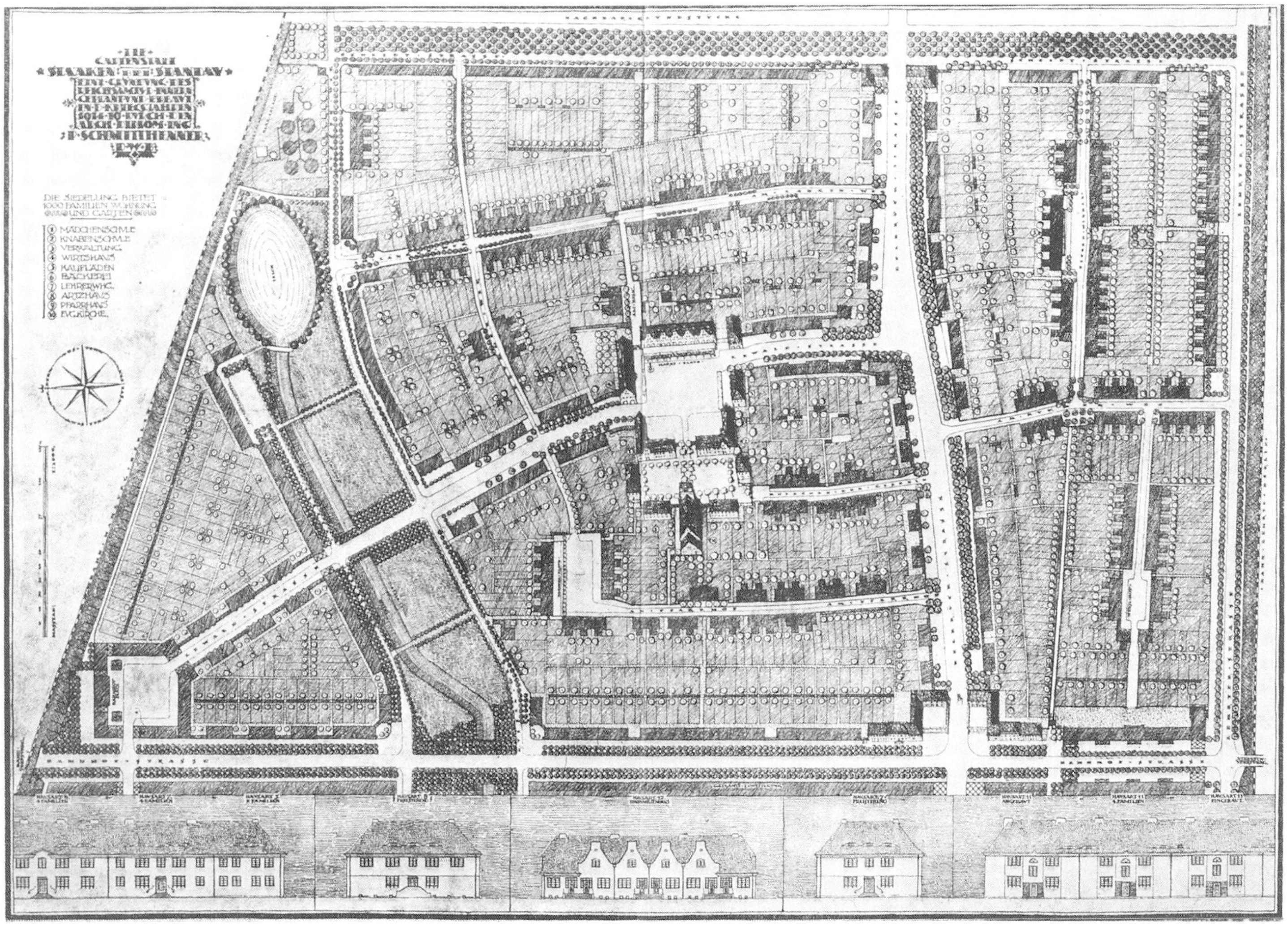

68 Paul Schmitthenners Plan für die Gartenstadt Staaken, 1913 – 17 realisiert

Die Plätze der Gartenstadt Staaken

Paul Schmitthenner hat in Staaken nach dem Idealbild einer deutschen Kleinstadt für die Arbeiter der Spandauer Munitionsfabriken eine rund tausend Wohnungen zählende Siedlung geplant. Hier mag Ebenezer Howards Idee der Gartenstadt von Einfluß gewesen sein.[72]

In den Jahren 1913 bis 1917 sollte in Anlehnung an die Gartenstadt Letchworth das 35 Hektar große Gelände im Norden Berlins bebaut werden. Doch schon den gesellschaftspolitischen Ansprüchen, die *Howard* an die Gartenstadt als funktions räumliche Einheit gestellt hatte, konnte *Schmitthenner* nicht gerecht werden, da die Konzeption einer völlig autonomen Stadt in Staaken nicht umzusetzen war.

Entscheidend aber blieb, daß Howard ein genossenschaftlich begründetes Bodeneigentum wollte, Staaken aber eine staatliche Intervention des Preußischen Innenministeriums blieb. Dazu schreibt Peter Behrens als Zeitgenosse kritisch: „Dem Unwesen der Sentimentalität und der falschen Romantik im Aufbau von Kleinsiedlungen nach dem Muster kleiner mitteldeutscher und niederdeutscher Städte muß mit allem Nachdruck entgegengetreten werden. Es ist eine Art gut gemeinten Betruges...“ [73] Zwar wurden zwei Schulen, Kirche, Läden und Wirtshaus mit eingeplant, doch war durch das Fehlen wichtiger infrastruktureller Einrichtungen und einer Selbstverwaltung das Ideal unerreichbar geworden. Es blieb bei der Vorortwohnsiedlung, wenn auch mit weitergehenderen Inhalten als bislang (Abb. 68).

In Anlehnung an die von *Sitte* und *Brinckmann* verbreiteten,romantisierenden Idealvorstellungen der mittelalterlichen Stadt sah *Schmitthenner* im Zentrum seiner Siedlung eine zweiteilige Platzanlage mit vielfältigen

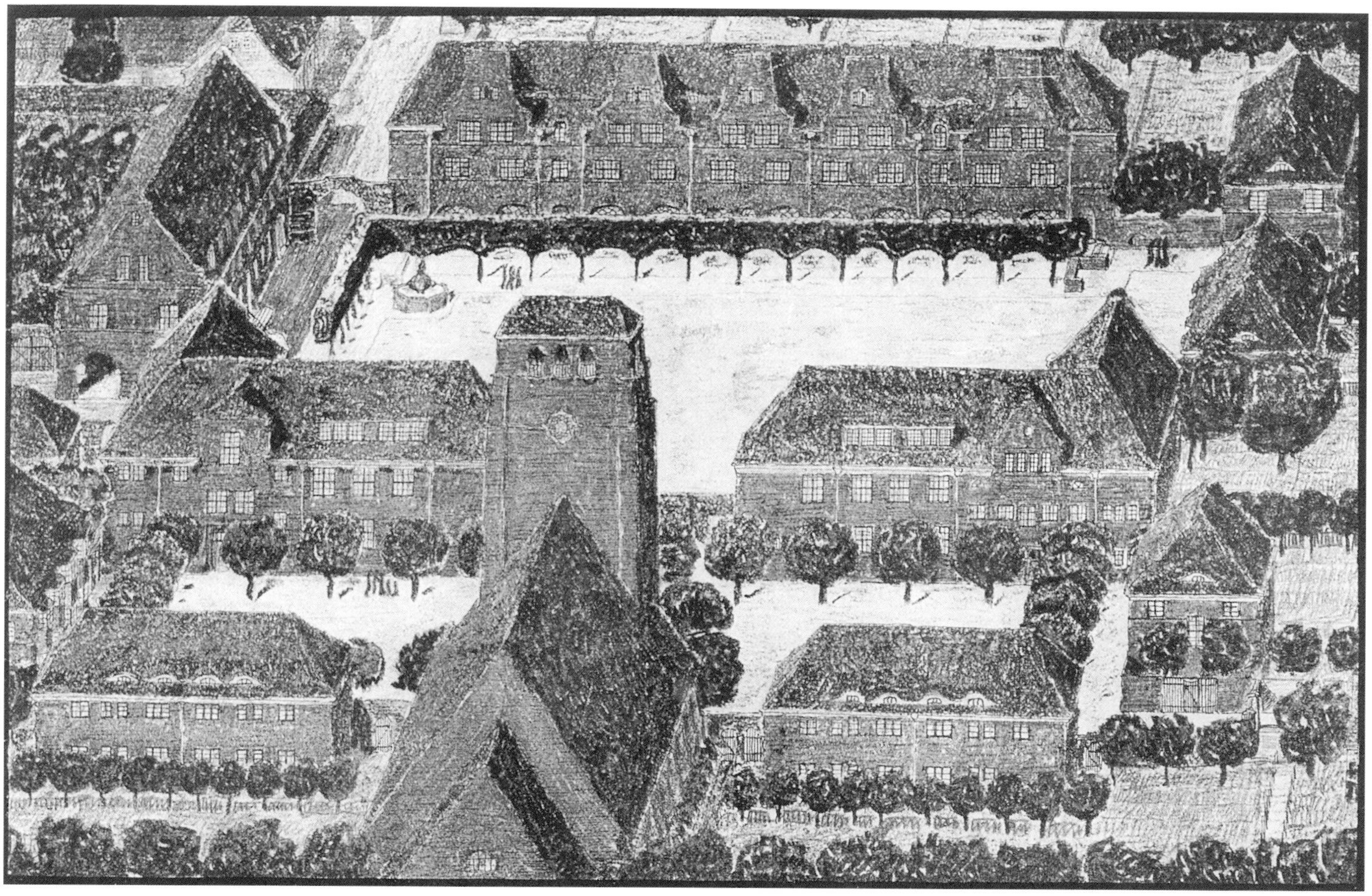

69 Der Marktplatz mit anschließendem Kirchplatz und Schulhof

Funktionen vor. Beide Flächen waren räumlich klar definiert, von maßstäblichen Bauten eingefaßt und miteinander verbunden (Abb. 69).

Der äußere Platz, 4225 Quadratmeter groß, war dem äußeren Raum zugeordnet. Dementsprechend repräsentativ war seine Gestalt, die mittelalterliche Autarkie vorspiegeln sollte: Waren die Fassaden der Siedlungshäuser in schlichtem grauem Putz gehalten, so wurden die Platzfronten mit roten Klinkern verblendet und im nördlichen Teil, wo die Kaufläden aneinandergereiht waren, durch Renaissancegiebel „holländischer Erinnerungen" optisch überhöht.

Dieser öffentliche Platz, der diagonal von der Straße am Heideberg durchschnitten wurde, stand Fremden wie den Aktivitäten der Gemeinde offen. Am südlichen Rand war er durch ein Tor mit dem zweiten, etwa halb so großen inneren Platz verbunden. Um diesen verträumthofartigen Platz gruppierten sich die Einrichtungen des Gemeinbedarfs, die beiden Schulen, das Pfarrhaus mit der Kirche sowie die Lehrerwohnungen. *Schmitthenners* Platzkonzeption war konsequent durchdacht: nach außen ein repräsentativer, das offizielle Gesicht der Stadt verkörpernder Platz, gut an den Verkehr angebunden, eine ideale Kommunikationsstätte für Siedlungsbewohner und Fremde; nach innen orientiert der gemütliche, mittelalterliche Geborgenheit ausstrahlende kleine Platz, als Begegnungsstätte der Anwohner gedacht. Bei allem Respekt vor der beispielhaften Leistung, die diese Anlage ohne Frage darstellt, bleiben dennoch Zweifel. *Schmitthenner* hat mit der aufwendigen, zweiteiligen Platzanlage letztendlich kaum mehr erreicht als die Spekulanten mit ihren profitorientierten Schmuckplätzen. Die vielfältigen, lebenswichtigen Funktionen des mittelalterlichen Platzes waren einfach nicht mehr vorhanden. Der am Mittelalter orientierte Maßstab erzeugte nur noch ein Kunstgebilde.

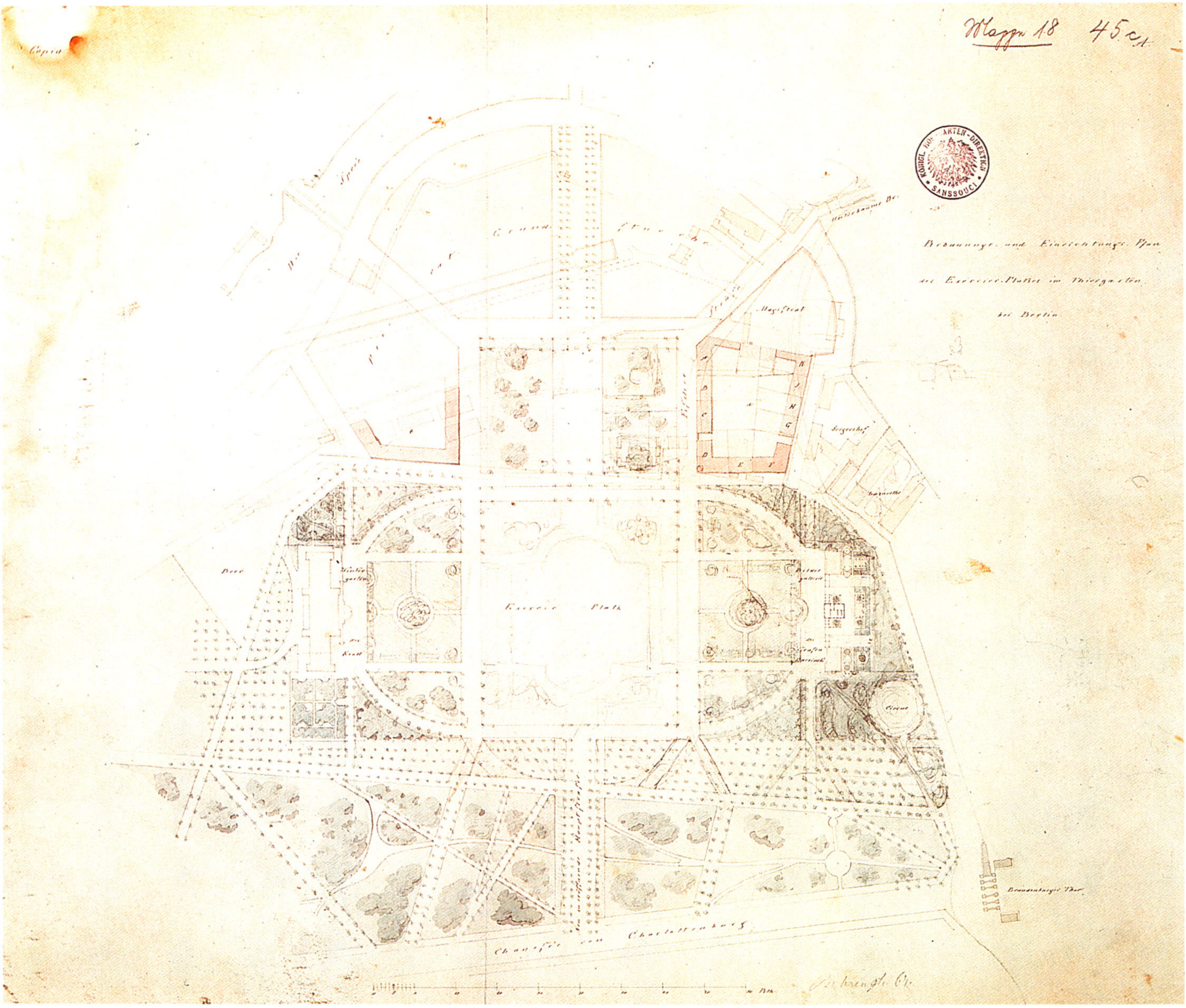

70 Königsplatz, Anlage mit Palais Raczynski und Kroll. Zeichnung von 1878

Die Auseinandersetzungen um den gesellschaftlichen Wandel

Das Ringen der politischen Kräfte nach dem Ersten Weltkrieg um die Vorherrschaft im Staate überschattete den Konsolidierungsprozeß der jungen Demokratie. *Ludwig Hilberseimer,* ein bedeutender Protagonist des „Neuen Bauens“, beschreibt die Situation der Menschen in dieser Zeit treffend: *„Zu Beginn der zwanziger Jahre waren die wirtschaftlichen und politischen Bedingungen in Berlin kritisch. Es war dies ... eine Zeit, in der einerseits alles zusammenzubrechen schien, andererseits alles möglich war, eine Zeit großer Verzweiflung und großer Hoffnung. Am Ende der zwanziger Jahre, nach einer kurzen Periode der sogenannten Prosperität, erreichte die wirtschaftliche Krise ihren Höhepunkt in einer schweren Depression ... Die Menschen litten unter der Krise auf verschiedene Weise, aber die meisten fühlten sich völlig verloren und hatten keinen Glauben mehr an die Zukunft. Die schöpferischen Menschen waren ebenso betroffen, aber sie hatten wenigstens die Möglichkeit, für sich selbst zu arbeiten.“* [74]

1920 kam es zur Bildung Groß-Berlins, wodurch sich das Stadtgebiet auf 88 000 Hektar vergrößerte. Die zu einer Gemeinde zusammengeschlossenen Städte, Dörfer und Gemeinden wurden in zwanzig Bezirke aufgeteilt,

71 Der Königsplatz vor dem Bau des Reichstagsgebäudes um 1890

deren Zentrum der heutige *„Platz der Republik“* war. In der Endphase des Wilhelminismus, nach dem Bau des Reichstages, hatte sich an dieser Fläche von über 100 000 Quadratmetern das Parlament als politisches Zentrum des Reiches entwickelt. Jene Gegend hatten bereits *Schinkel* und *Lenné* in der ersten Hälfte des 19. Jahrhunderts zu einer repräsentativen Platzanlage auszubilden gesucht.

Der Platz der Republik

Die 1721 von *Friedrich Wilhelm I.* zum Exerzierplatz umfunktionierte Fläche hatte sich während der folgenden hundert Jahre zu einem beliebten Ausflugsziel entwickelt. 1821 errichtete *G. F. Richter* am östlichen Rand einen runden Festbau, den „Circus olympicus“. 1853 wurde mit der Ausführung eines Plans von Lenné begonnen, der vorsah, das Gelände einzuebnen und durch Pflanzungen aufzuwerten. In die Gestaltung einbezogen war auch der zunächst noch als Exerzierfläche ausgesparte mittlere Teil des Platzes. Mit dem Bau des Palais Raczynski auf der Stelle des 1840 abgebrannten Circus im Jahre 1843 durch *Strack* und der Krolloper auf der gegenüberliegenden Westseite, 1842 von *Titz* erbaut, war die Gestaltung des Platzes zunächst abgeschlossen. Die nördlich des Platzes gelegenen Tiergartenholzplätze wurden in der Folgezeit durch *Hitzig* und *Strack* mit Wohn häusern bebaut. Am 18. Dezember 1864 erhielt der Platz den Namen *Königsplatz.* Die Arbeiten an der Siegessäule, 1865 von *Strack* begonnen, dauerten aus aktuel lem Anlaß bis 1873, denn gerade für den soeben gewonnenen Deutsch-Französischen Krieg sollte die Siegesgöttin stehen. 1878 wurde der Platz durch Obergärtner *Neide* neu gestaltet, zwei Jahre später das *Lennésche* Mittelquadrat durch ein Rondell ersetzt (Abb. 70, 71). 1884 mußte das Palais Raczynski, ein dreiteiliger Bau Schinkelscher Schule, dem monumentalen Neubau des Reichstages weichen, der nach dem Wettbewerbsentwurf von *Paul Wallot* 1894 fertiggestellt wurde. Das 1901 aufgestellte Bismarkdenkmal von *Begas* sowie die Standbilder Roons und Moltkes von 1905 vollendeten die Gestaltung des Platzes, der mittlerweile den Charakter einer nationalen Weihestätte angenommen hatte. 1898 wurde auf Veranlassung *Wilhelms II.* die Siegesallee, von Süden aus dem Tiergarten kommend, als zusätzliche Achse auf den Reichstag zugeführt [75]. Zweiunddreißig Standbilder brandenburgisch-preußischer Herrscher wurden beiderseits der Allee aufgestellt, hinter jeder Statue befand sich eine halbrunde Marmorbank, *„aus der sich zwei Hermesbüsten von Zeitgenossen erhoben."* [76]

Eine geplante Erweiterung des Reichstagsgebäudes machte das Gebiet im Spreebogen 1927 erneut zum Gegenstand eines Wettbewerbs, dessen Ausschreibung als Ziel die Formulierung einer nationalen, demokratischen Baugesinnung vorgab. Renommierte Architekten wie *Behrens, Häring* und *Poelzig* nahmen die Aufgabe an. Die Neuordnung der als zu groß, überladen und zusammenhanglos empfunde nen, zum Symbol des Wilhelminismus gewordenen Platzfläche stellte für sie eine Herausforderung dar, dem Platz den Geist der neuen Zeit einzuhauchen.

Werner Hegemann rief dazu auf, sich durch die Einbeziehung der Flächengestaltung nicht allzusehr von der Reichstagserweiterung ablenken zu lassen und meinte pessimistisch: *„Auch nach seinem Avancement zum ‚Platz der Republik' wird er ruhig seinen Ruf, einer der langweiligsten und größten Plätze der Welt zu sein, weiter genießen können."* [77] *Max Berg*, zu diesem Zeitpunkt bereits Stadtbaurat a. D., war es, der auf die höhere Bedeutung des Reichstages als Symbol für das Selbstverständnis des Volkes verwies [78]: *„Infolge dieser einzigartigen Leistungsaufgabe für Berlin ist seine städtebauliche Gestaltung nicht nur die Aufgabe der Bewohner Berlins, der Stadtgemeinde oder Preußens, sondern des deutschen Volkes, also des Reiches. Da immer noch, besonders in Berliner städtischen Verwaltungskreisen, die einseitige Meinung herrscht, daß es sich bei Gestaltung des Platzes der Republik lediglich um eine monumentale architektonische Aufgabe auf lokalem Zweckhintergrund handelte, so ist wieder einmal notwendig, die über diesen Rahmen weit hinausgreifende Bedeutung hervorzuheben, die diesem Platz nach seiner Namensänderung gebührt. In dreierlei Art: Politisch, wirtschaftlich und kulturell ist im Platz der Republik ... diese Leistungsaufgabe ‚Weltstadt Deutschlands' inhaltlich und formal zum Ausdruck zu bringen."*

Siebzehn Architekten, z. T. Preisträger des ersten Wettbewerbs und einige zusätzlich aufgeforderte, sollten die endgültige Lösung in einem zweiten Durchgang finden.

Ausgezeichnet wurden die Arbeiten von *Fahrenkamp, de Fries, Holzbauer, Franz Stamm* sowie *Schmitthenner* und *Lobell. Poelzig,* der sich mit mehreren Varianten beteiligt hatte, kam nur in die engere Wahl (Abb.72).

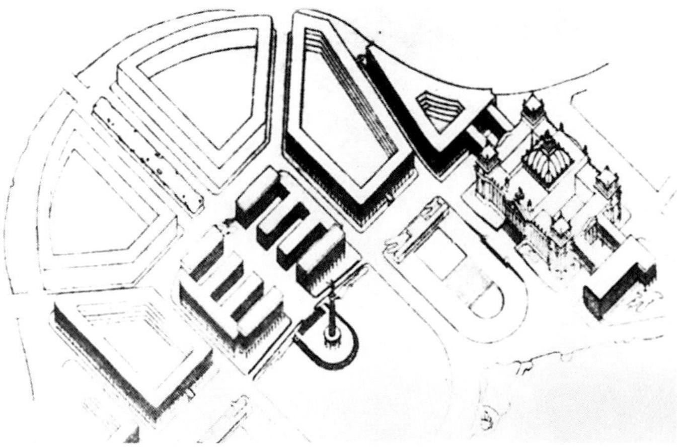

72 Entwurf zur Gestaltung des Platzes der Republik nebst Erweiterungsbau des Reichstages von E. Fahrenkamp und H. de Fries, 1929

Alle Preisträger versuchten, die als maßstabslos empfundene Fläche räumlich zu fassen und der allgemein akzeptierten Siegesallee einen Endpunkt zu geben. *Schmitthenner* und *Kreis* entwarfen kontrovers diskutierte *„Turmhäuser", Poelzig* bot in einer Variante eine halbkreisförmig dem Spreebogen folgende Zeilenarchitektur an, die typische Elemente des „Neuen Bauens" aufwies. *„Wir entdecken die entscheidenden Fehler dieses populärsten aller Berliner Plätze: seine ihn verderbende und in eine ‚Gegend' aufgelöste Gartenbaukunst, jene zuchtlos aufgeteilten Rasenstücke, jene kleinlichen Rabatten und seine Vorstellungen von Linie, Ebene und Raum zerstören den Baumbestand. Werden diese Dinge radikal geändert, so genügen verhältnismäßig kleine architektonische Eingriffe, um aus dem Platz der Republik einen der großartigsten Plätze Europas zu machen."* Keine der Arbeiten wurde verwirklicht, so daß nach dem Entwurf Albert Speers, der hier das „größte Bauwerk der Welt" errichten wollte, die planerischen Überlegungen ruhten. Bis auf einige kleinere gärtnerische Umgestaltungen geschah bis zur Wiedervereinigung der beiden Staaten nichts.

73 Hufeisensiedlung von Bruno Taut, 1927

Die Auflösung des traditionellen Platzraumes

1925 wurde die seit 1887 geltende Baupolizeiordnung durch eine Bauordnung ersetzt, die das Stadtgebiet in zur Peripherie hin abnehmende Bauklassen einteilte. Mit dieser sogenannten Reform-Bauordnung wurde die Auflockerung der Bauweise ermöglicht und der Hofraum für Licht, Luft und Sonne geöffnet. Die bauliche Umsetzung führte zur allmählichen Veränderung des traditionell geschlossenen Stadtbildes. Die neue Bauordnung, als Lösung der althergebrachten Probleme eines unmäßig verdichteten Stadtraums ersehnt, brachte jedoch nicht nur den erhofften Segen. Öffentliche, halböffentliche und private Bereiche verschmolzen und führten zur Vernachlässigung räumlicher Differenzierungen.

Der Großsiedlungsbau, der sich in den zwanziger Jahren entwickelte, oblag vorwiegend gemeinnützigen Wohnungsbaugesellschaften, die auch in der Zeit wirtschaftlichen Niedergangs in der Lage waren, Kapital bereitzustellen.

Die Namen vieler bekannter Architekten verbinden sich mit diesen Bauten, die der geringeren Grundstücks- und Gestellungskosten wegen in den Randbezirken der Stadt entstanden. In Britz, Reinickendorf, Tegel, Tempelhof, Schöneberg, Weißensee etc. wurden Großprojekte realisiert, denen über ihre innovative, soziale und künstlerische Bedeutung hinaus eines gemeinsam ist: der Verzicht auf eigene, siedlungsbezogene Teilzentren zugunsten des sich immer stärker verdichtenden Stadtzentrums. Die bei *Schmitthenners* Gartenstadt oder *Jatzows* Gartenter rassenstadt begrüßten Versuche, räumlich differenzierte Bereiche mit entsprechenden, wenn auch teilweise unzulänglichen Inhalten auszubilden, waren in dieser Phase der Stadtentwicklung bereits dem Blickfeld der Planer entglitten. So sind *Wagner* und *Taut* in Britz mit dem Versuch, mit Hilfe einiger weniger Läden autarke Gemeinwesen zu simulieren, ebenso gescheitert wie zehn Jahre zuvor *Schmitthenner.*

Taut, der trotz seiner Zugehörigkeit zur radikalen Moderne klassische Raumbildungen liebte, hat in der

74 Der Bayrische Platz, fotografiert in nördlicher Richtung, 1912

Großsiedlung Britz entsprechende Elemente verwendet, von denen das mittlere, großzügig dimensionierte *„Hufeisen“* als Namenspatron für die gesamte Anlage steht. Wohnung und Außenraum stehen bei *Taut* in Beziehung, beide bestimmen die notwendige Wohnqualität. Der kollektive Außenraum spielt dabei eine wesentliche Rolle. Über den Mietergarten geht der Wohnraum in den gemeinschaftlich genutzten Innenbereich über. Wie nach dem Zweiten Weltkrieg errichtete, diesem Beispiel nachempfundene Bauten ohne Mietergärten belegen, degeneriert der Grünbereich zwischen Bauteilen ohne eindeutige Nutzungszuweisung zu undifferenziertem Abstandsgrün. *Taut* hatte im Gegensatz zu *Schmitthenner* nicht die Idylle vergangener Tage im Kopf, sondern wollte neue Wohnformen für eine neue Zeit. Auch sein Platz ist kein Platz mehr im herkömmlichen Sinne: Eine leichte räumliche Einbuchtung an der Fritz-Reuter-Allee, mit Läden ausgestattet, soll den öffentlichen Bereich markieren. Mietergemeinsam und insoweit halböffentlich ist ein mittlerer Park- und Rasenteil um einen kleinen eiszeitlichen See, halbprivat schließt daran ein Mietergartenbereich des Hufeisens an, der einen Übergang zum privaten Bereich der Wohnung selbst bildet. Taut war der Zeit voraus, sowohl in der Definition der Räume als auch in der Definition des künftigen vorstädtischen Gartenplatzes (Abb. 73). *„Der ab 1925 in den Vorder grund tretende Großsiedlungsbau gibt zwar neuartige Beispiele räumlicher Gestaltung, aber sie sind in sich gekehrt (Straßenerweiterungen, Wohnhöfe) und funktionslos, ohne übergeordnete kommunikative Bedeutung oder haben privaten Charakter als umschlossene Gartenräume“* [79].

Die neue Bauordnung, nach der es möglich war, halbprivate/halböffentliche Nutzungen wie Kinderspiel und Altenerholung in die geschützten Bereiche der blockinternen Zonen zu verlagern sowie die Entwicklung des Verkehrs entzogen vielen Plätzen weitere funktionale Grundlagen. Es zeichnet sich eine Aufteilung der Plätze in Schmuckplätze, vorwiegend im dichter bebauten Stadtbereich, und in Gartenplätze, vorwiegend siedlungs-

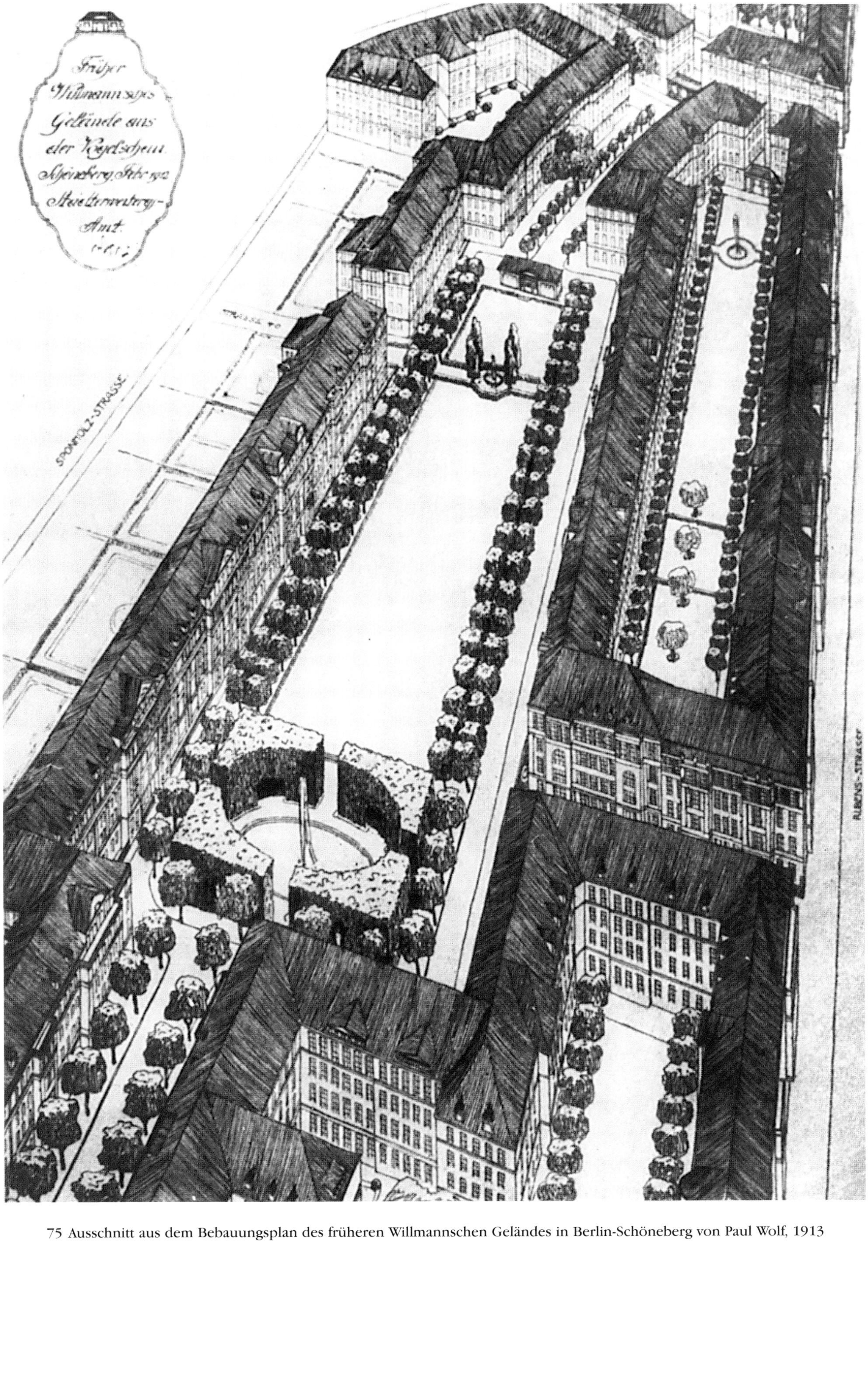

75 Ausschnitt aus dem Bebauungsplan des früheren Willmannschen Geländes in Berlin-Schöneberg von Paul Wolf, 1913

76 Wilhelmplatz und Hotel Kaiserhof von der Wilhelmstraße aus gesehen, 1909

orientiert peripher, ab. *Bayerischer Platz, Breitenbachplatz* u. a. (Abb. 74) stehen neben *Viktoria-Luise-Platz* und *Rüdesheimer Platz* für den repräsentativeren Schmuckplatztyp, der nun auch soziale Interessen berücksichtigt. Das *Hufeisen* in Britz oder auch die *Ceciliengärten* in Schöneberg (1924-26 von *H. Lassen*) (Abb. 75) zeigen Varianten, bei denen der Platz bereits in den Bereich des Wohnhofes übergeht und bei dem sich die Umkehrung der Beziehung Innenraum- Außenraum vollzieht. Die Bildung von Quartieren mit einem räumlich abgegrenzten Stadtplatz als städtebaulichem und sozialem Höhepunkt scheint der Geschichte anzugehören.

Der neue Großstadt- und Verkehrsplatz

Die Verlagerung großer Teile des städtischen Wohnens an den Stadtrand bewirkte eine langsame, strukturelle Entmischung der innerstädtischen Bereiche, die schließlich auch den traditionellen Stadtplatz in Frage zu stellen begann. Die Strukturentmischung zeigte sich besonders deutlich in der Friedrichstadt, wo die Konzentration von Geschäfts- und Verwaltungsbauten ganze Straßenzüge monofunktionalisierte. Der damit einhergehende Zuwachs des Fahrzeugverkehrs brachte eine sukzessive Veränderung der Platzflächen mit sich. Besonders auf dem *Leipziger* und dem *Potsdamer Platz,* aber auch am *Spittelmarkt,* eroberte der Verkehr immer mehr freie Fläche; begonnen hatte dies mit den Schienen der Pferdebahn, die zwar einen Teil der Plätze okkupierten, aber noch nicht zerstörten. Die Verbreiterung der Strassenquerschnitte sowie neue U-Bahneingänge beanspruchten weitere Flächen, wie das Beispiel des *Wilhelmplatzes* belegt. Die einstmals überladene Schmuckfläche, nach Durchstich der Voßstraße und dem Bau eines U-Bahneingangs 1908 in zwei Inseln zerschnitten, degenerierte zum Platzrudiment (Abb. 76).

77 Luftaufnahme Alexanderplatz, 1935

Excurs Alexanderplatz 2

1867 waren die Zollmauern gefallen und gaben damit die Entwicklung des bislang als Vorstadt behandelten Gebietes als Teil der Innenstadt frei. Die Bebauung der in die Staufläche einmündenen Straßen war in ihrer mehr zufällig erfolgten Form weitgehend abgeschlossen und hatte die amorphe Form endgültig versteinert. 1824 war mit dem Königstädtischen Theater darüber hinaus ein Anziehungspunkt entstanden, der dem Platz zusätzliche kulturelle Bedeutung gab. Von nun an waren die Begriffe Theater und Alexanderplatz untrennbar verbunden. Die Platzanlage selbst bestand noch immer aus zwei Bereichen, die ineinander übergingen: Den einen Bereich bildete der Paradeplatz vor dem Arbeitshaus (das später durch das Polizeipräsidium ersetzt wurde). Er war in sich räumlich gefaßt und von einer Doppelreihe Bäumen umgeben. Nach Norden hin offen, grenzte er an den anderen Bereich, der an der Königsbrücke begann, in deren oberen Bereich, parallel zur Straße, die eigentlichen Märkte abgehalten wurden. Drei in unmittelbarem Platzbereich angesiedelte Kasernen unterstrichen die Bedeutung der Stadtplätze jener Zeit als Alarm- und Exerzierplätze.

Doch Berlin veränderte sich rapide. Die Bevölkerung innerhalb des Weichbildes war von 288 900 Personen im Jahre 1838 auf fast 1,2 Millionen im Jahre 1882 angestiegen. Eine Bauordnung von 1853, die die Bebauung der Höfe sanktionierte, hatte der ungehemmten Überbauung der Grundstücke Vorschub geleistet. Die Anzahl der in einem Gebäude lebenden Personen war von 31,5 auf 73 gestiegen. Das System der Kopfbahnhöfe hatte eine zusätzliche Belastung des innerstädtischen Verkehrs mit sich gebracht, da das Umsteigen oder Umsetzen von Waren in der Regel quer durch die Stadt erfolgte. 1851 begann man mit dem Bau einer Ringbahn, die dem Lauf der Mauer folgend, die Bahnhöfe untereinander verband. 1878 folgte der Bau der Stadtbahn, mit der sich die Stadt auch in ost-westlicher Richtung durchqueren ließ. 1913 wurde der Alexanderplatz an das neue

U-Bahnsystem angeschlossen. Durch die 1886 erbaute Zentralmarkthalle wurde der Alexanderplatz zu einem der frequentiertesten Plätze dieser Zeit. Die umgebende Bebauung hatte ihren Charakter ebenfalls verändert. Die zweigeschossigen Häuser aus dem 18. Jahrhundert waren vier- bis fünfgeschossigen Neubauten gewichen. Polizeipräsidium, Stadtgericht und die Warenhäuser von Tietz und Wertheim wurden zu beherrschenden Bauten. Der Platz war nun nicht mehr länger als Markt- oder Exerzierplatz zu nutzen, er war - ins Zentrum rückend - zum Zentrum des tosenden Verkehrs der zwanziger Jahre geworden (Abb. 77).

1928, im Wettbewerb um die zukünftige Gestalt des Alexanderplatzes, forderte Mies van der Rohe die bauliche Konsequenz des strukturellen Wandels ein. Er stellte, hundertdreißig Jahre nachdem Gilly zum ersten Mal die Konsequenz aus den gewandelten Nutzungsaspekten einer Platzinnenfläche gezogen hatte, auch die Platzbegrenzung in Frage (Abb. 78). Anlaß bot eine erneute Umgestaltung des Platzes, die dem weiterhin zunehmenden Verkehrsaufkommen über und unter der Erde eher gerecht werden sollte. Der bereits vorhandenen U-Bahnlinie sollten zwei weitere hinzugefügt werden, die sich unter der Platzebene kreuzten und den Alexanderplatz damit zu einem großstädtischen und viergeschossigen Kreuzungsbauwerk überwiegend im Untergrund machten.

Die Neuplanung wurde von Martin Wagner, seit 1926 Stadtbaurat von Groß-Berlin, vorbereitet. Untersuchungen hatten ergeben, daß ein Kreisverkehr im Schnittpunkt Königstraße-Alexanderstraße die günstigste Lösung zu sein schien. Der Verkehr mündete aus fünf Straßen in den Platz ein und riß auch nachts nicht ab, da zu dieser Zeit die Zentralmarkthalle und der Viehhof an der Landsberger Allee versorgt wurden. Für die Platzrandbebauung ergab sich, von Wagner bereits formuliert, unter Beibehaltung der torartigen Einmündung der Rathausstraße die Form eines Hufeisens. Aufgefordert wurden Peter Behrens, Mies van der Rohe, die Brüder Luckhardt und Alfons Anker, Mebes und Emmerich sowie Schaudt und Müller-Erkelenz.

Von allen in den nächsten Jahren mit einem Gesamtaufwand von über 80 Millionen Reichsmark vorgesehenen Platzumbauten, die neben dem Alexanderplatz den Potsdamer Platz, den Auguste-Viktoria-Platz und den Blücherplatz am Halleschen Tor betrafen, wurde dem Alexanderplatz der Vorrang gegeben. Die Verkehrstechniker forderten einen Kreisverkehr mit einem

78 Alexanderplatzentwurf von L. Mies van der Rohe, 1928

Radius von fünfzig Metern. Eine axiale Anlage, die nach Ansicht des Magistrats nicht zu umgehen war, gehörte zu den Grundforderungen des Wettbewerbs. Ferner lagen ein Fluchtlinienplan von Wagner sowie sein eigener Vorentwurf vor, der eine starke Aufstockung der umgebenden Bebauung vorsah. Wagner forderte einheitliche Fassaden und einheitliche Traufhöhen im Kreis um die Verkehrsfläche. Zur S-Bahn hin erwartete er Hochhäuser. Da die fünf in den Platz einmündenden Verkehrsstraßen die Platzwand aufschlitzen mußten, schlug er darüber hinaus vor, die von Norden einmündenden Straßen, die Landsberger Straße sowie die Königstraße, in Höhe von drei Geschossen zu überbauen. Daß die Fußgänger dabei unter die Erde verbannt werden sollten, war kein Versehen. Wagner sah sie über der Erde nur unnötig gefährdet und entsprach mit dieser Vorstellung dem Zeitgeist, der im Verkehr nicht nur den Moloch, sondern zugleich auch das Symbol der modernen Großstadt erkannt hatte. Diese Auffassung begegnet uns auch noch nach dem Zweiten Weltkrieg, z.B. bei der Planung des Ernst-Reuter-Platzes.

Die Arbeit der Architekten Luckhardt & Anker, die einen geschlossen wirkenden, die Kreisform unterstützenden Entwurf vorlegten, erhielt den ersten Preis. Ein Bauriegel im Norden legte sich halbkreisförmig über die Landsberger Straße und die neue Königstraße, während im Süden die Alexanderstraße von zwei hohen Torbauten flankiert wurde (Abb. 79).

Die radikalste, in ihrer Tragweite nicht abzuschätzende Lösung, bot jedoch Mies van der Rohe, der sich über die traditionelle Auffassung des gewachsenen

79 Alexanderplatzentwurf der Gebrüder Luckhardt & Anker, 1928

Stadtraums hinwegsetzte. Er trennte Platz und Wand voneinander.

Zwar behielt Mies den Verkehrskreis bei, postulierte aber die Auffassung, daß dieser nicht den Charakter der Architektur bestimmen dürfe. Er gruppierte einzelne Bauten um den Platz, deren Massen er untereinander in Beziehung setzte. Alle Gebäude waren freistehend, ohne Höfe, jeder Raum sollte Licht, Luft und Sonne erhalten. Mit seiner Offenheit und Abwechslung für das Stadtbild war der Entwurf seiner Zeit weit voraus. Hilberseimer[80] *verteidigt den Bruch, den Mies im Sinne des Neuen Bauens mit dem gewachsenen Stadtbild vollzog: „Früher vergewaltigte die Architektur den Verkehr. Heute scheint das Umgekehrte der Fall zu sein. Trotzdem läßt sich denken, daß zwischen beiden durchaus eine Harmonie bestehen kann, die beiden vollkommene Freiheit zugesteht. Bei den Entwürfen für die Umgestaltung des Alexanderplatzes, die aus Verkehrsgründen notwendig ist, scheint auf den ersten Blick diese Harmonie vorhanden, Architektur und Verkehr durchaus zu ihrem Recht gekommen. Dringt man aber tiefer in das Problem ein, so ergibt sich, daß diese Architektur nur eine Fassadenarchitektur ist, die mit den dahinterliegenden Bauorganismen nichts zu tun hat. Die durch den Verkehr notwendige Kreisform ist auf die Platzwände zu übertragen, um so nach Art des Klassizismus eine geschlossene Platzwirkung zu erzielen, aus dem lockeren Gebilde wie der Alexanderplatz bisher war, eine feste architektonische Form zu machen. Hier muß die Frage aufgeworfen werden, ob die Bauflucht dem Verkehrsband parallel laufen muß oder ob beide relativ voneinander unabhängig sind. Der ideale Fall ist allerdings ihre Übereinstimmung. Bei der speziellen Gelegenheit jedoch scheint es, daß diese architektonische Form den Bau- und Straßenorganismus vergewaltigt, aus scheinbar architektonischen Gründen die architektonische Gestalt zerstört.“*[81]

Wirtschaftskrise und sofort einsetzende Bodenspekulation verhinderten die Realisierung der Gesamtlösung. Nur Alexander- und Berolinahaus wurden gebaut, so daß der Platz seine unregelmäßige Bebauung beibehielt. Als Folge konnte auch die Kreisform nicht umgesetzt werden. Statt dessen entstand ein begrüntes Oval, eine seichte Reminiszenz an den Schmuckplatz vergangener Tage. Das eigentliche Leben sollte auch nicht auf der Platzfläche stattfinden, sondern zwölf Meter unter der Erde. Eine Entscheidung, deren Konsequenzen damals nicht absehbar waren und die nicht ohne Folgen für die Städte blieb!

Excurs Potsdamer Platz 6

Eine ähnliche Entwicklung war beim Potsdamer/Leipziger Platz zu verzeichnen, der, wie der Alexanderplatz, als ehemaliger Doppelplatz durch den Wegfall der Akzisemauer, zu einem Stadtplatz avanciert war. Auch hier war es Martin Wagner, der in seiner Funktion als Stadtbaurat das Geschick des Platzes in die Hand nahm. Fotos aus der Zeit belegen eindrucksvoll das dort herrschende Verkehrsgetümmel, dem man 1925 mit der Errichtung der ersten Ampel Europas Herr zu werden versuchte (Abb. 80). *Unter den seit Auslobung des Wettbewerbs Groß- Berlin 1910 diskutierten diversen Vorschlägen sind zwei besonders interessant, da sie spätere Entwürfe präjudizieren: der vierte Preis des Wettbewerbs von 1910 von Havestadt, Contag, Schmitz und Blum, der am Schnittpunkt von Bellevuestraße und Potsdamer Straße bereits ein Hochhaus enthält* (Abb. 81), *sowie der 1925 von Hegemann und Lange gefertigte Entwurf einer halbkreisförmigen Straßenüberbauung, der Vorbild für die Alexanderplatzlösung wurde* (Abb. 82).

Grundsätzlicher Art werden die Überlegungen von Martin Wagner. Er äußerte sich 1929 in einem Aufsatz im Heft 2 der Zeitung „Das neue Berlin“ prinzipiell über den neuen Platztypus eines „Weltstadtplatzes“: „Ein Weltstadtplatz ist kein Kleinstadtplatz. Die Gestaltung eines Kleinstadtplatzes, eines Marktes, kann rein architektoni-

80 Luftaufnahme vom Potsdamer Platz, um 1935

schen Gesichtspunkten folgen und dennoch mit den nur zeitweise auftretenden Anforderungen an den Verkehr (Markt) nicht in Widerspruch treten. Der Weltstadtplatz ist eine fast dauernd gefüllte Verkehrsschleuse, der „Clearing"-Punkt eines Adernetzes von Verkehrsstraßen erster Ordnung... Organisch gestaltete Weltstadtplätze hat Europa bis heute noch nicht gesehen; auch Paris nicht. Will man ein Programm für die Gestaltung solcher Weltstadtplätze zusammenstellen, dann ließe sich hierüber folgendes sagen:

1. Der Verkehrsfachmann muß sich die Verkehrskapazität eines Weltstadtplatzes errechnen und diese Kapazität auf einen Verkehrszuwachs für die nächsten 25 Jahre einstellen. Die Verkehrskapazität eines Platzes ist wiederum eine Funktion der Verkehrskapazität der auf den Platz einmündenden Verkehrsstraßen. Beide stehen in unmittelbarer Wechselwirkung zueinander. Die Dimensionierung eines Weltstadtplatzes ist also in erster Linie eine Aufgabe des Verkehrstechnikers, der richtig rechnen und schätzen muß.

2. Mit dem Hinweis auf die beschränkte Lebensdauer eines Weltstadtplatzes ist auch zugleich angedeutet, daß die den Platz umgebenden Bauten keine bleibenden wirtschaftlichen wie architektonischen Werte besitzen. Kein Städtebauer oder Verkehrstechniker wird die Entwicklung des Verkehrs über die nächsten 25 Jahre hinaus einschätzen können. Aus Angst vor der steigenden Verkehrsbedeutung die Plätze in der Gegenwart zu groß anlegen, hieße Nationalvermögen vergeuden. Man wird darum in Zukunft mit einer mindestens 25 jährigen Amortisation aller Aufwendungen für Weltstadtplätze zu rechnen haben, um sie später nach neuen Anforderungen neu formen zu können.

3. Der Verkehr muß mit einem Höchstmaß von Beschleunigung, Stockungslosigkeit und Übersichtlichkeit über den Platz geleitet werden. Der Weltstadtplatz verlangt darum eine Differenzierung der Verkehrswege für den Schienenverkehr (Straßenbahn), Radverkehr (Autos) und den Fußgängerverkehr. Das Ideal eines Verkehrsplatzes ist eine Anlage, die die drei Arten des Verkehrs ohne jede Kreuzung und Niveauschneidung über den Platz führt (Rundverkehr in verschiedener Höhenlage).

5. Mit diesen Anforderungen wächst sich ein Weltstadtplatz zu einem hochqualifizierten und teuren technischen Bauwerk aus, dessen Kosten durch die den Platz umgebenden Bauten entweder ganz oder teilweise wieder aufgebracht werden müssen. Dem Fließverkehr auf dem Platz muß ein „Standverkehr" entgegengestellt werden, der die Konsumkraft der den Platz kreuzenden Menschenmassen festhält (Läden, Lokale, Warenhäuser, Büros usw.). Man kommt so zu einer Konzentration der Bauten, die sich in ihren „Fluchtlinien" den Ganglinien

81 Perspektivische Ansicht Leipziger / Potsdamer Platz,
4. Preis des Wettbewerbs Groß-Berlin von Havestadt & Contag,
B. Schmitz und O. Blum, 1910

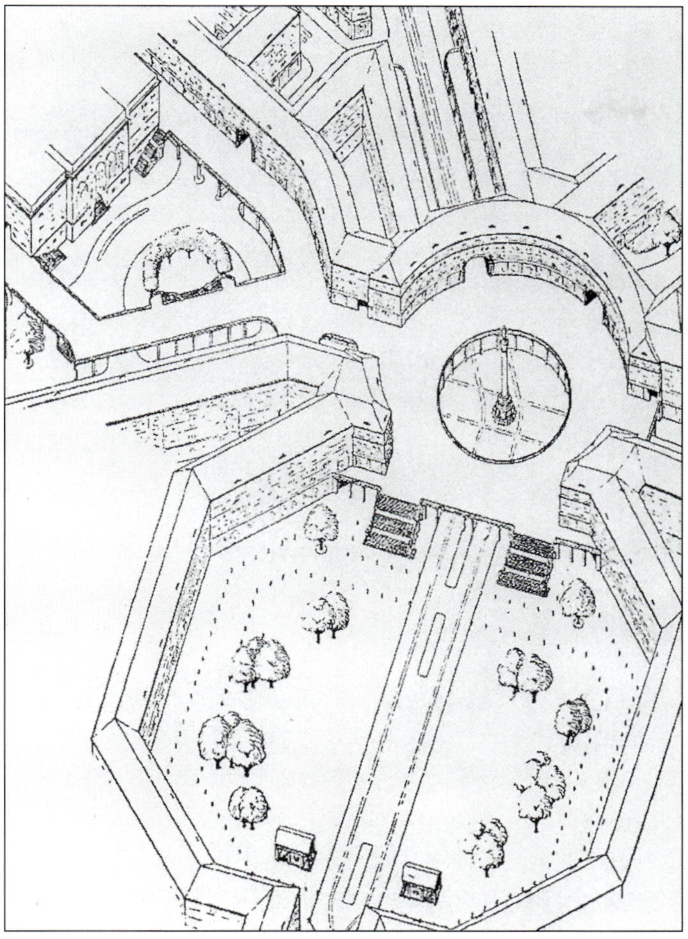

82 Vorschlag zur Neugestaltung des Potsdamer Platzes von Werner Hegemann und Oskar Lange, 1925

der Fußgänger, also der Konsumkraft, anzuschließen haben.

6. Diese Bedingung verkoppelt die Verkehrslösung mit der architektonischen Gestaltung. Klarste Formen, die während des Tages wie während der Nachtstunden ihre charakteristische künstlerische Wirkung ausüben, sind grundlegende Voraussetzungen des Weltstadtplatzes. Ein flutendes Licht bei Tage und ein herausflutendes Licht bei Nacht erzeugen ein gänzlich neues Gesicht des Platzes. Farbe, Form und Licht (Reklame) sind die drei Hauptbauelemente für neue Weltstadtplätze.

7. Man darf nicht vergessen, daß Weltstadtplätze Raumbildungen sind, die im Gegensatz zu dem Bandverkehr der geradlinigen Straßenzüge stehen. Der Weltstädter will diese Raumbildungen auch als solche empfinden. Die Überbauung einiger Verkehrsstraßen vom dritten Stockwerk ab hat darum ebensowenig mit einer „Abriegelung" dieser Verkehrsstraßen und ihres Hinterlandes zu tun, wie ein Bahnhof oder eine Schleuse das Hinterland abriegelt. Ein Weltstadtplatz ist Haltepunkt und Durchgangsschleuse in einer Form: Haltepunkt für die Konsumkraft und Durchgangsschleuse für den Fließverkehr." [82]

Wagner beteiligte sich im selben Jahr mit einem eigenen Vorschlag an der Diskussion und zeigte, wie ein „Weltstadtplatz" seiner Meinung nach auszusehen habe. Die beiden Plätze sind ineinander verschmolzen, das Achteck nur noch Zitat. Die Torhäuser sind verschwunden. Beherrschender Mittelpunkt ist ein rundes, mehrstöckiges Bauwerk mit einem Café in der obersten Etage. Diesmal darf der Fußgänger auf der Null-Ebene bleiben, dafür entsteht, alles für den kreuzungsfreien Verkehr, ein gewaltiges Brückenbauwerk. Beherrscht wird der Platz vom „Turmhaus", dessen Präsenz von nun an mit dem Begriff „Weltstadt" unzertrennbar verbunden scheint (Abb. 83). Mendelsohn, Breuer, Luckhardt & Anker beteiligten sich ebenfalls mit eigenen Vorschlägen, mehr an künftigen Bauaufgaben als an Verkehrslösungen interessiert. Nur das 1931 von Mendelsohn errichtete „Columbushaus" wurde realisiert. Die Tage des Platzes mit seiner weltstädtischen Prägung waren jedoch gezählt. Die Vorbereitungen des Baus der Nord-Süd-Achse und die Kämpfe des Zweiten Weltkriegs verwandelten das gesamte Areal in eine Ruinenlandschaft. Das Gedankengut Wagners, Hilberseimers und anderer bedeutender Protagonisten des „Neuen Bauens" jedoch war fortan nicht mehr aus der städtebaulichen Diskussion wegzudenken. Während der Zeit des Nationalsozialismus durfte es sich nicht entfalten, aber zwölf Jahre später sollte es erneut das Schicksal der Städte beeinflussen.

83 Modellfoto des Wagner-Entwurfes, 1929

Plätze im Nationalsozialismus

Die Auswirkungen der nationalsozialistischen Ideologie auf Architektur und Städtebau

Als zu Beginn der dreißiger Jahre die Nationalsozialisten in Deutschland die Macht übernahmen, hatte der seit Jahrzehnten währende ideologische Streit zwischen den Architekturauffassungen die Architektenschaft in zwei Hauptlager gespalten: in die Anhänger der „Neuen Sachlichkeit," die den internationalen Stil propagierten, und in die Anhänger der traditionellen Richtung, die im Werkbund den Ton angaben.

Seit der Jahrhundertwende waren in Berlin, insbesondere auf dem Sektor des gemeinnützigen Wohnungsbaus, Bauten von erstaunlicher Stilvielfalt entstanden. Doch bereits um 1930 registriert Anna Teut ein Nachlassen der innovativen Kräfte, das vor allem das „Neue Bauen" betrifft, eine Art roll back, das sich in einer Kräfteverschiebung zugunsten der konservativen, bodenständigen Architektur manifestierte. Ihre Vertreter gingen mit der allgemeinen politischen Entwicklung zunächst noch konform. *„Als die Notstandsregierung Brüning das sozial- und baugeschichtlich denkwürdige Wohnungsbauprogramm stoppt, verliert das ‚Neue Bauen' faktisch seinen letzten gesellschaftlichen Rückhalt. Wie Blätter im Wald fallen in dem ‚Sommer des Mißvergnügens' und im ‚Herbst der Panik' 1931 Halbherzige und Mitläufer von der republikanischen Konvention ab. Noch bevor der Nationalsozialismus imstande ist, sein Guillotine-Urteil zu vollstrecken, ist die ‚Neue Sachlichkeit' als offizieller Ausdruck tot, wenn sie auch als schmaler, kraftvoller Stamm fortlebt."* [1]

Die „Neue Sachlichkeit" als Ausdruck revolutionärer Baugesinnung wurde von den Nationalsozialisten abgelehnt und als „entartet" verfemt, im Gegensatz zu den Faschisten in Italien, die sich ihrer zunächst noch bedienten [2]. Das Bauhaus, über Deutschland hinaus bekannt, hatte so sehr an Einfluß verloren, daß auch nach der Ablösung *Meyers* als Direktor durch *Mies van der Rohe* die Schließung nicht verhindert werden konnte.

Im Einklang mit der offiziellen Auffassung des Nationalsozialismus gewannen die Vertreter konservativerer Bauauffassungen immer mehr an Boden. Sie konnten sich auf exponierte Vertreter wie *Behrens, Kreis, Tessenow, Troost, Schmitthenner* u. a. berufen, die das breite Spektrum der verschiedenen kon servativen Architekturströmungen der Weimarer Zeit verkörperten. *Behrens,* der 1909 zunächst die aufsehenerregende AEG-Turbinenhalle in Berlin-Moabit entworfen hatte, hatte 1912 mit der Deutschen Botschaft in Petersburg einen Bau geschaffen, dessen Anleihen an einen monumentalen Klassizismus unübersehbar waren. Auf der Suche nach einer adäquaten, einerseits revolutionären, andererseits aber auch Bodenständigkeit und Tradition widerspiegelnden Bauweise, in der sich der Nationalsozialismus auch baulich manifestieren konnte, wurde Friedrich Gilly als Vertreter des reinen Klassizismus zum Vorbild erkoren. *„Wir haben beide Extreme des Bauens, die nach vorgefaßtem Schema ‚Stil' schaffen wollten, hinter uns. Den Historismus, der äußere Formen vergangener Zeiten sinnlos anwandte, der Bahnhöfe und Fabriken entstehen ließ, die wie Schlösser und Burgen aussahen, der sogar Werkstein vortäuschte, wo er Putz verwandte. Und als anderes Extrem den Stil der ‚Neuen Sachlichkeit', auf den sich als Entschuldigung bestenfalls Goethes Ausspruch, ‚der törichste von allen Irrtümern ist, wenn junge Köpfe glauben ihre Originalität zu verlieren, indem sie das Wahre anerkennen, was von anderen schon erkannt worden', anwenden läßt."* [3]

Stil sollte sich, quasi als Nebenprodukt völkischen Bewußtseins, von selbst entwickeln.

Die kontroverse Diskussion der beiden Hauptströmungen der ersten zwanzig Jahre des Jahrhunderts war zugunsten der altliberal- konservativen Richtung entschieden worden, nur auf dem Gebiet des Industriebaus oder bei einigen Servicebauten der Reichsautobahnen wurde gelegentlich der Atem des ungeliebten *Neuen Bauens* noch spürbar.

Während für Gebäude in Kleinstädten und ländlichen Gebieten die Richtlinien der Heimatschutzbauweise leicht einzuhalten waren und logisch erschienen, mußten für die Architektur in den Zentren, vor allem für die Bauten des Staates oder die Bauten der „Bewegung" Kriterien entwickelt werden, die Hitler bereits 1924 grob formuliert hatte. In den Städten vor allem sollte sich die Größe der „Bewegung" und des Volkes zeigen. In einer seiner berüchtigten „Kulturreden" auf dem Reichsparteitag in Nürnberg [4] hatte er erklärt: *„Es ist unmöglich, den Monumentalbau des Staates oder der Bewegung in eine Größe zu bringen, die zwei oder drei zurückliegenden Jahrhunderten entspricht, während umgekehrt der Ausdruck der bürgerlichen Schöpfungen auf dem Gebiete des privaten oder gar rein kapitalistischen Bauens sich um das Vielfache verstärkt und vergrößert hat. Was den Städten des Altertums und des Mittelalters die charakteristischen und damit bewunderungswürdigen Züge verlieh, war nicht die Größe der bürgerlichen Privatgebäude als vielmehr die sich weit darüber erhebenden Dokumente des Gemeinschaftslebens ... Die Form, die äußere Gestalt der neuen Bauten geht aus ihrem Inhalt, ihrem Sinn und Zweck hervor. Diese Bauten dienen dem Volksganzen: Saalbauten, Theater und Feierräume. Diese sollen unsere neuen Stadtkronen, die Mittelpunkte unserer heutigen Städte sein."* Als Beweis für die Effizienz des nationalsozialistischen Bauprogramms und die Richtigkeit seiner Politik diente der Bau der Reichsautobahnen, bei dem sich wirkungsvoll Tausende von Arbeitslosen einsetzen ließen. Die Zahlen des öffentlich geförderten Wohnungsbaus der Weimarer Zeit wurden dagegen in der Zeit des Nationalsozialismus nicht annähernd erreicht. *Speer* schreibt in diesem Zusammenhang über seinen „Bauherrn": *„Die soziale Dimension war ihm gleichgültig."* [5]

In „Mein Kampf" hatte *Hitler* die Bedeutung des öffentlichen Raums analysiert. Er hatte primär als Kulisse der nach religiösem Zeremoniell ablaufenden Massenveranstaltungen zu dienen, und dementsprechend sollte er gestaltet werden. Den Architekten dafür hatte *Hitler* in *Speer* als Nachfolger *Troosts* bereits gefunden. *„Die Massenveranstaltung ist auch schon deshalb notwendig, weil in ihr der einzelne, der ... leicht der Angst verfällt, allein zu sein, zum erstenmal das Bild einer größeren Gemeinschaft erhält, was bei den meisten Menschen kräftigend und ermutigend wirkt ..., im Rudel fühlt er sich noch immer etwas geborgen. Der Mann, der zweifelnd und schwankend eine solche Versammlung betritt, verläßt sie innerlich gefestigt: er ist zum Glied der Gemeinschaft geworden."* [6] (Abb. 84)

Die schrittweise Einschränkung der Planungshoheit der Länder und Städte, in Berlin speziell im Zuge der „Germania"-Planungen, verdeutlicht die Entwicklung zum totalitären System. Sie wurde vor allem mit dem beginnenden Krieg gerechtfertigt und führte schließlich zur fast völligen Außerkraftsetzung der Legislative im Baubereich.

84 Reichsparteitag in Nürnberg: Die Marschkolonnen werden zum Bestandteil der Architektur

Unter dem Vorwand, das von *Hitler* verfaßte politische Manifest des Nationalso zialismus erfüllen zu wollen, kam dem öffentlichen Bauen fast sakrale Bedeutung zu. Anonymität und Maßstabslosigkeit der Bauten der „Bewegung" und des Staates vermitteln das Gefühl von Kälte und Verlorenheit, was gewollt war und den einzelnen motivieren sollte, sich der Masse anzuschließen. Auf Fotos von Planungen dieser Zeit sind nackte Bauten dargestellt ohne jede menschliche Bewegung, sieht man von statuenhaft erstarrten Wachsoldaten ab, oder die Bauten sind als Kulissen in die Choreographie der Führerverehrungsrituale von Massenveranstaltungen eingebunden. *„Aufgrund der Bedeutung der Massenver anstaltung als der wichtigsten nationalsozialistischen Herrschaftstechnik sind der große Aufmarschplatz und die Volkshalle die bedeutendsten Bauaufgaben. Ohne Rücksicht auf die historische Bausubstanz wird, wenn nötig, der notwendige Versammlungsraum geschaffen. Man erweckte auf diese Weise den Eindruck, als werde der städtische Raum, der vorher noch der kapitalistischen Verteilung und Nutzung unterlag, wieder Allgemeinbesitz. Die Stadt schien nicht länger nur Wohn-, Geschäfts- und Arbeitsraum, sondern auch wieder Lebensraum einer Gemeinschaft geworden zu sein."* [7]

Die Platzanlagen jener Epoche präsentieren sich als Abbild der nationalsozialistischen Ziele, die breite Straßen und Plätze als wichtige Elemente zur Umsetzung ihrer politischen Ideen erkannt und eingesetzt hat (Abb. 85).

85 Blick über den Pariser Platz, vom Brandenburger Tor aus gesehen, 1937

Die Renaissance des Aufmarschplatzes

Im 1924 erschienenen vierten Teil des „Handbuches der Architektur. Der Städtebau" hat sich *Josef Stübben,* weitergehend als vor ihm *Sitte* oder *Brinckmann,* um konkrete Rezepturen für den künftigen Umgang mit Stadtplätzen bemüht [8]. Dem Trend der Zeit nach Vereinfachung folgend, geriet er dabei an ein Thema, das bis in die Gegenwart emotional und kontrovers diskutiert wird: der ökologische Nutzen kleinerer innerstädtischer Frei- und Restflächen, zu denen die überwiegende Zahl der Berliner Plätze gezählt werden muß. Das Freimachen der inneren Bereiche vom hochstämmigen, z. T. üppig gewachsenen Grün und den wuchtigen Skulpturen speziell aus wilhelminischer Zeit, die ihre Benutzbarkeit erheblich einschränkten, fand schließlich Eingang in die Überlegungen der Planer, die dabei - nicht uneigennützig - von den Verkehrsplanern unterstützt wurden [9] (Abb. 86, 87).

1928 zeigten diese Bestrebungen erste Erfolge, als der *Opernplatz,* Mittelteil des ehemaligen *„Forum Fri-*

86 Platz am Opernhaus, im Hintergrund die Universität, 1903

dericianum", von der erdrückenden Last des Grüns befreit, eingeebnet und gepflastert wurde. Noch bevor *Albert Speer* mit seinen Plänen für den Ausbau Berlins zur europäischen Haupttstadt „Germania" hervor trat, mit ihrer *„einzig auf den Mittelpunkt bezogenen Stadtarchitektur, deren Vorbilder die Prozessionsstraßen, Triumphtore und Kolossalbauten der Ägypter, Babylonier und Römer waren"* [10], begann man 1934 auf mehreren Berliner Plätzen mit umfassenden Veränderungen.

Bedingt durch seine Anbindung an die Reichskanzlei, erhielt der *Wilhelmplatz* Vorrang (Abb. 88). Der unmittelbare Anlaß zu dieser Bevorzugung war allerdings der Wunsch *Hitlers* nach einem „Führerbalkon", den *Albert Speer* ihm an die Ostwand der alten Reichskanzlei klebte. Der „Führerbalkon" war notwendig, weil Hitler fürchtete, beim Beugen aus dem Fenster seine Feldherrnmütze zu verlieren. Die durch den zu erwartenden Massenandrang gefährdeten Grünanlagen ebnete man kurzerhand ein und pflasterte die Fläche. Das vom *Opernplatz* bekannte Raster, bestehend aus schmalen, hellen, rechtwinklig

88 Wilhelmplatz im abgeräumten Zustand nach 1934

zueinander stehenden Granitplattenstreifen, deren etwa vier mal vier Meter messende Innenfelder mit dunklerem Kleinmosaik aufgefüllt waren, kam in einer Variante aus Granitplatten zur Ausführung. Die Standbilder, ursprünglich an Ecken und Rändern der Innenflächen postiert,

87 Kaiser-Franz-Joseph-Platz (Opernplatz), um 1933

89 Der Lustgarten vor 1934

mußten an die Ostseite weichen, wo sie nun einträchtig nebeneinander standen.

1935 wurde der Berliner Lustgarten durch *Georg Krecker* zur Aufmarschfläche des „Großdeutschen Reiches" umgebaut. Infolge der gegen Ende des 19. Jahrhunderts veränderten Führung der Kaiser-Wilhelm-Straße über die Ostseite des Platzes hatte dieser seinen direkten Bezug zum Schloß verloren und war statt dessen zum Vorplatz des Museums geworden. Granitschale, Springbrunnen und das Reiterstandbild *Friedrich Wilhelms III.* mußten weichen, da eine große Freifläche für Kundgebungen geschaffen werden sollte. Für derartige Veranstaltungen ließ sich die große Freitreppe vor dem *Schinkelschen* Museum als erhöhte Proszeniumsloge verwenden, von der aus Führer und Gefolge die „Huldigungen" entgegennahmen. Die durch Freilassen eines Mittelgangs frontal auf die Treppe zuführende Hauptachse wurde durch Fahnen und Standarten betont, hinter denen Dom und Baumreihe verschwanden. *„Stärker als im Innenraum werden auf Plätzen die Aufmarschachsen und Aufmarschfelder markiert. Bevorzugt wird die rechtwinklige Platzanlage, weil sie sich besser als die ovale Stadionform dazu eignet, hierarische Ordnungsvorstellungen zum Ausdruck zu bringen. Beim Aufmarsch der Kolonne - u. a. der SA, SS, der Hitlerjugend und der Arbeiterfront - reiht sich Formation an Formation, sie sind in strenger Geometrie auf den Führer ausgerichtet. Die Mitte des Platzes ist als breite Straße freigelassen."* [11] (Abb. 89, 90)

Wie *Wilhelmplatz* und *Lustgarten* veränderte auch der *Gendarmenmarkt* sein Erscheinungsbild, indem er in der Mitte abgeräumt und gepflastert wurde. Auch der *Vorplatz der Technischen Universität,* bevorzugte Paradefläche der Frühzeit des Nationalsozialismus, wird charak-

90 Der freigeräumte Lustgarten, 1939

teristisch verändert. 1939 schreibt Albert Speer im *„Völkischen Beobachter“*: *„Der Vorplatz der Technischen Hochschule wurde anläßlich der großen Parade vor dem Führer und dem Duce bereits 1937 von den Bäumen befreit, die das große Gebäude der Technischen Hochschule fast völlig verdeckt hatten. Inzwischen ist nunmehr dieser Platz auf der Seite des Hochschulgebäudes endgültig neugestaltet und bildet einen würdigen Hintergrund für die Wehrmachtsparaden am 50. Geburtstag des Führers. Gegenüber der Hochschule sind*

91 Reichsparteitag in Nürnberg auf dem Zeppelinfeld mit dem Speerschen Lichtdom, 1934

bereits einige Gebäude gefallen, welche dem großen Neubau des Ärtztehauses Platz machen müssen.“ [12]

Das Verlangen nach szenarischer Überhöhung, das analog den papiernen Triumphbögen des Barocks im aus Holz und Pappe gefertigten Straßenschmuck seine Renaissance erfuhr, gipfelte in *Speers* Lichtarchitektur, mit der er 1934 das Nürnberger Zeppelinfeld ausstattete. Mit Hilfe etwa dreihundert Meter senkrecht in den Himmel strahlender Flakscheinwerfer formte er über dem Rand des Stadions einen Lichtdom, eine Reminiszenz an frühmittelalterliche gotische Kathedralen. *Speer* erreichte mit diesem Arrangement eine neue Dimension der Raum bildung, die erst in neuerer Zeit durch den Einsatz von Lasern und Filmscheinwerfern wieder aufgenommen wurde. Er verlagerte das Raumerlebnis in die Unendlichkeit des Himmels (Abb. 91).

Die Monumentalplanung „Germanias“

Weitere, vor allem maßstäbliche Veränderungen widerfuhren den Berliner Stadtplätzen durch den Willen *Hitlers,* Berlin zur Metropole des *„Großdeutschen Reiches“* auszubauen. *„Hitler glaubte mir erklären zu müssen, daß sich die Größe von Versammlungshallen an den Vorstellungen des Mittelalters ausrichten solle. Das Ulmer Münster, so meinte er beispielsweise, habe 2500 qm Fläche; als man es im XIV. Jahrhundert zu bauen begann, hätten mit Kindern und Greisen aber nur 15 000 Menschen in Ulm gewohnt. Also konnten sie den Raum nie füllen, demgegenüber ist für die Millionenstadt Berlin eine Halle für 150 000 Personen klein zu nennen.“* [13]

Speer konzipierte 1937 eine an ihren Enden von Kopfbahnhöfen begrenzte Nord-Süd-Allee, deren Seiten von Bauten der Regierung und der Verwaltung gesäumt werden sollten. Die Realisierung dieses Vorhabens, dessen Megalomanismus nach *Speers* eigenem Bekunden mit demokratischer Baugesinnung kaum zu vereinbaren gewesen wäre, hätte tiefgreifende strukturelle Veränderungen verlangt, für die die bestehenden Baugesetze unzulänglich waren und zum Teil hätten außer Kraft gesetzt werden müssen. So waren konkrete Maßnahmen erst möglich, nachdem sich der Nationalsozialismus in Deutschland soweit konsolidiert hatte, daß Eingriffe dieser Art ohne nennenswerten Widerspruch hingenommen wurden. *„Dem Generalbauinspektor wurde 1940 auch die Aufstellung des Wohnungsbauprogrammes übertragen,*

92 Berlin: Neugestaltung der Hauptstadt, Stich von Alexander Friedrich, um 1940

und im Laufe der Jahre werden ihm über die ursprüngliche Achsenplanung hinaus tatsächlich alle Planungsaufgaben zugewiesen, die Stadtplanung überflüssig.“ [14] (Abb. 92)

Obwohl bis auf einen Teil des *Runden Platzes* nur der vergleichsweise ‚harmlose‘ und architektonisch gelungene *Große Stern* realisiert wurde, geben die „Germania“-Planungen interessante Einblicke in die städtebaulich-architektonischen Absichten der nationalsozialistischen Machthaber und in die Rolle, die sie den Stadtplätzen zugedacht hatten. Im Kreuzungspunkt von Nord-Süd- und Ost-West-Achse, dort, wo sich der *Königsplatz* befunden hatte, sollte vor der Großen Halle, die einen

93 Modellansicht des „Großen Platzes“ über den Pariser Platz hinweg gesehen, Planfassung von 1939

Kuppeldurchmesser von 250 Metern und ein Fassungsvermögen von 180 000 Personen hatte, ein gewaltiges Forum entstehen. Ihm entsprach in seinem Gigantomanismus der Vorplatz des südlichen Kopfbahnhofes, der eine Länge von fast einem Kilometer erreichen sollte, um, wie *Speer* es später selber formulierte, die Besucher der Stadt förmlich zu erschlagen (Abb. 93).

Großer Stern

Bis zur Fertigstellung der Nord-Süd-Achse sollte die auf fünfzig Meter verbreiterte Charlottenburger Chaussee auf einer Länge von sieben Kilometern als Prozessionsstraße dienen. Hierzu mußte der kleine ovale Platz im Tiergarten, der schon zu Lebzeiten *Friedrichs I.* angelegt worden war und von dem aus strahlenförmig fünf Wege ausgingen, erheblich vergrößert werden. Gleichzeitig begannen die Vorarbeiten auf dem *Königsplatz,* indem Denkmale und Siegessäule entfernt wurden. Die Siegessäule fand am *Großen Stern* ihren neuen Standort auf dem nun kreis runden, auf einen Durchmesser von 200 Metern vergrößerten Platz, wobei gleichzeitig die Chance genutzt wurde, einen alten Proportionsmangel durch Hinzufügen einer Trommel auszugleichen. Die restlichen Standbilder des Königs platzes wurden rund um den *Großen Stern* in die Grünzonen des Tiergartens verlegt und durch Stichwege vom Platz aus zugänglich gemacht (Abb. 94).

94 Blick auf den Großen Stern mit Siegessäule Richtung Westen, jetziger Zustand

95 Modellansicht des Runden Platzes mit dem Brunnen von Arno Breker

Runder Platz

Beginnen sollte der Ausbau der Nord-Süd-Achse auf dem vergleichsweise nur spärlich bebauten Gelände südwestlich des *Potsdamer Platzes,* am späteren *Runden Platz,* der als Kernstück der Planung einem Durchmesser von 210 Metern erhalten sollte. Wie im gesamten Verlauf der Achse sollten hier vorrangig Bauten der Verwaltung entstehen, deren Form und äußere Gestaltung den Vorstellungen nationalsozialistischer Repräsentationsarchitektur entsprachen. Die sechs in einen Kreisverkehr mündenden Straßen wurden in der Mitte um ein Wasserbecken mit einem Durchmesser von 80 Metern herumgeführt. Im Zentrum des Beckens stand ein Treppenrondell mit einer Quadriga von Arno Breker, von Fontänen und allegorischen Figuren umgeben. Zwar hatten Röttcher und Dierksmeier, die auch das Haus des Fremdenverkehrs realisierten [15], einen engeren Wettbewerb zur Ausgestaltung des Platzes und seiner Gebäude für sich entscheiden können, doch die künstlerische Oberleitung blieb dem Generalbauinspektor vorbehalten, der an derart exponierter Stelle keine Abweichung von den Gestaltungsgrundsätzen nationalsozialistischer Architektur dulden wollte. Für alle den Platz tangierenden Bauten läßt sich eine einheitliche Tendenz feststellen, nach der die Fassaden gestaltet sind: Im Erdgeschoß, zum Platz und zu den Straßen hin vorspringende, ca. vier Meter hohe Arkadengänge mit auf halbrunden Bögen ruhenden Stützen; zum Platz hin Betonung der vertikalen Fassadengliederung durch über zwei Geschosse reichende, hochrechteckige Fenster, die an die überhohen Kulissenfenster der Königlichen Bibliothek *Friedrichs II.* aus dem 18. Jahrhundert erinnern. Die noch verbleibenden zwei Geschosse lagern sich mezzaninartig darüber, durch Kranzgesimse von überhohen Attiken abgesetzt. Auch hier waren die für die äußere Gestalt der nationalsozialistischen Bauten obligatorischen Verkleidungen aus Natursteinplatten angebracht, die im Zusammenhang mit der Vertikalstruktur der Fassade den kalten und abweisend unpersönlichen Charakter dieser Gebäude erzeugten.

Von den weiteren am *Runden Platz* geplanten Gebäuden, dem Kasino des Ober kommandos des Heeres, dem Thüringerhaus, dem Haus der Kameradschaft der Deutschen Künstler, einem Gebäude der Allianz-Versicherung und einem Ufa- Uraufführungstheater, gelangte keines über das Planungsstadium hinaus (Abb. 95). Die Vorbereitungen der Baumaßnahmen führten zu Baustopps und Abrissen im gesamten Gelände westlich des *Potsdamer Platzes.* Mit den Bombenangriffen auf das Regierungsviertel und den Abrissen für den Mauerbau nach dem Kriege verwandelte sich das Gebiet endgültig in eine städtebauliche Brache.

Flughafenplatz

Der heutige *Platz der Luftbrücke,* zum damaligen Zeitpunkt noch *Flughafenplatz* genannt, wurde von *Ernst Sagebiel* in Zusammenhang mit dem Flughafenneubau geplant. In den Jahren 1936 bis 1939 wurde die gewaltige, hufeisenförmige Anlage dann ausgeführt. Zur Fassadengestaltung sagt *Hans Joachim Stark: „Die Baukörper blieben abstrakt blockhaft, die Wände glatt, der Umriß knapp. Soweit kann man also von einer Nachwirkung der Neuen Sachlichkeit sprechen. Entscheidend für den Eindruck sind die ungegliederten, mit fugenlos verlegten Platten verkleideten, kahl wirkenden Wände und die in diesen Wänden gleichsam schwimmenden hochrechteckigen Fenster: durch beides wird Spannungslosigkeit hergestellt“* [16].

96 Flughafen Berlin-Tempelhof, Architekt: Ernst Sagebiel, 1935 - 39, Modellaufnahme

In der Mitte des Platzes war eine Freifläche vorgesehen, deren Ränder plastischen Schmuck erhalten sollten. Durch eine Verbindung zum Kreuzberg-Monument *Schinkels* sollte eine weitere Steigerung erzielt werden: Sich an der Geschichte orientierend, sah *Speer* hier eine Variante der Prozessionsstraße *Nebukadnezars* vor, die Platz und Monument miteinander verbinden sollte. In direkter Ausrichtung auf das Portal des Flughafengebäudes wäre sie, aus Nordwesten kommend, über eine Freitreppe zum Platz hin abfallend verlaufen. Auch entsprechender Figurenschmuck war vorgesehen, die Freitreppe sollten Obelisken säumen. Schließlich gelang es *Speer,* die gesamte Anlage in die späteren Planungen der Nord-Süd-Achse einzubeziehen, indem er sie durch einen sanften Bogen an den unteren Teil der Achse anschloß (Abb. 96).

Fehrbelliner Platz

Wie am *Flughafenplatz* in Tempelhof werden speziell am *Fehrbelliner Platz* in Wilmersdorf die monumentalen Gestaltungsvorstellungen nationalsozialistischer Herrschaftsarchitektur nachvollziehbar. Der ursprüngliche Platz, in einem Bebauungsplan von 1914 noch in dreieckiger Form angedeutet, erhielt seine halbrunde Form 1935 durch *Otto Firle,* der einen Wettbewerb für den Bau des Nordsterngebäudes [17] für sich entscheiden konnte und dabei die charakteristische konkav geschwungene Platzwand entwarf. An den 1935/36 vollendeten Bau *Firles* schloß sich westlich der 1938 fertiggestellte Bau der Reichsgetreidestelle an, dem 1941 bis 1943 das Gebäude der Deutschen Arbeitsfront, den Halbkreis schließend, folgte.[18]

Diese Konzentration von Verwaltungsbauten an einem Platz läßt ahnen, welchen abweisenden Eindruck die Bauten und Ensembles der Nord-Süd-Achse hinterlassen hätten: *„So war der Fehrbelliner Platz kein Stadtplatz im Sinne eines Brennpunktes vielseitigsten öffentlichen Lebens geworden, sondern mit seinen leblosen Verwaltungsbauten selbst ein Monument totalitärer Herrschaft.“* [19] Pfeiler-Arkaden, in den Planungen des Runden Platzes und in abgewandelter Form auch als Gehwegüberdachung an den Kopfenden der Bauten des *Flughafenplatzes* erkennbar, gehören zu den primären Gestaltungselementen. So überbauen am *Fehrbelliner Platz* sämtliche konkaven Fronten die Bürgersteige, wodurch eine optische Zusammenziehung der durch die Straßen getrennten Gebäude erreicht werden soll (Abb. 97).

Zum Glück für die Stadt blieben die meisten Planungen der nationalsozialistischen Ära unausgeführt.

97 Blick auf den Fehrbelliner Platz, 1985

Plätze in einer geteilten Stadt

Zur politischen und wirtschaftlichen Ausgangssituation nach 1945

Die Kapitulation der deutschen Wehrmacht am 8. Mai 1945 machte dem Krieg ein Ende, in dem die Zivilbevölkerung und die Städte gleichermaßen der Vernichtung preisgegeben worden waren. Berlin, noch im letzten Moment zur Festung erklärt, war in den letzten Kriegstagen und- wochen zum Hauptangriffsziel geworden, da sich hier die Führung des „Dritten Reiches" verschanzt hatte und mit absurden Durchhalteparolen das Ende hinauszuzögern versuchte (Abb. 98). Die Zerstörungen in Berlin waren gigantisch: Ein Drittel des Vorkriegswohnungsbestandes war entweder vernichtet oder unbewohnbar, wobei sich der Grad der Zerstörung in den einzelnen Bezirken stark unterschied. Neukölln als dicht besiedelter Innenstadtbezirk war mit 15 Prozent relativ gering betroffen, während der Außenbezirk Steglitz zu 45 Prozent zerstört war.

Ungeachtet der Bemühungen, die Rückkehr der Zivilbevölkerung in die Stadt zu stoppen, nahm der Strom der zurückziehenden Menschen beängstigende Formen an und trug zusätzlich zur Verschärfung der Wohnraumsituation bei. Der Wiederaufbau, der Versuch, mit bescheidensten Mitteln die verbliebenen Gebäude wieder bewohnbar zu machen, wurde durch die extrem kalten Winter der ersten Nachkriegsjahre behindert. Die Beseitigung der dringendsten Nöte stand dabei zunächst im Vordergrund, während planerische Überlegungen zu einem kontrollierten Wiederauf- bzw. Neubau der Stadt erst einmal vertagt werden mußten. Die überlebenden Architekten, vor allem jene, die als Vertreter des „Neuen Bauens" von den Nationalsozialisten zu weitgehender baulicher Abstinenz oder gar zur Emigration gezwungen worden waren, aber auch viele Epigonen der Ära *Troost* und *Speer* [1] sahen in den in Schutt und Asche liegenden deutsche Städten die Chance zu einem Neubeginn nach den bereits vor dem Weltkrieg formulierten Grundsätzen eines modernen Städtebaus. Teilweise lagen auch Grundüberlegungen und Konzepte aus Baustäben vor, die sich bereits in den letzten Kriegsjahren mit dem Wiederaufbau der zerstörten Städte befaßt hatten.

Die realen politischen und wirtschaftlichen Verhältnisse der in vier Sektoren geteilten Stadt ließen zunächst keine geregelte Planung zu. Alle weitergreifenden Überlegungen verblieben im Bereich theoretischer Auseinandersetzungen. Erst nachdem die drei westlichen Alliierten für sich die Grundzüge einer neuen Deutschlandpolitik formuliert hatten, stabilisierten sich seit 1947 mit dem Marshall-Plan und seit Juni 1948 mit der Währungsreform die Verhältnisse zumindest in den Westzonen. Mit der Blockade Berlins vom Juni 1948 bis zum Mai 1949 manifestierten sich die Auseinandersetzungen zwischen den sich formierenden Blöcken in einer ersten „heißen" Phase des Kalten Krieges. Die nun quasi besiegelte Teilung Berlins in drei westliche und einen östlichen Sektor entzog einem koordinierten und von einem einheitlichen Konzept getragenen Wiederaufbau die Grundlage. Statt gemeinsam zu planen, dachten beide Teile jeweils für die andere Seite mit, die Umsetzbarkeit der Vorhaben einzig am politischen Alleinvertretungsanspruch messend. Die umfassende Neuordnung des „Steinernen Berlins" blieb aus.

Die Neuordnung städtischer Funktionen unter dem Diktat der Verkehrsplanung

Erste Planungsaktivitäten wurden im wesentlichen von zwei Konzepten bestimmt. Das war zum einen der von einer Gruppe um *Hans Scharoun* entwickelte so genannte *„Kollektivplan"*, der zwar die überlieferte Stadtstruktur in abstrahierter Form nachzeichnete, jedoch durch parallel zur Spree angeordnete, hierarchisch gegliederte Funktionsbänder ein von bisherigen Überlegungen abweichendes Stadtsystem entwarf (Abb. 99). Das traditionelle Radialsystem, wichtiger Bestandteil in den vorangegangenen Planungen *Jansens, Mächlers* und *Speers,* sollte durch ein großmaschiges Rasternetz ersetzt werden, welches die den Spreelauf begleitenden Zonen von Wohnen, Industrie und Freiflächen erschloß und miteinander verband: *„... das sog. Kollektiv läßt sich in die Jahre vor 1933 zurückverfolgen und gibt der Entwicklung die ideelle Kontinuität. Mitglieder des Kollektivs Scharoun,*

98 Luftaufnahme der Kreuzung Oranienstraße mit Waldeckpark, um 1945

Ebert, Selmamagic, Friedrich waren schon in den endzwanziger Jahren teilweise untereinander und mit Wagner, Hilberseimer, Gropius, Mächler, Heiligenthal bekannt. Sie standen überwiegend dem Bauhaus und Werkbund nahe und lebten in Berlin, arbeiteten bis auf Wagner und Heiligenthal nicht in der Verwaltung." [2]

Die Konzepte des Plankollektivs hätten wohl zu einem sehr weitgehenden, fast völligen Umbau der Berliner Stadtstruktur führen müssen. Dagegen wurde Kritik geäußert, deutlicher von bestehenden Verkehrslinien auszugehen. Daher wurde ein zweiter Planungsansatz, der auf Bezirksebene erarbeitete und danach benannte „Zehlendorfer Plan", von einer Arbeitsgruppe um *Görgen, Moest* und *Hildebrand* in die Diskussion eingebracht. Der Plan, bereits im Mai 1945 initiiert (!), übernahm auch Teile des *Speerschen* Verkehrskonzeptes, wodurch er einen faden Beigeschmack erhielt. Er schien sich direkter mit den Verkehrsproblemen auseinanderzusetzen als der Kollektivplan: „*Gerade in der Einschätzung der Zukunft und in der unterschiedlichen Beurteilung der vorhandenen Werte sah man den Unterschied zur Gruppe Scharoun. Beide Gruppen glaubten sich ferner dadurch unterschieden, daß Moest der Verkehrsplanung expr. verbis die Schlüsselstellung im stadtplanerischen Entwurf zuwies. In praxi hatte das Kollektiv sehr ähnlich gehandelt. Der Unterschied bestand also nicht darin, daß man Verkehrsplanung betrieb, sondern aus welchen Zielen sie abgeleitet war.*" [3]

Die Vorrangstellung, die der Verkehrsplanung als Subdisziplin der Stadtplanung in immer größerem Umfang eingeräumt wurde, kam keinesfalls überraschend. In nahezu sämtlichen großstädtischen Planungen des 19. und 20. Jahrhunderts ist dies als Trend erkennbar, legitimiert durch ständig steigende Zuwachsraten des individuellen und öffentlichen Verkehrs. Die Ausdehnung

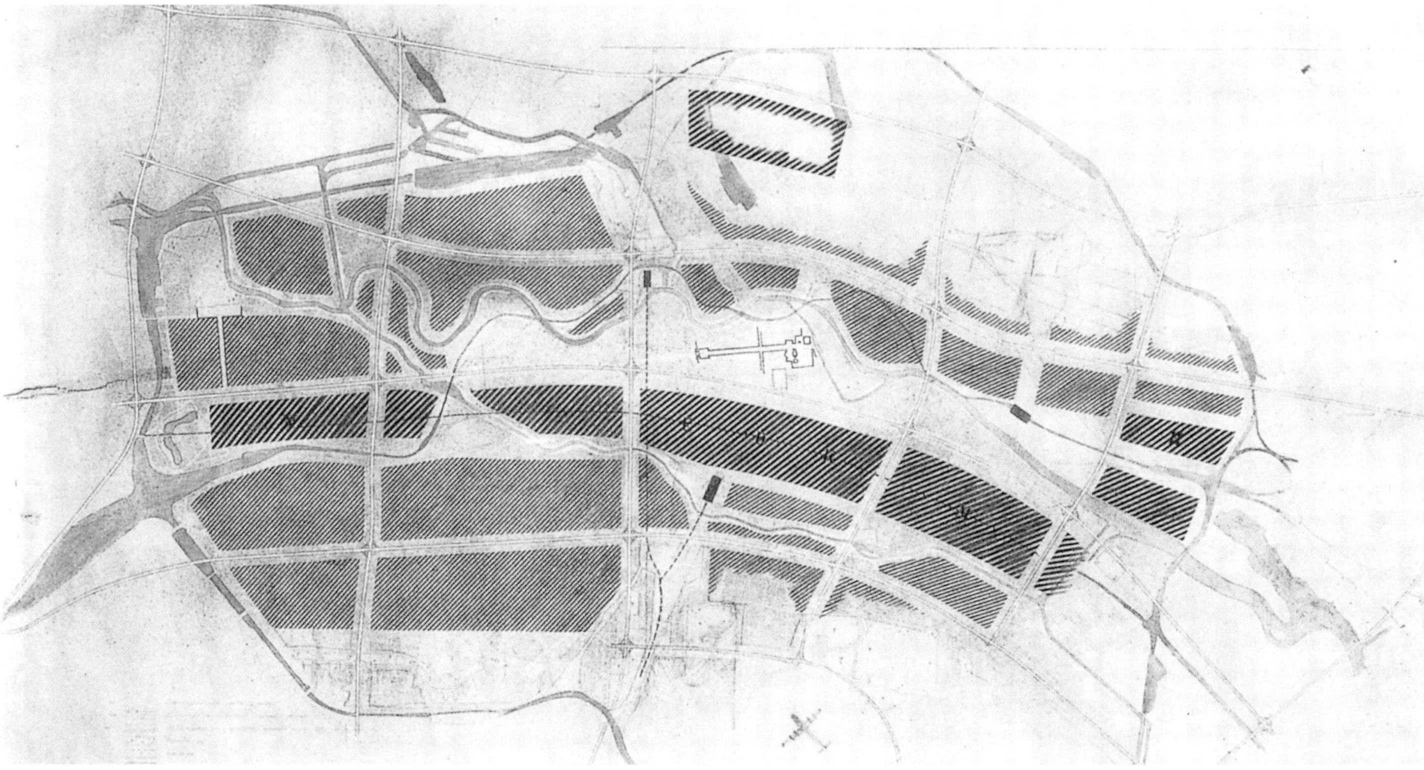

99 Vorschlag einer Neuordnung Berlins mit Schnellstraßenraster von Hans Scharoun, 1946

des Weichbildes der Stadt und die daraus resultierenden immer größeren Entfernungen forcierten diese Entwicklung. Seit den Planungen *Hobrechts* und *Schmidts,* bei denen technisch-funktionalen Gesichtspunkten der Vorrang vor ästhetischen eingeräumt worden war, wurden die Berliner Planungen immer weniger von stadträumlich- künstlerischen Überlegungen bestimmt. Die Fülle technischer Probleme der Großstadt, die es zu bewältigen galt - ob die Anlage eines Kanalisationssystems oder die möglichst konfliktfreie Führung des Verkehrs durch die Innenstadt - wurden die bestimmenden Kriterien der Stadtplanung.

Beide Planungen, die des „Kollektivs" wie die der „Zehlendorfer Gruppe", blieben ohne konkrete bauliche Folgen. Sie wurden 1948 durch einen Plan von *Paul Bonatz ergänzt. Bonatz* war im ersten rechtmäßig gewählten Berliner Magistrat Nachfolger von *Hans Scharoun* geworden, der sich bereits nach einem Amtsjahr gezwungen sah, zurückzutreten. Der *„Bonatzplan"* enthielt wesentliche Elemente seiner beiden Vorgänger (Abb. 100). Die Belange des Verkehrs standen wiederum deutlich im Vordergrund. Das Kreuz stadtdurchquerender Hauptstraßen, ein Element des „Zehlendorfer Plans", war zugunsten eines Cityrings aufgegeben, so daß der Plan, ohne explizit dem *Scharounschen* Konzept der Bandstadt zu folgen, der Netzform des Kollektivplans angeglichen war. Obwohl *Scharoun* mehrfach die Berücksichtigung der historischen Stadtstrukturen gefordert hatte, worunter er aber wohl mehr die museale Konservierung einiger historisch wertvoller Ensembles der alten City verstand, kennzeichnet gerade eine weitgehende Negierung der gewachsenen Strukturen den „Kollek-

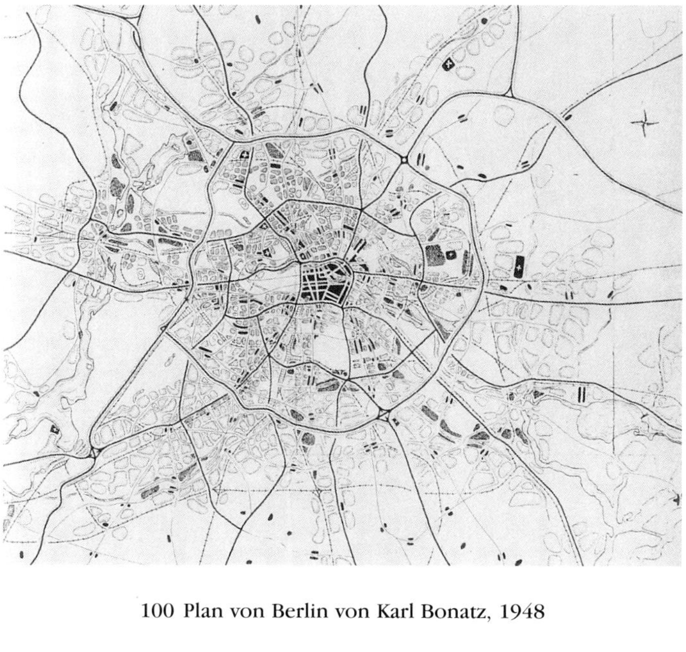

100 Plan von Berlin von Karl Bonatz, 1948

tivplan". Räumlich klar definierte Straßen- und Platzräume wurden zugunsten der aufgelockerten Bauweise aufgegeben.

Die breite Akzeptanz des Vorrangs der Verkehrsplanung, den es auf politischer wie planerischer Ebene gab, hatte sich schon zu *Martin Wagners* Zeiten als Stadtbaurat angekündigt. Vor dem Hintergrund der spezifischen Bedingungen der Nachkriegszeit wird sie nun scheinbar zwingend. Die verantwortlichen Planer sahen die Chance zum modernen, hygienischen Städtebau, zu dem als Essential die Neuordnung städtischer Funktionen gehörte. Damit war insbesondere eine räumliche Trennung von Gebieten für Wohnen und Arbeiten gemeint. Die letztlich stadtzerstörenden Wirkungen, die von diesen Vorgaben ausgingen, konnte man noch nicht erkennen. Die Orientierung der Planer an westlichen, vor allem amerikanischen Vorbildern und die häufigen Reisen einflußreicher Politiker in die USA, die an Ort und Stelle begeistert die technischen Wunderwerke des Straßenbaus begutachteten, dürften ein Übriges dazu beigetragen haben. Die Integration des freien Teils Deutschlands in den westlichen Block führte zur unkritischen Akzeptanz neuer gesellschaftlicher und politischer Leitbilder. Die autogerechte Stadt wurde zum Synonym für Demokratie und Freiheit.

Standortbestimmung des Platzes im Städtebau der Nachkriegszeit: Berlin (West)

Trotz aller planerischen Anstrengungen liefen die konkreten Wiederaufbaumaßnahmen in Berlin, fragmentarischer Aufbau und Wiederherstellung des zerstörten Wohnraums sowie Wohnungsneubau, zunächst eher unkoordiniert nebeneinander her. Berührungspunkte der historisch gewachsenen Strukturen mit der aufgelockerten Bauweise fanden sich in der Regel nur in Grenzbereichen. Wo es dennoch zu Überlagerungen kam, griffen die neuen Strukturen unbarmherzig in die noch vorhandene, wenig geachtete Blockstruktur ein.

Der traditionelle Stadtplatz schien in dieser Phase der nach neuen Abstands- und Dichteregeln placierten Einzelbaukörper seine Existenzberechtigung zu verlieren, schien aus dem Repertoire der Architekten und Planer zu verschwinden. Dagegen wird die neue Interpretation des Stadtplatzes, die im *Miesschen* Alexanderplatzentwurf von 1927 vorgezeichnete Trennung von umgebender

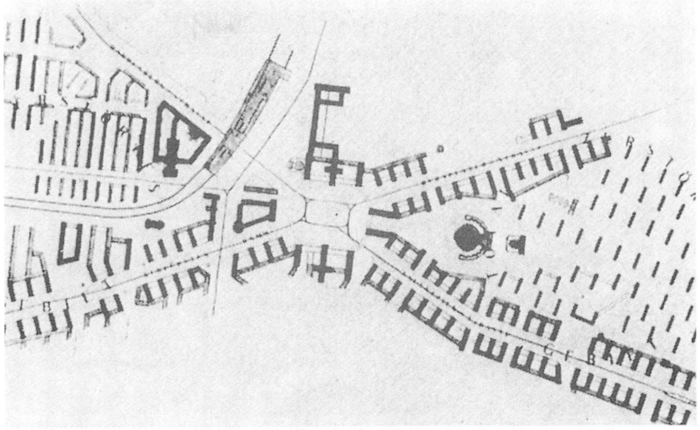

101 Max Tauts Entwurf für die westliche City von 1947

Bebauung und innerer Funktionsfläche an einigen exponierten Stellen der Innenstadt realisiert. In einem der ersten Wettbewerbe der Nachkriegszeit, einer 1947/48 von der Arbeitsgemeinschaft der Geschäftsleute *„Rund um den Zoo"* zur Erlangung neuer Bebauungsvorschläge initiierten Konkurrenz, wird diese Entwicklung vollzogen. Als Beispiel sei hier sowohl Max Tauts Entwurf als auch der von *Richard Ermisch* nachgeschobene Vorschlag genannt. Sie belegen die naividealistische Auffassung der Architekten jener Zeit, die sich, ungeachtet der gewachsenen Stadt und ihrer rechtlich-topografischen Bindungen, dem freien Spiel geometrischer Formen hingaben (Abb. 101).

Die Aufgabe, eine neue Bebauung um den ehemaligen *Auguste-Viktoria-Platz* und jetzigen *Breitscheidplatz* zu entwickeln, der bereits in der Vorkriegszeit zum Mittelpunkt des Berliner Westens geworden war, bewog die Planer nicht zur differenzierten Auseinandersetzung mit dem gewachsenen Stadtbild. Zu verhaßt waren ihnen noch die überkommenen Stadtstrukturen der letzten Jahrhunderte, die einer modernen offenen Stadt entgegengestanden hatten. Der Wettbewerb unterstrich gleichzeitig die Bemühungen der West-Stadt, hier eine eigene, leistungsfähige City aufzubauen, obwohl die offizielle Planung weiterhin an der Friedrichstadt als eigentlichem Zentrum festhielt. *„Die Stadtplanung negierte anfangs eine 'westliche City' aus verständlicher Sorge, damit die Einheit der Stadt zu verneinen. Der alte Streit um die Einheit der Berliner City, von niedergehender Friedrichstadt und aufstrebendem Zoogebiet, war jedoch (aus heutiger Sicht) mit der Teilung entschieden."* [4]

102 Stadtplan mit geplanten Straßenverkehrsnetz, 1957

Auf der Grundlage der geschilderten Planungsüberlegungen wurde 1950 der erste Flächennutzungsplan für Berlin (W) verabschiedet. Er enthielt wesentliche Elemente des ‚Kollektivplans' (orthogonales Straßennetz im Citybereich und Abstufung der Bauzonen) und des *‚Bonatzplanes'* (radiale Struktur der Erschließungsstraßen und Straßenring). Mit dem 1956 verabschiedeten zweiten Flächennutzungsplan, der die Tangentenplanung festschrieb, wurde die Priorität des Verkehrs auch planungsrechtlich verbindlich formuliert: *„In der Begründung des Planes wurde zwar betont, man habe ‚nicht dem Verkehr das Primat gegeben', doch das Straßennetz war noch die deutlichste Zielaussage des Planes"* [5] (Abb. 102).

Mit den Flächennutzungsplänen wurden die Weichen für einen grundlegenden Stadtumbau auf der Basis gewandelter Dichte- und Strukturvorstellungen gestellt. Alle wesentlichen Aufbaumaßnahmen in einer nun auch planungsrechtlich formulierten funktionsgerechten Stadt wurden bis in die Mitte der sechziger Jahre diesem Planwerk entsprechend realisiert. Die Priorität des Verkehrs wurde dabei nicht nur als unumgängliche Folge akzeptiert, sondern planerisch wie politisch zum Erfolgsbarometer stilisiert.

Ernst-Reuter-Platz

Eine der wenigen Platzneuplanungen der Nachkriegszeit ist der *Ernst-Reuter-Platz* am Rande der Technischen Universität. Bereits in den *Speerschen* Achsenplanungen war das *‚Knie'*, eine Straßenkreuzung im Verlauf der Charlottenburger Chaussee, als Bestandteil der verbreiterten Ost-West-Achse baulich verändert, jedoch als Straßenkreuzung beibehalten worden (Abb. 103). Den zur Umgestaltung 1955 ausgelobten beschränkten Wettbewerb gewann *Bernhard Hermkes.* Ausgehend von der Vorgabe des Verkehrskreises, dessen Effizienz nach *Wagners* Vorkriegs untersuchungen noch immer als unbestritten galt, hatte er eine Anzahl von Universitäts- und Bürobauten um eine hypothetische Mitte organisiert. Im *Miesschen* Sinne folgten die Baukörper jedoch nicht der durch den Verkehrsfluß vorgegebenen Form des Platzes, sondern führten in seiner unmittelbaren Umgebung ein formales Eigenleben (Abb. 104). Ein akzentuiert plaziertes Hochhaus an der Westseite zwischen Otto-Suhr-Allee und Bismarckstraße markiert einen optischen Höhepunkt, kann jedoch das Zerfließen des Raumes nicht verhindern. Schlimmer noch als die Aufgabe der traditionellen räumlichen Strukturen nehmen sich die fast zynisch anmutenden Nutzungsangebote der Mitte aus. Das eigentliche Zentrum des Platzes, die innere Kreisfläche, ist nur über die unterirdischen Zugänge der U-Bahn zu erreichen. Das Überqueren der Fahrbahn zur Nutzung der suggerierten Angebote der Mitte wird illegal und darüber hinaus gefährlich. Von den vielen Verkehrssignalen, die den Platz umgeben, dient keines der Fußgängerunterstützung. Er wird, so will man ihn glauben

103 Blick in die Berliner Straße, die heutige Otto-Suhr-Allee, fotografiert im Jahre 1931

104 Ernst-Reuter-Platz, 1986

105 Luftaufnahme vom Breitenbachplatz, 1935

machen, zu seiner eigenen Sicherheit unter die Erde verbannt. Der Verkehr hat gesiegt! Ruhebänke, Baumgruppen und Fontänen auf der zentralen Rasenfläche, durchaus vertraute traditionelle Elemente der Platzgestaltung und -nutzung, werden zu unerreichbaren Dekorationen pervertiert. Ein im Vergleich zur progressiven Raumauflösung konservativer Versuch, die Fläche des Kreises und die umliegenden Bürgersteige durch Kleinmosaikfeldpflaster wenigstens optisch miteinander zu verbinden, bleibt unbefriedigend, da die wesentlichen Voraussetzungen einer klaren räumlichen Zuweisung fehlen. Die von *Martin Wagner* 1929 entwickelte Idee des „Weltstadtplatzes" war als Großstadtverkehrsplatz Realität geworden. Es fehlte nur noch die Hochstraße, die bereits in den Köpfen der Planer auf ihre Verwirklichung wartete (Am Breitenbachplatz läßt sich das Ergebnis überprüfen!) (Abb. 105).

Der von *Hermkes* und *Düttmann* dem Zeitgeist adäquat gestaltete Platz zeigt, daß der Stadtplatz historischer Prägung seine Existenzgrundlage als elementarer urbaner Aufenthalts- und Kommunikationsraum völlig eingebüßt hatte: Unterwerfung unter die Kriterien des schnellen Fahrverkehrs, Herabzonung und Abstandsregelung sowie die von den Bindungen der traditionellen Bauflucht befreiten, losgelösten Baukörper bedeuteten in ihrer Summe das vorläufige Aus des über Jahrhunderte gewachsenen und bewährten Stadtplatzes. Fußgänger wurden an den Platzrand oder in dunkle Gänge darunter verbannt.

Analogien und Gegensätze: Plätze in Berlin (Ost)

Auch in Ost-Berlin hatte sich nach der Teilung der Stadt eine eigenständige Planung entwickelt. Die Konfrontation der Blöcke wirkte sich bis in die Formulierung planerischer Leitlinien aus, da sich beide Teile der Stadt verstärkt die geistig-kulturellen und politischen Wertmaßstäbe ihrer jeweiligen Schutzmächte zu eigen machten und untereinander konkurrierten.

In den zwanziger und dreißiger Jahren war das „Neue Bauen" in der UdSSR als Ausdruck revolutionärer Gesinnung zunächst begrüßt worden. Unter dem Einfluß restaurativer Kräfte während der stalinistischen Ära vollzog sich jedoch ein stilistischer Rückschritt zum Eklektizismus. In der offenen politischen Situation zum Ende der vierziger Jahre, als sich auf beiden Seiten neue Staats- und Herrschaftsformen konsolidierten, war zunächst im Osten Deutschlands eine Wiederbelebung der Moderne als selbstverständlich hingenommen worden.

Ein Umschwung in Architektur und Städtebau erfolgte 1949, unmittelbar nach einer Reise *Ulbrichts* in die UdSSR. *„Der Gegensatz zur Charta war in der UdSSR schon 1933 ideologisch bewältigt, der CIAM-Kongreß auch in Moskau abgesagt und nach Athen verlegt worden. Die Entwicklung war offenbar nicht mehr bewußt, aber Ende 1949 wurde Ulbricht, Ebert u. a. vom Präsidenten der sowjet. Architekturakademie eine Lektion über die Direktiven des Genossen Stalin über Städtebau und Architektur erteilt.“* [6]

Praktische Auswirkungen zeigten sich beim Bau des ersten Abschnitts der Stalinallee (heute wieder Frankfurter Allee). Neue Richtlinien wurden formuliert, „national in der Form, sozialistisch im Inhalt“. Sie wurden mit den 1950 vom Ministerrat der DDR verabschiedeten „16 Grundsätzen des Städtebaus“ offiziell zur Grundlage der künftigen Entwicklung. „Die Grundsätze waren eine bewußte Antithese zur Charta von Athen, die die Stadt ‚um die Wohnung als Oase des Lebenskampfes baue‘, während nun ‚die alte und richtige Linie des Städtebaus‘ wieder aufgenommen und das Zentrum als Ausdruck der politischen Machtverhältnisse zum Ausgangspunkt der Stadtplanung bestimmt wurde.“ [7]

In den sechzehn Grundsätzen wird u. a. die Bedeutung des Platzes im sozialistischen Städtebau formuliert. Unter Punkt 6 heißt es : *„Das Zentrum bildet den bestimmenden Kern der Stadt. Das Zentrum der Stadt ist der politische Mittelpunkt für das Leben seiner Bevölkerung. Im Zentrum der Stadt liegen die wichtigsten politischen administrativen und kulturellen Stätten. Auf den Plätzen im Stadtzentrum finden die politischen Demonstrationen, die Aufmärsche und Volksfeiern an den Festtagen statt ...“* Und unter Punkt 9: *„Das Antlitz der Stadt, ihre individuelle künstlerische Gestalt wird von Plätzen, Hauptstraßen und den beherrschenden Gebäuden im Zentrum der Stadt bestimmt (in den größten Städten von Hochhäusern). Die Plätze sind die strukturelle Grundlage der Planung der Stadt und ihrer architektonischen Gesamtkomposition.“* [8]

Unter diesen Gesichtspunkten wird der Neuordnungsprozeß des Stadtzentrums transparent, der mit dem ideologisch eher widersprüchlichen Abriß des Berliner Stadtschlosses im Jahre 1950 begann. Der Abriß des Schlosses, eine persönliche Abrechnung *Ulbrichts* mit den Hohenzollern, lief der postulierten Wahrung historischer Kontinuität des Stadtbildes zuwider und schuf eine völlig veränderte stadträumliche Situation im Zentrum. Die Notwendigkeit, einen großen sozialistischen Volksplatz anzulegen, diente gegen den hohen Kostenaufwand der Erhaltung des Schlosses als Argument, dem sich aus damaliger Sicht in Berlin (O) kaum Stimmen entgegenstellten. *„Nach Liebknecht war ‚der zentrale Platz ... der Lustgarten‘, der durch den Schloßabriß nur ‚erweitert‘ würde. Damit sei ‚der ideale Platz für fließende und stehende Demonstrationen‘ (bis zu 350.000 Menschen) geschaffen.“* [9]

Platz der Republik und Marx-Engels-Platz

Die immer offener ausgetragenen politischen Kontroversen brachten schließlich einen Platztyp hervor, der für einen begrenzten Zeitraum große Bedeutung erlangte: Die Bevölkerung in beiden Teilen der Stadt unterstrich, freiwillig oder „dringend gebeten“, ihre Solidarität mit der Führungsmacht ihres Bündnisses und deren politischem System in zahlreichen Massenkundgebungen. Die dafür benötigten Flächen hatte der Krieg geschaffen: neue Areale, deren räumliche Begrenzung sekundär war. Wichtig waren in erster Linie die Größe und die Nähe zur Grenze, denn die Gegenseite sollte gezwungen sein, von der Veranstaltung Kenntnis zu nehmen.

In Berlin (W) benutzte man die weite, öde Fläche vor der ausgebrannten Reichstagsruine, den ehemaligen *Königsplatz*, der auf eine kurze, aber bewegte Tradition zurückblicken konnte [10], wobei dessen Kulisse im Osten symbolschwanger die Szenerie unterstützte. Die Zerstörungen auf dem einst von *Schinkel* und *Lenné* konzipierten Gelände waren so umfassend, daß sich selbst im umliegenden Straßenland kaum noch Spuren seiner einstigen Gestalt finden ließen. Hier fanden wichtige Großdemonstrationen statt, etwa mit eindrucksvollen Reden Ernst Reuters, des populären Berliner Oberbürgermeisters. Als Pendant zum *Platz der Republik* im Westen bot sich im Osten nach dem Abriß des Schlosses der über die Karl-Liebknecht-Straße verlängerte ehemalige *Lustgarten* an, inzwischen *Marx-Engels-Platz* genannt. Er sollte, anders als sein Gegenstück im Westen, wo das Interesse an Demonstrationen mit der politischen Konsolidierung bald nachließ, kein Provisorium bleiben. Der Versuch, aus alten und neuen Gebäuden im Umfeld des

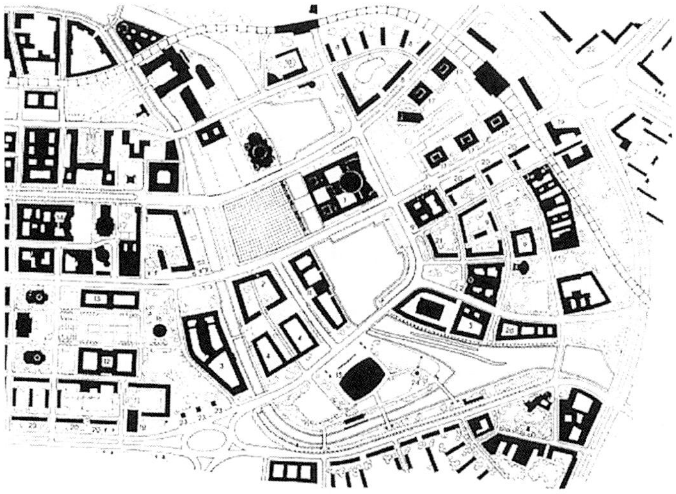

106 Der Entwurf zum Marx-Engels-Forum von Gerhard Kosel, Hans Hopp und Hans Mertens, 1959

Platzes ein Ensemble zu bilden, war allein aufgrund der Dimensionen des Platzes unrealistisch: *Schinkelsches Museum, Schlütersches Zeughaus* und *Raschdorffscher Dom* als historische Bauten sowie die Neubauten des Ministeriums für Auswärtige Angelegenheiten (1964-66 von *J. Kaiser*), des Palastes der Republik (1973-76 von *H. Gaffunder*) und des Staatsratsgebäudes (1962-64 von *R. Korn*) vermochten eine räumliche Stützung des Platzes durch wirksame Wände nicht zu leisten. Der Versuch, mit Hilfe des vielstrapazierten Berliner Kleinmosaikfeldpflasters eine optische Zusammenziehung der Fläche zu erreichen, läßt sich nur als unzulänglich bezeichnen.

Mit der Anlage des *Marx-Engels-Forums* in Form eines riesigen, versteinten Aufmarsch- und Demonstrationsplatzes stellte sich die politische Führung der DDR darüberhinaus in eine ungewollte Kontinuität zur nationalsozialistischen Vergangenheit. Wie zuvor die Nationalsozialisten setzt auch sie den Platz als Mittel zur Demonstration ihres totalitären Herrschaftsanspruchs ein. Indem sie diese riesige innerstädtische Freifläche schuf, die sich fast ausschließlich zu staatspolitischen Zwecken verwenden ließ, schlugen politische Führung und Stadtplaner dem alten Zentrum der Stadt eine Wunde, deren Heilung möglicherweise Generationen in Anspruch nehmen wird (Abb. 106).

Strausberger Platz

Der Wandel der Leitbilder, der sich mit der Verabschiedung der „16 Grundsätze" angekündigt hatte, läßt sich am Ausbau der alten Frankfurter Allee nachvollziehen. Ein erster Bauabschnitt, vom Frankfurter Tor bis zum *Strausberger Platz,* wurde 1952 bis 1958 im eklektizistischen Stil verwirklicht. Die hier auf neunzig Meter verbreiterte Trasse säumen auf einer Länge von 1600 Metern sieben- bis neungeschossige Wohnhäuser in vorwiegend geschlossener Bauweise. Die monumentale Präsenz der Gebäudefluchten dieser *„ersten sozialistischen Straße Berlins"* [11] wird im Bereich der Plätze durch überhöhte Eckbauten gesteigert, die die wahren mit der Anlage der Stalinallee (heute Karl-Marx-Allee) verfolgten Absichten unterstreichen sollen: Sie ist demonstrationsbegleitende Kulisse, getreu der in den „Grundsätzen" formulierten Leitlinien: *„Die Magistralen und Hauptstraßen führen, von hoher Bebauung eingefaßt und für die anschwellenden Demonstrationen zum Stadtinneren verbreitert, zum zentralen Platz."* [12]

Der zweite Bauabschnitt, vom *Strausberger Platz* bis zum *Alexanderplatz,* 1959 bis 1965 verwirklicht, zeigt die bereits gewandelte Auffassung des Städtebaus (Abb. 107). Auf einer Länge von 700 Metern herrscht in der hier auf 125 Meter verbreiterten Straße nicht mehr die strenge Geschlossenheit des oberen Teils. Man nähert sich statt dessen wieder der offenen Bauweise an. Sowohl die Gestalt der Plätze als auch die räumlichen Konzeption kündigen einen erneuten formalen Wandel an.

Die beiden im Zuge des ersten Bauabschnitts realisierten Plätze, *Frankfurter Tor* und *Strausberger Platz,* sollten städtebauliche Ausnahmen im Berlin der Nachkriegszeit bleiben. Straff nach klassizistischen Prinzipien gegliedert, von hohen Kopfbauten gefaßt, entstanden hier Plätze, deren Gestaltungsprinzipien als längst überholt galten. Ihre Anlage, in der Bundesrepublik mit Befremden quittiert, begann schon bald Architekten und

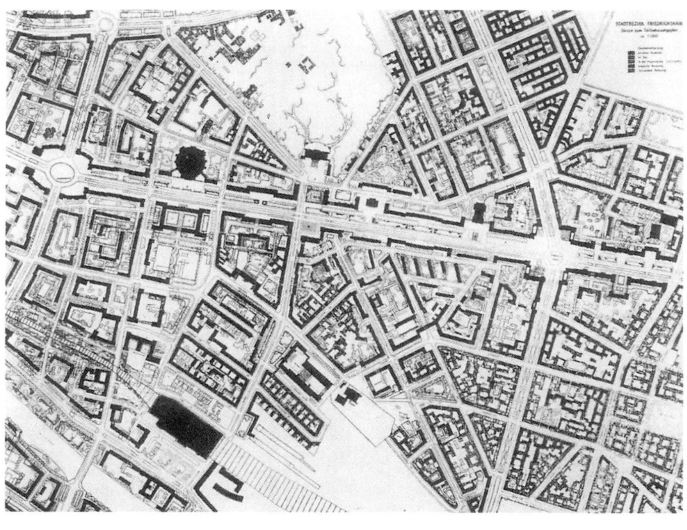

107 Wiederaufbauplan für die Gebiete nördlich und südlich der Stalinallee, 1952 – 53

108 Luftaufnahme der Stalinallee, 1970

Stadtplaner im Ausland zu faszinieren. Die Protagonisten der Postmoderne erkannten hier eine Aufnahme zu Unrecht versunkener stadträumlicher Prinzipien, wenn auch in anderen Proportionen (Abb. 108). Darüberhinaus ist der *Straußberger Platz* wohl auch eine Fortführung des „Großstadtplatzes" mit Kreisverkehrführung und Platzwänden. Ähnlich wie in Berlin (W) konzentrierten sich auch in Berlin (O) die denkmalpflegerischen Bemühungen zunächst auf die Wiederherstellung einiger historisch bedeutsamer Gebäude. Die Erbschaft des historischen Zentrums hatte die Verantwortlichen in der DDR vor eine kaum zu bewältigende Aufgabe gestellt, da sie wichtige Gelder band, die für die Wiederherstellung und Neuschaffung von Wohnraum dringend benötigt wurden.

In dem Maße, wie auch im Ostteil der Stadt das historische Erbe als Teil der eigenen Geschichte akzeptiert wurde, begannen konkrete Wiederherstellungsmaßnahmen. Das *Forum Fridericianum,* einer der wenigen städtebaulichen Höhe punkte der ansonsten an kulturhistorisch bedeutenden Ensembles armen Gesamtstadt,

109 Wilhelmplatz mit zerstörter Reichskanzlei und Preußischer Pfandbriefbank, 1946

wurde in den fünfziger und sechziger Jahren restauriert. Dagegen mußte der gleichfalls bedeutende *Gendarmenmarkt* bis in die achtziger Jahre auf die Wie derherstellung warten. Mehrere traditionsreiche Plätze, insbesondere die grenznahen Plätze der Friedrichstadt, die im Bereich des sogenannten Todesstreifens lagen, verkamen zu Brachen. Sie blieben ungeliebt, wurden entweder völlig aufgehoben oder nicht wiederaufgebaut (Abb. 109).

Excurs Alexander Platz 3

In Übereinstimmung mit den „16 Grundsätzen" wurde das Areal um den Alexanderplatz für einen „großen Volksplatz" bestimmt. Er sollte ein bürgerliches Pendant zum Marx-Engels-Platz werden und die dort vernachlässigten bürgerlichen Ansprüche eines informellen und freizeitbetonten Aufenthaltes besser berücksichtigen. Im näheren Umkreis des alten Platzes waren erhebliche Zerstörungen zu verzeichnen. Bis auf das Alexanderhaus und das Berolinagebäude von Peter Behrens verwies nur noch wenig auf die zwar wenig planvolle, aber dennoch das Berliner Stadtbild so lange mitprägende Form.

In den Grundsätzen waren nicht nur die politischen Ziele eines neuen sozialistischen Zentrums formuliert, auch die stadtklimatischen und stadthyghienischen Vorstellungen eines modernen Städtebaus wurden festgelegt. Eine Herabzonung und Verringerung der allgemeinen Wohndichte von ehemals 850 bis 1000 Personen pro Hektar auf die Hälfte gehörte zu den erklärten Zielen. Das wurde übrigens in gleicher Weise in Berlin (W), z.B. in der Kreuzberger Sanierung so gesehen. Parallel dazu sollte, wie im Westen, der Ausbau eines leistungsfähigen Schnellstraßen- und Tangentenringes vorangetrieben werden. Die noch unter der Ägide Scharouns und Bonatz' erstellten Planungsunterlagen für die Gesamtstadt befanden sich nach der Teilung des Berliner Magistrats ohnehin in Ost-Berlin. Der bestehenden Ost-West-Achse, beginnend am ehemaligen Stadtschloß bis über Charlottenburg hinausführend, stand der langgehegte Wunsch gegenüber, eine eigene West-Ost-Achse als Ergänzung hinzuzufügen. Ihre Verwirklichung hatte mit dem ersten Abschnitt der Stalinallee zwischen Strausberger Platz und Frankfurter Tor begonnen, als „Ruhmesallee der Roten Armee", die über diese Achse ihre verlustreiche Eroberung Berlins geführt hatte. Ein 1958 ausgelobter erster Wettbewerb sollte der Klärung der Zusammenführung der beiden Achsen dienen. Innerhalb dieser Planung, der die Idee eines vom Brandenburger Tor bis zum Strausberger Platz gehenden neuen Zentrumsbandes innewohnte, wuchsen Marx-Engels- Forum und Alexanderplatz veränderte Bedeutung zu: Sie bildeten nun eine Art Bindeglied zwischen den beiden eigentlich aneinandervorbeiführenden Achsen [13]. Gleichzeitig schien eine Klärung des seit zweihundert Jahren bestehenden Konfliktes (an dem bereits Martin Wagner verzweifelt war), verursacht durch das Aufeinandertreffen der unterschiedlichen Stadtgrundrisse, in greifbare Nähe gerückt zu sein. Ein Bebauungsplan von 1961, der den Platz in erster Linie als Verkehrsplatz und Gelenk der „Zenralen Achse" definierte, sah statt des historischen Radialsystems ein Rastersystem vor. Dazu mußten einige Straßen in ihrer Richtungsführung geändert werden, u.a. wurde die Karl-Marx-Allee bis zur Münzstraße durchgestochen. Analog zur Definition des Platzes als Verkehrsplatz endete die Bebauung mit Wohnhäusern der West-Ost-Achse südlich des Platzes mit dem Haus des Lehrers, für das 1961 der Grundstein gelegt und das 1964 fertiggestellt wurde.

Am Platz selbst sollten nur noch Bürogebäude oder Bauten der Versorgung stehen. Im 1962 verabschiedeten Gesamtplan für den Wiederaufbau der Innenstadt wurde die Fläche schließlich als Handelsplatz und Zentrum des gesellschaftlichen Lebens definiert. Ein weiterer Wettbewerb folgte 1964, ab 1966 begann die Realisierung, die eine Platzanlage in Form einer Fußgängerzone beinhaltete. Ein umfassender Umbau der bestehenden Straßen hatte diese unter damaligen Gesichtspunkten moderne und erstrebenswerte Lösung ermöglicht. Die Fläche wurde gepflastert und mit Bänken versehen. Der Brunnen der Völkerfreundschaft und eine Weltzeituhr vervollständigten die Platzmöblierung. Rotblühende Kastanien sollten die Verweilqualität abrunden.

Die Neuplanung sah eine südwestliche Erweiterung des ursprünglichen Platzes über die Stadtbahn hinaus vor. Dort, wo sich vor der Zerstörung der Neue Markt befunden hatte, sollte durch weitere Abrißmaßnahmen ein gewaltiges Areal entstehen und den angemessenen Raum für die ‚Volksfeiern an den Festtagen' bilden. Fernsehturm und Hochhaus waren als die bestimmenden Bauten auf der Fläche vorgesehen; als Point de vue einer neuen sozialistischen Stadt sollten sie in die Sichtachsen der historischen Straßenzüge gestellt werden. Der Fernsehturm als unverdächtige technologische Großtat übernahm die Funktionen, die in den „Grundsätzen" dem Hochhaus zugedacht waren. Noch besser als

110 Luftaufnahme vom Alexanderplatz, 1973

ein Hochhaus eignete er sich dazu, über Orientierungsfunktionen hinaus die Größe und Stärke der sozialistischen Gesellschaft zu demonstrieren.

Die Zusammenfassung von alter Fläche und südwestlich der Stadtbahn gelegenenem Gelände zu einem neuen, maßstabsprengenden Platz führte zur Umkehrung der städtebaulichen Bezüge: Nicht der an historischer Stelle liegende Platz, sondern die neue, willkürliche Brache, die ungegliedert zwischen den Verkehrsschneisen liegt, ist das bestimmende Element. Für den Alltag, an dem die „Volksfeiern in den Fabrikhallen stattfinden", ist die Fläche jedoch zu groß, zu ungefaßt inmitten eines verplanten Zentrums. Ihre maßlosen Dimensionen laden nur schwer zum Verweilen ein, zumindest keine Flaneure. Sie dient allein Großveranstaltungen im Stile der „Weltjugendfestspiele"! Der wertvolle innerstädtische Freiraum verkommt zur identitätslosen, zugepflasterten Öde. So erhob sich bereits während der Planungsphase offene Kritik, der sich Joachim Näther, der „Chefarchitekt der Hauptstadt der DDR", entgegenstellte: „Während der Bauzeit und der Projektierung gab es auch Diskussionen darüber, ob der Alexanderplatz in seiner Flächenausdehnung nicht zu groß sei. Tatsächlich nimmt er in seiner heutigen Form die dreieinhalbfache Fläche gegenüber seiner ehemaligen Gestalt ein. Man darf jedoch nich übersehen, daß der veränderte Maßstab seiner Bauten völlig neue Proportionen des gesamten städtebaulichen Ensembles zur Folge hat." [14] *Zur Leere der Fläche meint er schulmeisterlich mit dem obligatorischen Seitenhieb gegen den Klassenfeind: „Eines dieser Argumente ist, es gäbe zu wenig ‚Nachtleben', Leuchtreklamen und andere Effekte. Dazu muß man sagen, daß wir uns nicht die Aufgabe gestellt haben, den Amüsierbetrieb des Kurfürstendammes oder den hektischen Rummel des Place Pigalle nachzuahmen. Der Alex ist im Gegensatz zu einer kapitalistischen City kein Tummelplatz für reiche Müßiggänger, sondern ein Platz für die Muße arbeitender Menschen."* [15] *(Abb. 110)*

Tatsächlich ist hier in der freien Zuordnung großer Raumeinheiten, die keine Platzwände bilden aber auch der Verkehrsführung nicht folgen, ein Raumensemble entstanden wie es Mies van der Rohe vordachte, allerdings durch übergroße Weiten fade und konzeptionslos wirkend.

Rückbesinnung auf den traditionellen Stadtraum

Gegen Ende der sechziger Jahre verstärkte sich mit dem Aufflackern der studentischen Unruhen die kritische Auseinandersetzung mit den Bauten der Nachkriegszeit und ihren Verfassern. Die spektakulären Bauvorhaben der sechziger Jahre, die als Reaktion auf die Bindungen des Bodenordnungsrechts überwiegend an den Stadträndern entstanden waren, hatten Kritik hervorgerufen, nachdem man ihre durch Lage und Dimensionen vorprogrammierten sozialen Konflikte erkannt hatte. Die Analyse der städtischen Umwelt, das Erkennen von Fehlern, die mit dem Bau betonierter Hochhaus - Großsiedlungen gemacht worden waren, führte in den sechziger Jahren zu einer Reihe von Publikationen, die sich mit dem Thema auseinandersetzten. *Alexander Mitscherlich* [16], *Kevin Lynch* [17], *Hans-Paul Barth* [18] u. a. formulierten die theoretischen Grundlagen für eine sozialpsychologische Auseinandersetzung mit dem Organismus Stadt. In dem Maße wie die peripheren Baulandreserven schrumpften und die Großprojekte eine Massennachfrage nach Wohnraum absorbiert hatten, wendeten sich Planer und Politiker auch in Berlin verstärkt der Reparatur des Stadtinnenbereichs zu.

Eines der letzten innenstädtischen Großprojekte des Wiederaufbaus, in dem aber bereits Vorgriffe auf die kommende Entwicklung spürbar werden, ist die Bebauung um das ehemalige *Rondell,* den heutigen *Mehringplatz.* Machte die dort vorgefundene Situation weiter Stadtbrachen aus dem Bombenkrieg noch die völlige Neubebauung des Gebietes erforderlich, so zeichnet sich doch auch schon ein erstes Eingehen auf die historischen Strukturen ab, ein Hinweis auf die spätere Entwicklung.

Die Bebauung der südlichen Friedrichstadt stand Ende der sechziger Jahre, nachdem die Realisierung des Hauptstadtwettbewerbs von 1958 zu den Akten gelegt worden war, noch immer aus. *Hans Scharoun,* der sich 1958 als einer der wenigen Teilnehmer des Wettbewerbs mit den Plätzen der Friedrichstadt auseinanderzusetzen versucht hatte, beteiligte sich mit einer zeitgenössischen Inter pretation des Platzes. Durch geplante Tangententrassen und veränderte Straßenführungen war das ehemalige *Rondell* von der Friedrichstadt inzwischen fast völlig abgeschnitten und seiner historischen Bezüge beraubt (Abb. 111). *Scharoun* selbst verwirklichte von seinem Plan, dessen tragende Kernidee die räumliche Wiederherstellung der Kreisform des Rondells in den Maßen des historischen Durchmessers, umgeben von einem zweiten Ring bestand, nur das Hochhaus der AOK und in den Jahren 1967 bis 1971 einen kleinen Teil des äußeren Viertelkreises. Die Platzrandbebauung und die umgebenden Hochhausgruppen wurden durch *Werner Düttmann* seit 1972 realisiert, allerdings in abgewandelter Form. Der Doppelring wurde gebaut. Die bei *Scharoun* noch zufällig erscheinende weitere Randbebauung wurde rechtwinklig gestrafft, die Baukörper zugunsten einer gewissen vertikalen Plastizität differenziert und leicht gegeneinander versetzt. Die geschlossene Phalanx der nördlichen Bauten trennte nun, analog dem Straßenkonzept, die niedrigen Kreisbauten von der weiteren süd-

111 Modell vom Mehringplatz, Wettbewerbsentwurf von Hans Scharoun, 1965

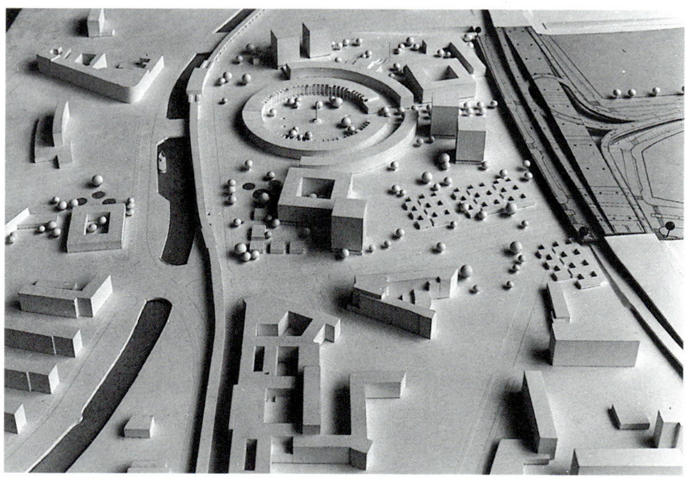

112 Modellfoto der Stadtautobahn am Mehringplatz

lichen Friedrichstadt. In der ursprünglichen Planung mußte von einer zwölf Meter hohen Trasse der Stadtautobahn ausgegangen werden, die an der Nordseite des Platzes vorbeiführen sollte (Abb. 112). Die geschlossene, nur die Einmündung der Friedrichstraße freilassende Nordwand, hinter der mehrgeschossige Parkpaletten angeordnet sind, sollte die Abschirmung des Platzes zur geplanten Tangente übernehmen. Die Tangentenplanungen scheiterten jedoch bald darauf am gesellschaftlichen Wandel, der ein Umdenken gegen die Priorisierung des Verkehrs beinhaltete.

Die Adaption der historischen Form unter veränderten gesellschaftspolitischen Bedingungen wurde kontrovers diskutiert. Letztlich handelte es sich nur um eine gut gemeinte, wehmütige Reminiszenz, die vor dem Hintergrund gewandelter Inhalte wenig glaubwürdig war. Eine brillante Kritik lieferte Hoffmann-Axthelm: *„... der Platzrest wird, als Erholungsfläche, zum Reservat geretteten Raumes. Das bedeutet die Leugnung seiner gesellschaftlichen Natur. Das zeigt sich zunächst am Umgang mit der Fläche. Sie hat aufgehört gerichtet und begrenzt - Fläche eines Platzes - zu sein, sie ist dieselbe diesseits und jenseits des inneren wie des äußeren Ringes. Sie ist, ob begrünt oder Verkehrsfläche, nichts als die neutrale Unterlage, von der sich die Bauform abhebt. Ihre Gestaltung ist graphischer Natur.“* [19] Unter der formalen Hülle vollzog sich eine Neubestimmung des Platzes und seiner Aufgaben in der Stadt. Der Quartiersplatz, der hier entstand, hätte der suggestiven Kraft der historischen Form nicht bedurft; notwendige Gemeinschaftseinrichtungen liegen rückwärtig an der Fußgängerzone.

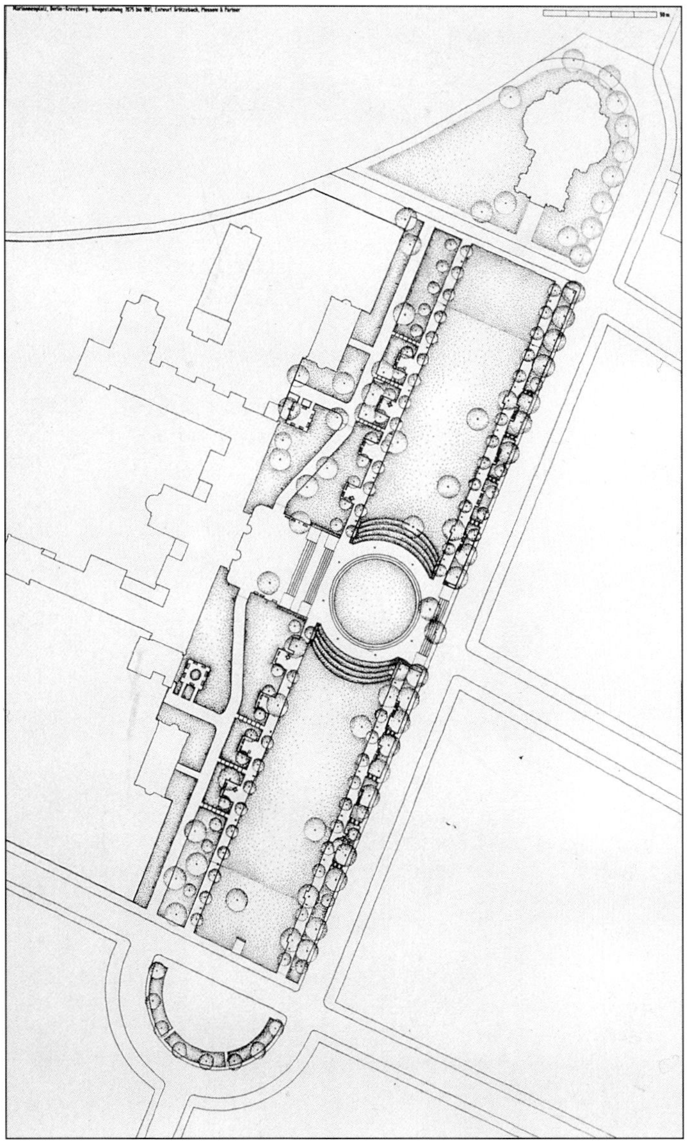

113 Mariannenplatzplanung von Grötzebach und Plessow, 1973

Obwohl die eher oberflächliche Adaption der historischen barocken Form Kritik hervorrief, weist der Platz doch Qualitäten auf, die als verschüttet galten. Der überschaubare Innenraum bietet ein Maximum an urbanen Nutzungsmöglichkeiten für die Anwohner. Es ist der der Stadt zugekehrte Hofraum, der jetzt zur Kommunikationsfläche wird, auf das Quartier bezogenes Zentrum und Orientierungsfläche für Innen- und Außenstehende. Kein Platz, an dem falsche Repräsentation den Vorrang hat. Die Siegesgöttin muß nicht länger präsentieren, sie ist profanen Dingen zugewandt, dem Alltäglichen, dem Kinderspiel, dem Verweilen in einem überschaubaren, geschützten Raum, der vom Exerzierplatz zum Bürgerplatz wurde.

Mit Beginn der siebziger Jahre erfolgte im Städtebau ein Umdenkungsprozeß, die langsame Rückkehr zum revitalisierten, seine traditionellen Werte nicht leugnenden Stadtraum.

Unter Führung des damaligen Senatsbaudirektors *Müller* wurden Mitte der siebziger Jahre eine Reihe von städtebaulichen Untersuchungen in Auftrag gegeben, die sich mit den Möglichkeiten der Heilung der durch Krieg und Wiederaufbau in das Stadtbild geschlagenen Wunden beschäftigten. Die wesentlichen Aufgaben des Wiederaufbaus waren geleistet, und man konnte sich verstärkt der Revitalisierung der Stadt zuwenden. Neben den Sanierungsgebieten betraf dies vor allem den Innenstadtbereich um den Kurfürstendamm, der zusehends an Niveau verlor.

Die Aufklärungsarbeit der siebziger Jahre führte zu einer Rückbesinnung auf die Qualitäten des historischen Stadtgrundrisses. Dem „Kahlschlag“ folgte nun die behutsame Erneuerung, in der auch die Stadtplätze lang vermißte Wertschätzung erfuhren.

In den ersten Sanierungsbereichen in Charlottenburg, Kreuzberg und Spandau, für die Wettbewerbe und Gutachten initiiert wurden, befand sich eine Anzahl von Plätzen, deren Wiederherstellung Bestandteil der Aufgaben wurde. Bei der Gestaltung der Platzflächen orientierte man sich an historischen Vorbildern *(Mariannenplatz, Klausenerplatz)* (Abb. 114), mischte sie jedoch anfänglich noch mit Elementen der Freiflächenplanung der fünfziger Jahre. Zunächst stand die Ausstattung mit Kompensationsgrün im Vordergrund. Das allmähliche Abrücken von der Vorrangstellung des Verkehrs führte teilweise zur Umkehr bisheriger Forderungen und oft in gegenteilige Extreme, etwa die Umwandlung von Verkehrsstraßen in Fußgängerzonen.

Die Gestaltung des Marktplatzes in der Altstadt Spandau, deren Grundlage ein 1977 von den Architekten *Grötzebach und Plessow* gewonnener Wettbewerb war, sah die Aufhebung der historischen Straßenführung zugunsten eines Fußgängerbereiches vor. Neues (altes) Zentrum der Altstadt wurde eine gepflasterte, um den ehemaligen Straßenanteil vergrößerte multifunktionale Fläche, auf der die - von nun an unvermeidliche - Kunst noch diskret an den Rand rückte. Kunst und Wasser waren erneut Mittel der Platzgestaltung geworden. Die Bemühungen, insbesondere die Platzwände historisch getreu wiederherzustellen, stießen auch in Spandau, wo viele Randgebäude aus den letzten hundert Jahren stammen, an Grenzen. Die Fußgängerzone mündete in den Platz, ihn scheinbar ergänzend. Am Tage, wenn das Konsumverhalten der Bürger im gewünschten Rahmen verläuft, scheint diese Idylle zu stimmen. Aber nach Ladenschluß stellt sich eine beklemmende Kleinstadtatmosphäre ein. Auch hier wird der Verlust wichtiger Funktionen spürbar, die die Qualitäten des gewachsenen Stadtplatzes ausmachen.

Die Entscheidung, auf dem teilweise abgeräumten Block südlich der Tauentzienstraße zwischen Marburger Straße, Rankestraße und Augsburger Straße, ein Hotel zu errichten, führte 1978 zu einem Wettbewerb, den die Architekten *Müller und Rhode* mit einer axial-barocken Anlage für sich entscheiden konnten. Mit ihrem Entwurf knüpften sie ästhetisch und funktional an städtebauliche Traditionen an. Die angestrebte Multifunktionalität versuchten sie durch ein möglichst vielfältiges Nutzungsangebot zu erreichen. Kinderspielanlagen und Erholungsgrün wechseln mit Spazierwegen; aufpolierte Ruinenfragmente sorgen als skulpturale Elemente für klassizistische Reminiszenzen. Der Platz, anfangs noch *Augsburger Platz,* später dann *Los-Angeles-Platz* genannt, ist in seiner Art wohl die einzige originäre Neuschöpfung im Berlin der demokratischen Nachkriegszeit bis zur Wende (Abb. 115).

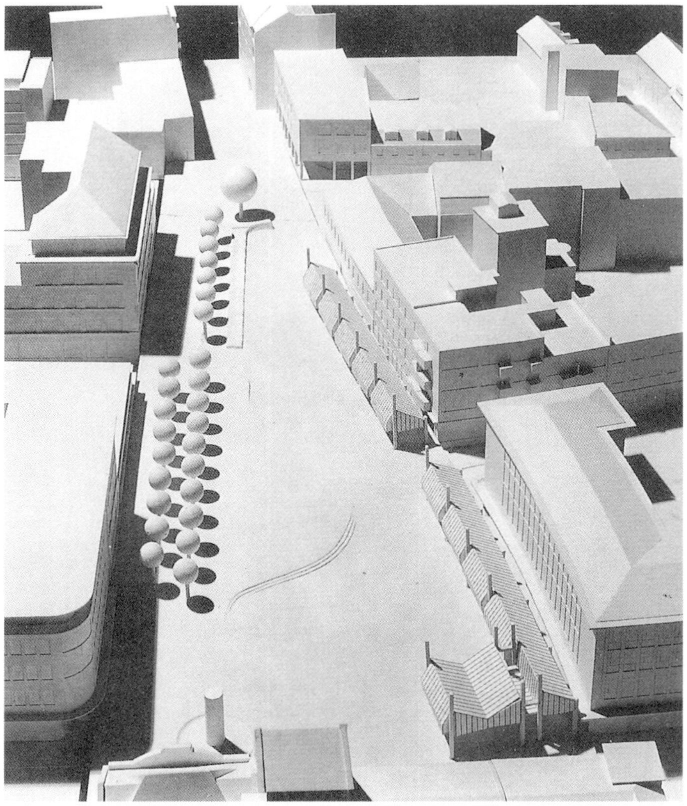

114 Modell vom Markt Spandau, erster Preis beim Ideenwettbewerb von Grötzebach, Plessow und Ohlwein, 1977

115 Los-Angeles-Platz von Müller & Rohde, 1978

Im Herzen der City gelang es, gegen alle spekulativen Interessen einen Platz für die Bürger zu schaffen, gleichsam als Ausdruck eines neuen Selbstverständnisses des damals SPD-regierten Berlins. Der Platz markiert den Umschwung von der primär zur Bewältigung des Verkehrs benutzten Fläche, die die Entwicklung der letzten Jahrzehnte geprägt hatte, zur innerstädtischen Erholungsfläche. Ein Wermutstropfen trübte allerdings die Euphorie über diese wundervolle Neuschöpfung: Die anscheinend geniale Idee, den Platz über einem Parkhaus zu errichten, führte zur Verletzung wichtiger Bedingungen der Funktionalität. Bereits geringfügiges Anheben des Platzesniveaus über den Augenpunkt führt zur Reduzierung der wichtigsten Nutzergruppe, den Passanten. Nur der gezielt den Platz Aufsuchende, der seine Angebote kennt und schätzt, macht sich die Mühe, das erhöhte Niveau über Rampen und Stufen zu erklimmen. Man hatte damit die Chance, eine Oase im städtischen Leben auf der Rückseite des Tauentziens zu schaffen, von Anfang an reduziert.

Der Rückgriff auf barocke Elemente als Gestaltungsmittel des revitalisierten Städtebaus erfolgte nun auch bei einer Reihe weiterer Platzgestaltungen, etwa beim *Magdeburger Platz,* 1980 im Rahmen eines IBA-Gutachtens entschieden (bis heute nicht realisiert) (Abb. 116) und beim *Theodor-Heuss-Platz* aus dem selben Jahr.

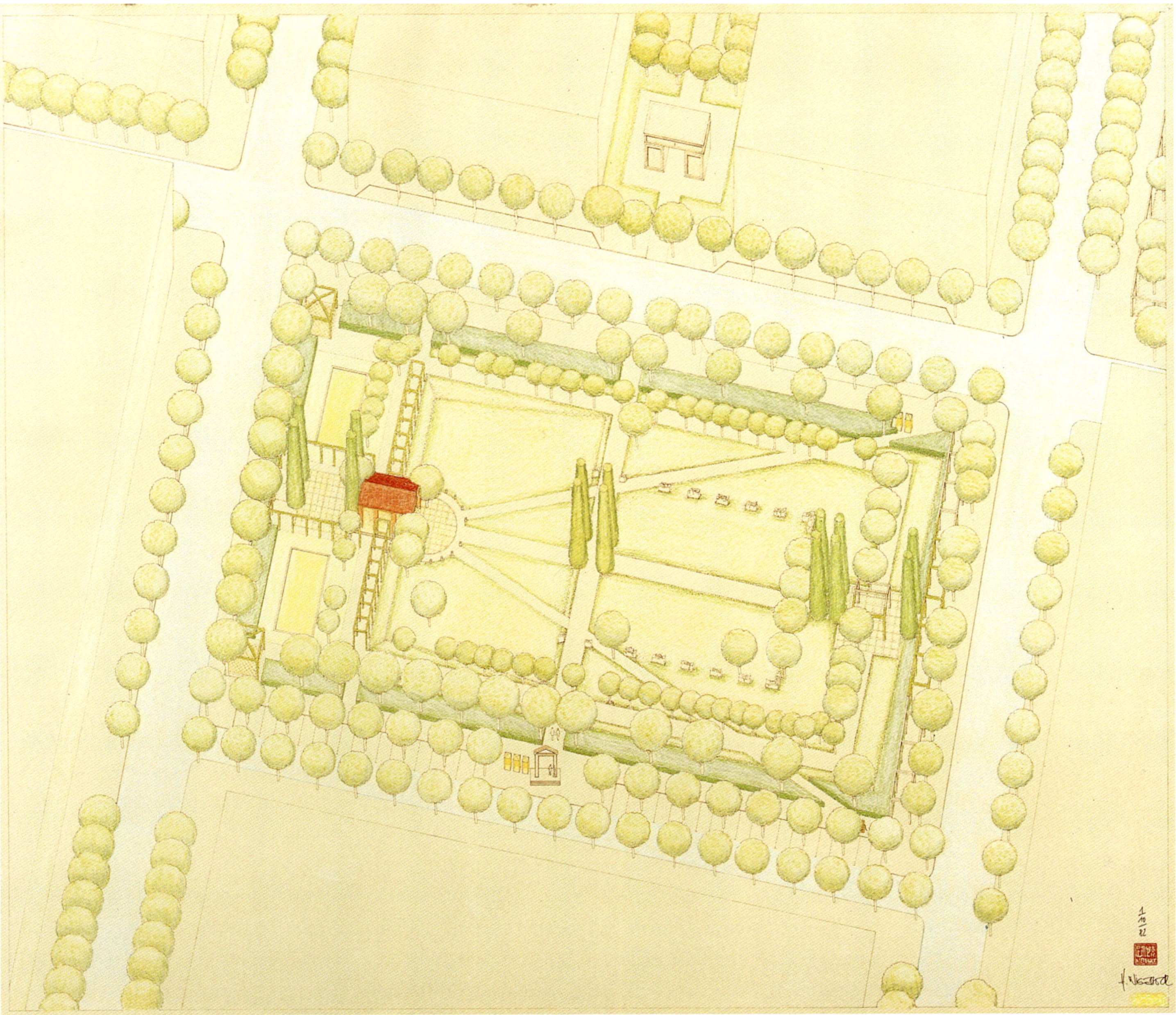

116 IBA-Wettbewerb Magdeburger Platz, 1. Preis 1987, Entwurf: Henry Nielebock / Johannes Grützke

117 Luftaufnahme vom Breitscheidplatz mit Gedächtniskirche, 1986

Breitscheidplatz

Ende der siebziger Jahre wurden die Bemühungen um eine attraktivere Gestaltung des Kernbereichs der westlichen City verstärkt. Sie hatte durch das weltweit zu verzeichnendeVordringen von Junkfood- und Kettenläden, wodurch sich das Mietgefüge in den besten Lagen veränderte, einen anhaltenden Niveauverfall erlitten. Im Zuge dieser Gestaltungsbemühungen rückten auch *Breitscheidplatz* und *Wittenbergplatz* in den Mittelpunkt des Interesses.

Der *Breitscheidplatz* war durch die Schließung der sog. „Schnalle", einer stark befahrenden Querverbindung zwischen Tauentzienstraße und Budapester Straße, beträchtlich vergrößert worden. In einem städtebaulichen Gutachten war die Schließung der *„Schnalle"* beschlossen und 1980 ein Künstlerwettbewerb ausge lobt worden, der mit 120 Einsendungen aus dem gesamten Bundesgebiet rege Beteiligung erfuhr. Gefordert wurde in den Kriterien des Wettbewerbs ein attraktiver Abgang zum Untergeschoß des Europa-Centers sowie ein Überdenken des Tunnels im Verlauf der Budapester Straße. Der Tunnel blieb, doch gelang es- durch die Verlagerung von Cafés aus dem Europa-Center in den Außenraum- den Platz mit hoher Akzeptanz für Fußgänger zu versehen und zum wahren Zentrum der westlichen City mit großer Aufenthaltsqualität zu machen. Die gelungene Brunnenplastik des Wettbewerbsgewinners *Schmettau,* die den Abgang zum Untergeschoß des Europa- Centers betont, trägt wesentlich zur Attraktivität des Platzes bei (Abb. 117).

Der Typus eines neuen Stadtplatzes war entstanden: Nicht mehr wie früher den Toren vorgelagert oder dem Handel dienend, ist der neue Platz, obwohl seiner traditionellen Funktionen beraubt, Sammel- und Begegnungspunkt der Konsum- und Freizeitgesellschaft. Seine Nutzer sind Touristen, Stadtvergnügte, Flaneure oder Gruppen,

118 Luftaufnahme vom Wittenbergplatz mit dem Bahnhofsgebäude von Alfred Grenander, 1995

die sich zu Spiel oder Müßiggang niederlassen. Seine räumliche Begrenzung ist indifferent, sekundär, denn Platz und Publikum bilden die Kulisse für die täglichen Selbstinszenierungen seiner Nutzer. Nicht von ungefähr hat das gerade die junge Generation der Berliner entdeckt und den Platz zu ihrer Bühne par excellence erhoben. Die Gestaltungsattribute des Platzes wie die repräsentative Pflasterung, der Brunnen, das Café, Bänke und Bäume sowie die Beleuchtung bei Nacht sind hervorragende Requisiten; das täglich gespielte Stück heißt Urbanität, der Eintritt ist frei und viele spielen mit..

Im Verlaufe der Bemühungen um die repräsentative Gestaltung der City wurden Tauentzienstraße und Kurfürstendamm mit Verschönerungsprogrammen überzogen, die sich im wesentlichen am historischen Gestaltungspotential orientierten. Bezirkliche Alleingänge sowie die immer unerbittlicher werdende Auseinandersetzung zwischen ökologisch oder verkehrstechnisch orientierten Gruppierungen führten in der Folge zu meist weniger geglückten Lösungen.

Wittenbergplatz

Die Umgestaltung des *Wittenbergplatzes,* des letzten Platzes innerhalb des so genannten *Generalzuges* in westlicher Richtung, begann 1980, nachdem die Architekten *Bangert, Jansen, Scholz* und *Schultes* mehrere Vorschläge für die Gestaltung der Fläche erarbeitet hatten. Die nördliche Hälfte des Platzes sollte weiterhin dem Wochenmarkt, die südliche mehr dem Aufenthalt dienen. Für beide Hälften wurden in einem Künstlerwettbewerb Brunnenanlagen entwickelt, die nach Vorlagen von *Waldemar Grzimek* realisiert wurden.

Der Platz spiegelt das Bedürfnis nach Sauberkeit und Ordnung wider, deren Fehlen das Bild lange Zeit beeinträchtigte. Der ruhende Verkehr wurde von den Flächen verbannt. Viele Kriterien für eine funktionierende Platzanlage waren damit erfüllt. Daß er dennoch nicht in dem ihm gebührenden Maße frequentiert wird, mag auf seine Lage am Ende der Tauentzienstraße zurückzuführen sein, dem Ende der westlichen City. Als Sammelpunkt für Demonstrationen eingeführt, fristen beide Hälften auf sich orientiert ansonsten ein eher bescheidenes Dasein. Der mittige U-Bahn Zugang schafft leider keine Querverbindungen (Abb. 118).

119 Modellsimulation vom Stadtgestaltungswettbewerb am Joachimstaler Platz von Bangert, Jansen, Scholz und Schultes, 1984

Kurfürstendammplätze

In den folgenden Jahren hielt das Interesse an den im Bereich des Kurfürstendamms liegenden Plätzen unverändert an. Die eigentliche City mit ihren schönen, historischen Platzanlagen befand sich nach wie vor auf östlicher Seite. Aus diesem Grunde blieb der Westseite nur die Beschäftigung mit den wenigen, kaum ihre Bezeichnung verdienenden Flächen. 1984 wurde erneut der sogenannte *Joachimstaler Platz* zum Gegenstand von Planungsüberlegungen der Architekten *Bangert, Jansen, Scholz* und *Schultes*. Sie fertigten eine Reihe von Entwürfen für eine Stadt-Loggia an, die auf dem Dreieck zwischen Kurfürstendamm und Joachimstaler Straße entstehen sollte.

Die Loggia-Entwürfe sind typisch für das Dilemma der sogenannten Kurfürstendammplätze, die im Sinne der Definition keine Plätze sind, sondern nur Bürgersteigaufweitungen, und ihre Entstehung lediglich dem Zurückweichen einer oder mehrerer Ecken verdanken, tatsächlich aber Fußgängern neue Aufenthaltsqualitäten sichern sollten. *Joachimstaler Platz, Uhlandstraße, George-Grosz-Platz, Leibnizstraße, Adenauerplatz, Lehniner Platz* und schließlich *Henriettenplatz* sind zwar Orte spezifischen städtebaulichen Charakters, sie als Platz zu bezeichnen ist wenig zutreffend. Daran konnte auch

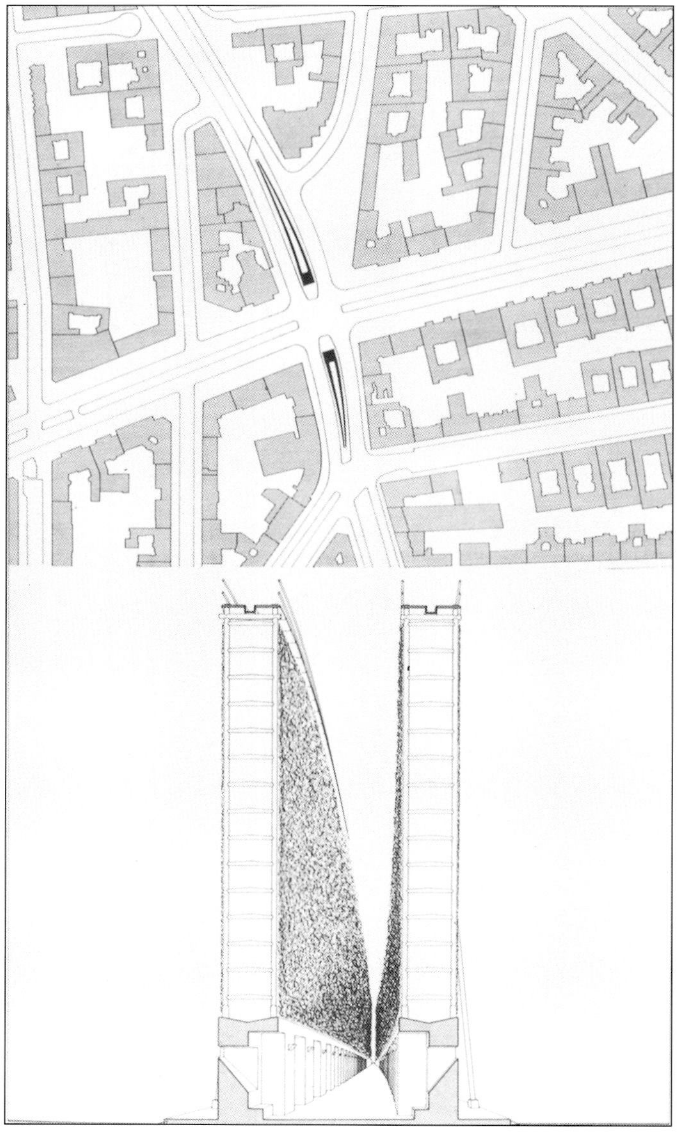

120 Städtebaulicher Ideenwettbewerb „Kurfürstendamm“, Teilbereich Adenauer Platz, 1. Preis Franz Th. Maurer, Hans Kollhoff und Helga Timmermann, 1986

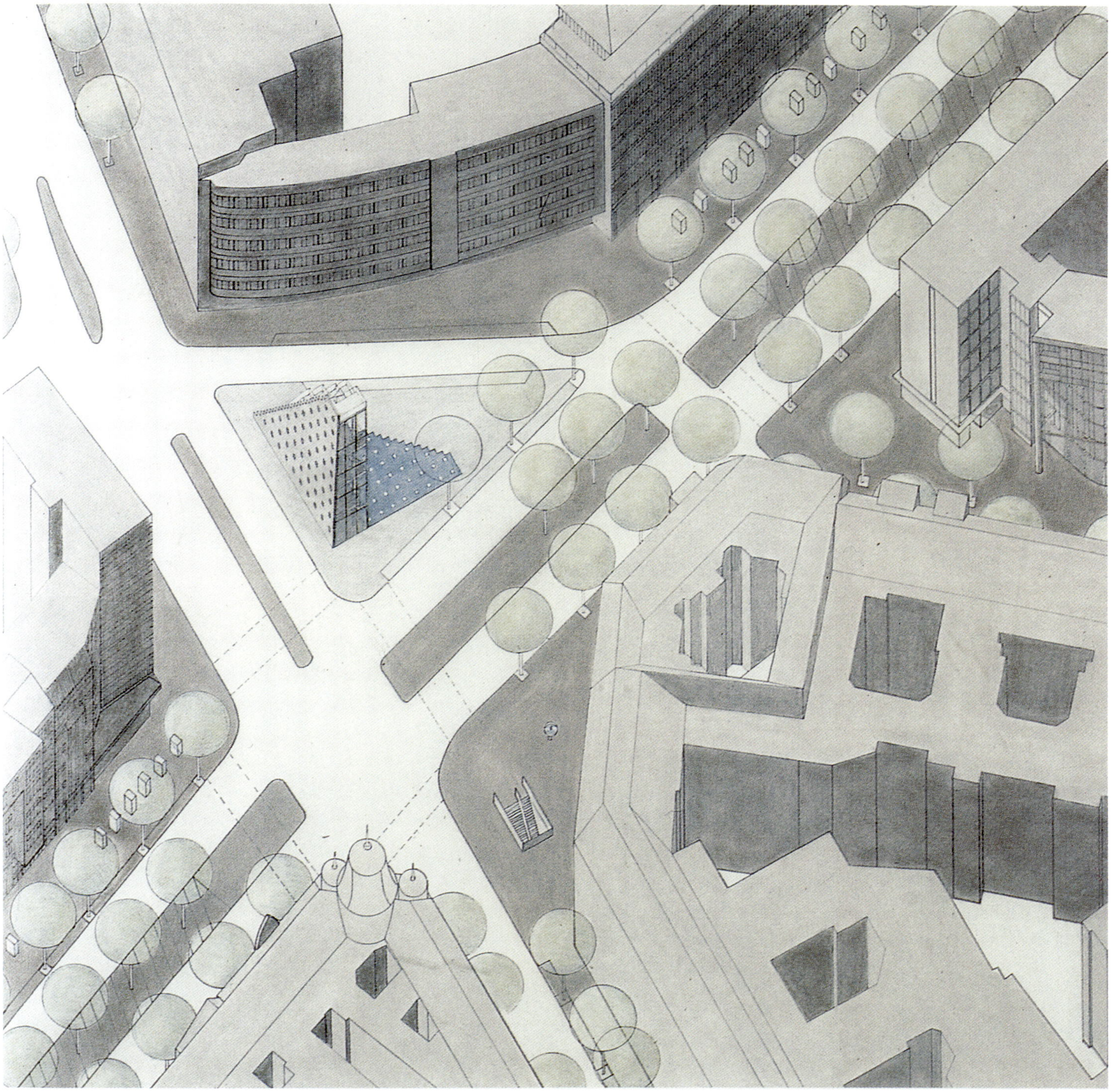

121 Städtebaulicher Ideenwettbewerb „Kurfürstendamm", Teilbereich Leibnitzstraße / Konstanzer Straße, 1. Preis: Hans Haus-Rucker & Co., 1986

ein 1986 ausgelobter Wettbewerb nichts ändern. Das Zurückweichen der Bauflucht an den Eckpunkten der Blöcke bietet nur wenig räumliche Bezüge, die zur Herstellung eines Platzes geeignet wären. Diesen Mangel einsehend, schlugen die Architekten für den *Joachimstaler Platz* eine Variante der in den siebziger Jahren wiederentdeckten Stadtloggia vor (Abb. 119). Sie sollte auf der Fläche einen Raum entwickeln, um als Raum im Raum erst erfahrbar zu werden. Ähnlich verhielt es sich mit den „Salinen" der Architekten *Hans Kollhoff* und *Helga Timmermann* für den *Adenauerplatz* (Abb. 120) oder den Vorschlägen beim „Haus des Tourismus" auf der Restfläche zwischen Kurfürstendamm und Leibnizstraße der Gruppe *Haus-Rucker-Co* (Abb. 121). Wo keine Plätze vorhanden sind, kann auch der gute Wille keine herbeizaubern. Alle Versuche, mit Hilfe baulicher Elemente Kanten oder Wände zu erzeugen, die zur Raumbildung beitragen könnten, bleiben unzulänglich, wenn nicht attraktive Nutzungen für einen Aufenthalt hinzutreffen. Welchen städtebaulichen Beitrag darüber hinaus diese Spontanfantasien für die Rückgewinnung des Lebensraumes Stadt haben, bleibt offen.

Beispielhaft für die Unzulänglichkeit dieser Vorhaben ist der sogenannte *Henriettenplatz*. Er wurde 1985 in einem Gutachten untersucht, was schließlich zur Umgestaltung durch die Architekten *Bonanni* und *Lattermann* führte. Die Rest flächen, aus denen der Platz gebildet werden sollte, befanden sich beidseitig des Kurfürstendamms, typische Relikte des Wiederaufbaus der zerstörten Stadt in den fünfziger Jahren. Was auf dem Plan durch eine doppelte Baumreihe noch zu glücken scheint, scheitert an der Realität: Die Situation selbst verhindert ein Zusammenwachsen der Restflächen. Beide Hälften führen weiterhin ihr nun zwar wohlgestaltetes, aber dennoch nicht zu übersehendes Eigenleben. Der Versuch, auch hier mit Hilfe der bewährten Elemente Stele, Arkade, Brunnen, Baum, Laterne und aufwendiger Pflasterung eine gewisse Behaglichkeit zu erzwingen, bleibt unzureichend. Die Verweilqualität hat sich zwar erhöht, doch eine Raumbildung findet nicht statt. Die Gesamtfläche bleibt undefiniert und nach Westen geöffnet (Abb. 122).

Die Angst vor der Leere scheint das auf dem Plan stimmig erscheinende Konzept verwässert zu haben, Alt-Berliner Leuchten in Türkisgrün können keine ‚Gemütlichkeit verordnen'.

Rathenauplatz

Erwähnenswert ist noch der im Kurfürstendamm-Verfahren prämierte Vorschlag für die Gestaltung des *Rathenauplatzes,* der im Sinne der Wagnerschen Definition des Großstadt- Verkehrsplatzes steht. Eigentlich handelt es sich bei diesem Areal um eine T-Kreuzung am westlichen Ende des Kurfürstendamms, der im Süden die Wände gänzlich fehlen, während sie im Westen in weiter Ferne liegen. Es ist ein reiner Verkehrsplatz, ähnlich dem *Ernst-Reuter-Platz,* ohne jeglichen Anspruch auf Verweilqualitäten. Der hier unternommene Versuch, dem Platz gar nicht erst den Atem kleinbürgerlicher Idylle einhauchen zu wollen, schien aussichtsreich und vielversprechend. Das Überzeichnen der Situation, die Überhöhung dessen, was an dieser Stelle tatsächlich stattfindet, ist der konsequente, aus der jüngeren Geschichte abgeleitete Weg: Das *Vostellsche* Cadillacmonument im Mittelpunkt einer Verkehrszentrifuge, großstädtische Attribute am Eingangsplatz zum attraktiven Boulevard, Billboards, Lichtreklamen und kalte marmorne Abgrenzungselemente zwischen Fußgängern und Verkehrsgetümmel; der Cadillac symbolisch auf dem Altar des Platzes, als geopferte Fläche des Verkehrs - ein möglicher Endpunkt der Stadtplatzentwicklung-, ist konsequent, wo alle anderen verniedlichenden Möglichkeiten, da ohnehin nur kosmetisch, fragwürdig wären (Abb. 123). Vom Platz sind bisher nur Teile der Verkehrsführung und das Vostellsche Monument realisiert.

In den achtziger Jahren erfahren Plätze im Westteil Berlins unverhofft Hochkonjunktur. Jeder Kietz, jeder Bezirk beginnt sich seiner jahrelang vernachlässigten, meist voreilig dem Verkehr überlassenen Flächen zu besinnen und bemüht sich, ihnen möglichst im Einklang mit neuen Nutzungsanforderungen ihre Identität zurückzugeben. *Hermannplatz, Olivaer Platz, Prager Platz, Fasanenplatz,* die Reihe ließe sich beliebig lang fortsetzen und um einige z. T. noch heute nicht abgeschlossene Verfahren wie beim *Winterfeldtplatz* ergänzen. Neben der Bemühung um Vorhandenes bestand auch weiterhin das Verlangen, neue Plätze als innerstädtische Oasen zu konzipieren. In diese Reihe gehört auch der Versuch *Hans Holleins* das Kulturforum zu einer Stadtoase umzugestalten (Abb. 124). *Holleins* Entwurf war das Ergebnis eines 1983 ausgeschriebenen „Internationalen Gutachtens Kulturforum", das darauf abzielte, den veränderten Bedingungen in diesem Bereich gerecht zu werden. *Hollein* versuchte die unterschiedlichen Solitäre der Nationalgalerie, der Philharmonie, der noch nicht fertigen Muse-

122 Luftaufnahme des Henriettenplatzes, 1988, Gestaltung von Bonani und Lattermann

124 Internationales städtebauliches Gutachten zum Kulturforum von Hans Hollein, 1984

umsbauten *Gutbrods* mit der jenseits der Potsdamer Straße liegen den Staatsbibliothek in einen stadträumlichen Zusammenhang zu bringen. Es gelang ihm eine recht überzeugende Lösung, indem er die unterschiedlichen Architekturen mit Hilfe einer Anzahl von Treppen und Terrassen miteinander in Beziehung setzte und durch weitere kleine Solitäre ergänzte. In den darauffolgenden Jahren mußte er seinen Vorschlag immer wieder überarbeiten, zahlreiche Senatsbeschlüsse trugen mehr zur Verhinderung als zur Realisierung des Projekts bei. 1986 wurde ein Gerüst im Maßstab 1:1 installiert, um die Proportionen des Ensembles zu überprüfen. Es war geplant, das Kulturforum unmittelbar nach der 750-Jahr-Feier zu vollenden. Das unterblieb jedoch bis heute.

Die kurze Blütezeit der Bürgersteigplätze ist mit dem wachsenden Bestreben nach repräsentativerer Ausgestaltung des öffentlichen Raums im City-Bereich und dem Fehlen weiterer geeigneter Objekte zu erklären. Die Versuche, in den identitätsloser werdenden Stadtraum ästhetische und wenn möglich darüber hinaus noch funktionelle Höhepunkte einzubringen, waren durch die Schriften engagierter Theoretiker vorbereitet, die das zunehmende Unbehagen der Bürger an „ihrer" Stadt anprangerten.[20] Der lang verschmähte historische Stadtraum schien die Rezepturen für die Bewältigung der Probleme zu beinhalten. Der Platz war eine dieser Möglichkeiten, mit der sich die Hoffnung verband, zu städtebaulich befriedigenden Lösungen problematischer Bereiche zu kommen. Die Sanierungsgebiete hatten ja die Bedeutung der Plätze belegt!

Doch hier endet die Diskussion um den Stadtplatz vorerst: Die Erbschaften der Wende, der unverhofft dazugewonnene Betätigungsraum lassen die Beschäftigung mit anderen Bereichen des Stadtraums vordringlicher erscheinen. Der Begriff der „Metropole" stand durch die Ankündigung der Regierung, nach Berlin umzusiedeln, urplötzlich wieder im Raum.

Der Kreis schließt sich.

123 Städtebaulicher Ideenwettbewerb „Kurfürstendamm", Teilbereich Rathenauplatz,
1. Preis: Verfasser, 1986 mit dem Cadillac-Monument von Vostell

Nach der Wende: Die Internationalisierung der Stadt

Die Plätze in Berlin (O) hatten während der Demonstrationen im Herbst des Jahres 1989 ihre Existenzberechtigung eindrucksvoll bestätigt. Unblutig war der erste sozialistische Staat auf deutschem Boden Teil der Geschichte geworden. Dem lang ersehnten Zusammenwachsen der beiden Stadthälften standen anscheinend nur die auf beiden Seiten in Straßen und Achsen aneinander vorbeigebauten Sünden der letzten fünfundvierzig Jahren im Wege.Von einigen Plätzen im Grenzbereich ließen sich die Umrisse nur noch erahnen, etwa beim *Pariser Platz* und *Leipziger/Potsdamer Platz* (Abb. 125). Andere waren Opfer der Planungsideologie der sechziger Jahre geworden, wie die im Zuge der Verbreiterung der Leipziger Straße geschliffenen Flächen von *Spittelmarkt, Dönhoffplatz, Petriplatz* und *Molkenmarkt*. Beim Durchstich der Karl-Liebknecht-Straße hatte sich auch der *Neue Markt* aus dem Stadtbild verabschieden müssen, der *Alexanderplatz* war in seiner Ur-Form selbst Eingeweihten kaum erkennbar.

Der selbstverursachte Druck, die wie eine unerwartete, jähe Beute zugefallene Innenstadt schnellstens nach kapitalistischem Vorbild aufzubauen und zu revitalisieren, mündete in einer Anzahl von Gutachten und Wettbewerben. In Rahmen dieser Arbeit soll punktuell nur an zwei herausragenden Platzbeispielen der Wandel der Kriterien bis in die Gegenwart verfolgt werden. Es sind das

125 Blick über den Leipziger Platz auf das ehem. Regierungsviertel und die Grenzanlagen, um 1966

der *Alexanderplatz* und der *Potsdamer Platz,* deren Verfahren, die noch nicht abgeschlossen sind, näher betrachtet werden sollen.

Bereits im Frühjahr 1990 begann man sich in den beiden zuständigen, politisch jedoch über Kreuz liegenden Senatsabteilungen intensiv um die Möglichkeiten der Zusammenführung der beiden Stadthälften zu bemühen. Im Stadtforum und bei anderen Gelegenheiten diskutierte man die räumlich - funktionale Zukunft Berlins. Von entscheidender Bedeutung erwies sich dabei der Umstand, daß die Diskussion über den Ostteil fast ausschließlich von westlichen Planern geführt wurde. Der Westteil der Stadt und die ostdeutschen Planer blieben in diesem Prozeß zunächst weitestgehend ausgeklammert, von wenigen Alibiauftritten abgesehen. Dem ehemaligen DDR-Bürger haftete offenkundig das Stigma einer Mitschuld an, Bürger eines zweiten Staates auf deutschem Boden gewesen zu sein. Da dieser zweite deutsche Staat, nach Auffassung des Westens, niemals eine Legitimation besessen hatte, war auch alles, was er hervorgebracht hatte, suspekt. Der schlechte Zustand der Städte mit ihren verwahrlosten Altstadtvierteln schien das zu beweisen.

Nachdem die „Fronten" klar waren, stand auch der Umverteilung der Werte, vor allem der Filetgrundstücke im alten Zentrum, nichts mehr im Wege. Nach einem zwar mühsamen, aber von Erfolg gekrönten Prozeß befanden sich bald alle wertvollen Grundstücke der Innenstadt im Besitz westlicher Gesellschaften. In einer ersten „Phase der Aufregung", in der ersten Hälfte der neunziger Jahre, die vor allem durch den angekündigten Umzug der Bundesregierung nach Berlin geschürt wurde, kam es zu einem wahren Boom im Bürohausbau, der jedoch inzwischen durch erhebliche Leerstände jäh gebremst ist. Der Wohnungsbau mußte in diesem Wettstreit erneut unterliegen. Ins Uferlose steigende Grundstückspreise behinderten die Wohnungsbaumaßnahmen im Innenstadtbereich. Wie in den zwanziger Jahren war man erneut gezwungen, an die Peripherie der Stadt auszuweichen und damit der Monofunktionalisierung und allabendlichen Verkümmerung der Innenstadt Vorschub zu leisten.

126 Potsdamer Platz mit dem Columbus-Haus, 1946

Excurs Potsdamer Platz 7

Die Maueröffnung holte die Geisterlandschaft des ehemaligen Potsdamer/Leipziger Platzes jäh wieder in den Mittelpunkt des Geschehens. Einiges hatte die Fläche des ehemaligen Weltstadtplatzes in den letzten Jahrzehnten über sich ergehen lassen müssen. Die Zerstörungen waren am Ende so gewaltig gewesen, daß sich mit einem sichtbaren Hügel sogar von Troja noch mehr erhalten hatte. Dabei hätte man den Platz nach Ende des Krieges problemlos rekonstruieren können, doch verhinderte die fatale Situation, daß er im Schnittpunkt dreier Sektoren lag, den Aufbau. 1953, beim Aufstand in Ost-Berlin, geriet das am Platzrand teilweise wiedererrichtete „Columbushaus" erneut in Brand und wurde schließlich 1956 abgerissen (Abb. 126). *Die schon geschilderten stadtplaneri schen Überlegungen der Nachkriegszeit, angefangen beim „Kollektivplan" über den „Bonatzplan", den „Kompositionsplan" bis zum Hauptstadtwettbewerb im Jahre 1958, hatten die Stadt überwiegend unter verkehrlichen Gesichtspunkten betrachtet. Ein System von autobahnähnlichen Innenstadt - Tangenten begann sich herauszukristallisieren. Der Flächennutzungsplan von 1965 schließlich zeigt das endgültige Tangentensystem mit der unmittelbar am ehemaligen Potsdamer Platz vorbeiführenden Trasse der Westtangente, die den langgehegten Wunsch nach einer Nord-Süd-Verbindung als Innenstadtumfahrung erfüllen sollte, ein Plan der seit Martin Mächler in der Diskussion stand. Auch Speers Nordsüdachse verfolgte eine solche funktionale Grundidee.*

Der Bau der Mauer 1961 hat die bis dahin stets von einer einheitlichen Planung ausgehenden Vorstellungen zunichte gemacht. Doch die Realität war der politischen Entwicklung bereits vorausgeeilt. Im Westteil hatten sich Kurfürstendamm und Tauentzien seit der Jahrhundertwende als neues Zentrum etabliert, im Ostteil Berlins hatte der Bereich um den Alexanderplatz die Funktion der zerstörten, überdies durch die Grenznähe geschwächten Friedrichstadt übernommen. Vor diesem Hintergrund ist die Planung des Kulturforums mit dem heute schwer verständlichen Verschwenken der Potsdamer Straße und dem Bau der Staatsbibliothek direkt auf der alten Straßentrasse zu sehen. Die abweisende, geschlossene Rückwand der Staatsbibliothek dokumentiert noch heute, daß hier die Westtangente vorbeiführen sollte, die mit ihren sechs Fahrbahnen und zwei Zubringern, darüber hinaus in Hochlage(!), ein beachtliches Verkehrsbauwerk geworden wäre. „...auf Anregung des Regierenden Bürgermeisters (fand) eine Besprechung zwischen ihm, Senator Schwedler und mir statt ... Nun stellte sich heraus, weshalb die alte Potsdamer Straße nach Norden verlegt werden soll. Nicht wegen der Staatsbibliothek, sondern wegen der vier Anschlüsse von der neuen Potsdamer Straße zur Westtangente.Von der Verschandelung der ganzen Gegend kann man sich einen Begriff machen, wenn man bedenkt, daß die Westtangente vom überquerten Landwehrkanal her als Hochstraße verläuft, bis sie die Straße des 17. Juni untertunnelt" [1]. Die Ende der sechziger Jahre wachsende Entrüstung gegen die sicht- und spürbar gewordenen stadtzerstörenden Verkehrsbauwerke verhinderte noch Schlimmeres am Potsdamer Platz. Ein 1973 ausgelobter Wettbewerb zur Entwicklung neuer städtebaulicher Lösungen für das Gebiet „Landwehrkanal - Tiergarten" brachte keine überzeugenden Vorschläge; die Brache war ohnedies ausgeklammert worden. 1979 wurde das Gebiet zum Bestandteil des „Zentralen Bereichs" zwischen Alter Mitte und Kurfürstendamm und Teil des IBA-Planung gebietes Tiergarten/Südliche Friedrichstadt. Nachdem die Tangentenplanung Anfang der achtziger Jahre endgültig ad acta gelegt worden war, tastete sich ein erster Rahmenplan der IBA an eine geschlossene Wohnbebauung zwischen dem Kulturforum und der Grenze heran. Der abschließende „Städtebauliche Rahmenplan" von 1984 jedoch sieht das Arreal wiederum als Grünfläche. Man wollte dem städtebaulichen Anschluß an die alte Kernstadt nicht vorgreifen. Noch 1989 beschloß der Senat, das Gebiet zum Bestandteil der für 1995 geplanten Bundesgartenschau zu machen. Wenig später, am 9. November, öffnete sich die Mauer, der Potsdamer Platz lag wieder im Zentrum der Stadt.

Noch vor Öffnung der Mauer hatte Edzard Reuter, Sohn des ehemaligen Regierenden Bürgermeisters von Berlin und Vorstandschef der Daimler Benz AG, geplant, durch eine größere bauliche Investition ein Zeichen zu setzen. Der Rückkauf des sog. Lennédreiecks 1988 im Rahmen eines Gebietsaustausches hatte eine sinnvolle Arrondierung des nördlich des Platzes gelegenen Bereiches ermöglicht. Im Herbst 1989 waren die Verhandlungen weitgehend abgeschlossen. Durch den Fall der Mauer vergrößerte sich das zu erwerbende Grundstück um den Bereich des Bellevue-Towers. Der Kauf des Areals erfolgte im November 1990 und erregte die Gemüter nicht nur wegen des vereinbarten Preises. Manfred Sack nannte ihn ein „Jahrhundertfiasko", Julius Posner

127 Modellfoto vom Potsdamer / Leipziger Platz, 1. Preis: Heinz Hillmer und Christoph Sattler, 1991

bezeichnete ihn als „unverschämte Veranstaltung zweier Großunternehmen, von denen sich der Berliner Senat habe einschüchtern lassen“, Wolf Jobst Siedler sprach von der „Abdankung der Stadt vor den Investoren“. Allgemein wurde das Versagen der Politiker in den Verhandlungen mit den Investoren beklagt.[2] Zu lange war man in Berlin gezwungen gewesen, jedem Investor hinterherzulaufen, als daß man nun plötzlich „weltstädtisch“ hätte verhandeln können.“Statt Funktionen, Nutzungen, Rahmenbedingungen und Strukturen vorzugeben, verkauft die Stadt ihr Eigentum an Grund und Boden und begibt sich damit des einzigen wirklich wirksamen Gestaltungsmittels“,schreibt Gerwin Zohlen in seinem Beitrag „Erblast des Mythos“ [3]. Das Gebietsdreieck, auf dem sich das ehemalige Hotel Esplanade befand, wurde unmittelbar darauf von Sony und ein weiteres von Asea Brown Boveri erworben. Die Investoren probten schon bald den Aufstand. Da ihnen die Entwicklung viel zu zögerlich verlief, beauftragten sie Sir Richard Rogers mit einem vorgezogenen Entwurf für das Gelände, der den Senat in Zugzwang versetzte.

Am 28. Juni 1991 lobte der Senator für Stadtentwicklung und Umweltschutz den ersten einer Reihe von Wettbewerben aus, die zur Klärung des städtebaulichen Umfeldes dienen sollten. Sechzehn Büros wurden eingeladen, sechs davon aus Berlin. Daimler Benz war bereits im Vorfeld eine hohe Ausnutzung mit einer GFZ von 5,1 zugesagt worden, die zur Meßlatte der Begehrlichkeit wurde [4]. Die Ausschreibung forderte die Entwicklung eines „Zentrums der Metropole“ mit einem neu zu definierenden Potsdamer/Leipziger Platz. Die veränderte Straßenführung der neuen Potsdamer Straße ließ sich nun axial auf den Doppelplatz zuführen, was zu einer ungewollten Bewältigung der Situation beitrug. Das während der IBA geprägte Schlagwort von der kritischen Rekonstruktion des Stadtgrundrisses wurde erneut für die Forderungen nach klassischen Straßenrastern und Blockrandbebauungen bemüht. Die zu erwartenden Verkehre der wichtigsten West-Ost-Verbindung ließen alte Ängste wieder aufkommen, so daß man im Ausschreibungstext auf die Vermeidung zusätzlicher Verkehre hinwies.

Das Münchener Büro Hilmer und Sattler konnte die wichtigste erste Phase mit einem schlichten, aber auch prägnant alte Strukturen aufnehmenden Entwurf für sich entscheiden, der Grundlage für die weiteren Wettbewerbe werden sollte (Abb. 127, 128).

Im März 1992 lobte die Daimler-Benz AG zusammen mit dem Senat und dem Bezirk Tiergarten einen zweiten Wettbewerb in Form eines Realisierungswettbewerbs für ihr zwischen Linkstraße und Potsdamer Straße gelegenes Areal aus. Ausgangspunkt war der von Hilmer und Sattler im Dezember 1991 überarbeitete Plan, der gleichzeitig Grundlage des Bebauungsplanverfahrens werden sollte. Eine neue Traufhöhe von 35 Metern, auf die noch zwei zusätzliche Staffelgeschosse gesetzt werden durften - die Berliner Traufhöhe lag bislang bei 22 Metern - wurde eingeführt, obwohl in der Wettbewerbsausschreibung noch zu lesen war: „Dabei ist im Bereich des Potsdamer Platzes die traditionelle Berliner Traufhöhe zu respektieren.“ [5]. Am Potsdamer Platz und am Landwehrkanal wurden Häuser mit einer Höhe bis zu 80 Metern erlaubt. Verzweifelte Versuche, eine Funktionsmischung zu erreichen, überlagerten sich mit nicht minder verzweifelten Versuchen, die Fahrverkehre einzuschränken. Ein Autotunnel mit Einmündung an der Schellingstraße gehörte nun ebenfalls zu den Vorgaben. Von den vierzehn eingeladenen Architekten kamen nun nur noch zwei aus Berlin. Renzo Piano gewann diese, die eigentlichen Baumaßnahmen vorbereitende zweite Stufe mit einem Beitrag, der sich eng an das Konzept von Hilmer/Sattler anlehnte. Augenfällig an seinem Entwurf war die Eingliederung der Rückseite der Staatsbibliothek in ein neues kleines Kulturzentrum. Das zu erhaltende Haus Huth wurde in ein Wasserbecken gesetzt, unter dem der Straßentunnel verschwand. Die Lindenallee der alten Potsdamer Straße wurde zu einer „Piazza“ aufgewertet, die Potsdamer/Leipziger Platz an das neue Kulturzentrum anbindet. Zum Platz selbst wurden kaum Aussagen gemacht (Abb. 129).

Parallel dazu hatte im August 1992 Sony in einem weiteren Wettbewerb für das nördlich der verschwenkten Potsdamer Straße gelegene Grundstück, auf dem sich die Reste des ehemaligen Esplanade-Hotels befinden, Helmut Jahn als Preisträger erkoren. Dieses Wettbewerbergebnis mit seiner relativ banalen, austauschbaren Architektur ist weitaus kritischer zu beurteilen, da es die Grundvoraussetzungen städtischen Lebens berührt. Im Zentrum des dreieckigen Blocks ordnete der Architekt eine ovale Halle an, eine Art „Indoorplaza“ nach amerikanischem Vorbild (Abb 131). *Es handelt sich dabei eigentlich um eine Variante des Bautypus der Passage, die nun aber, wie die gerade bewältigt scheinende Postmoderne, als Rückimport aus Amerika in die europäischen Städte vorzudringen scheint. Damit warf sich die Frage auf, welchen Charakter Doppelplatz und angrenzende Bebauung in Zukunft erhalten sollen. Das amerikanische Vorbild der „Indoorplaza“ zielt eindeutig auf die private Nutzung des öffentlichen städtischen Raumes durch Konsumenten und Sicherheitskontrolle durch die Inhaber, wobei die traditionellen Nutzungen in den Hintergrund geraten. Die Kaufkraft soll gezielt abgeschöpft werden, möglichst unbelästigt und von polizeiähnlichem Sicherheitspersonal überwacht. Das bedeutet eine massive Einschränkung des urbanen Lebens, das u.a. darauf basiert, daß die Räume der Stadt jeder Zeit uneingeschränkt zugänglich sind. „Stadtplätze sind zum Himmel hin offen; das gilt beispielsweise für keine Bahnhofshalle oder Passage; um so wichtiger ist der Stadtboden als die ‚Fünfte Ansicht‘ im Stadtraum“ [6]. Hier setzte die eigentliche Kritik an der Vergabe der Grundstücke ein. Die Stadt hatte mit dieser Zustimmung ihre Steuerungsmöglichkeiten leichtfertig aus der Hand gegeben. In Zukunft konnte sie nur noch reagieren. Ihres Handlungsspielraums, der so wichtig für die Steuerung der urbanen Entwicklung ist, hat sie sich weitgehend beraubt* (Abb. 130).

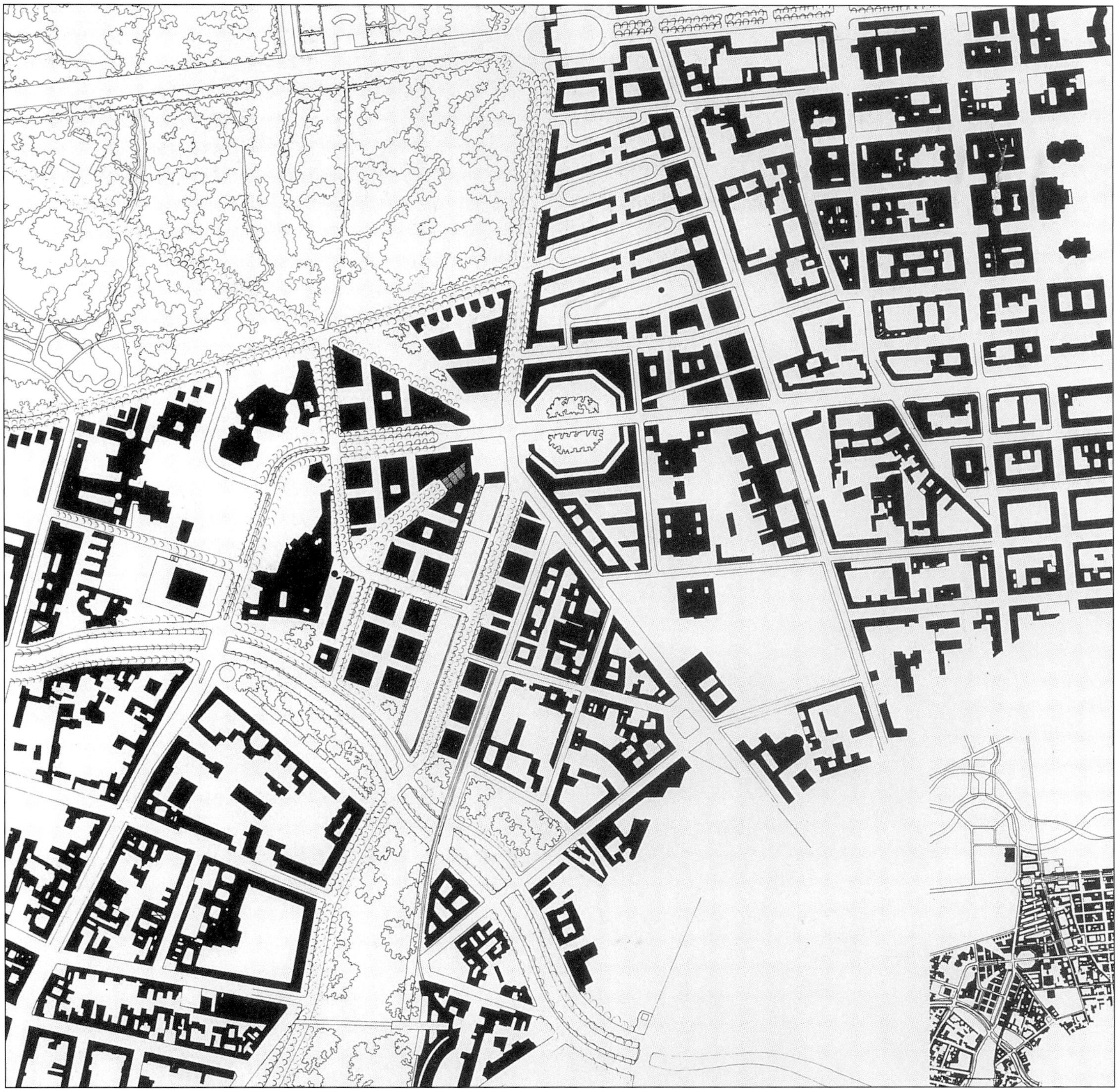

128 Städtebauliche Gesamtplanung von Hillmer und Sattler, 1991

129 Realisierungswettbewerb Daimler-Benz-Komplex, 1. Preis: Renzo Piano, 1992

130 Innenraumansicht Sony-Plaza von Helmut Jahn, 1992

131 Modellfoto des Sony-Komplexes von Helmut Jahn, 1. Preis des Wettbewerbs von 1992

Excurs Alexanderplatz 4

Liest man das Impressum des 1994 erschienenen Buches „Alexanderplatz. Städtebaulicher Wettbewerb“ [7], *wird einiges verständlich, was vorher kaum nachvollziehbar erschien. Unter dem Sammelbegriff „Verein Entwicklungsgemeinschaft Alexanderplatz“ haben sich die neuen Eigentümer der Citygrundstücke zu einer Zweckgemeinschaft zusammengeschlossen.*

1992 entschloß man sich bei der Senatsabteilung für Umwelt und Stadtentwicklung zur Ausschreibung eines Wettbewerbs, dessen Ziel die Neuordnung der Gegend um den Alexanderplatz war. Offizieller Anlaß waren einige z. T. bereits weiter fortgeschrittene Aktivitäten von Bauträgern, die in einem Falle bereits zur Erteilung eines Vorbescheides geführt hatten. Für die Platzfläche hatten die „Grün Berlin GmbH“ und die Initiative „Gewächshaus Berlin“ Gestaltungsvorschläge unterbreitet, die es in einen Gesamtrahmen einzubetten galt. Der Senat war zu reagieren gezwungen, wollte er die planerische Verantwortung für die Innenstadt nicht völlig verlieren. Das Wettbewerbsgebiet wurde auf den Bereich der Platzfläche und der nördlich angrenzenden Grundstücke der Investoren beschränkt, das südlich der Stadtbahn liegende Marx-Engels-Forum wurde vorerst ausgeklammert. In der ersten Stufe kam es bereits zu Interessenskonflikten zwischen den für die Bauträger tätigen Architekten und den zusätzlich aufgeforderten. Aus den vierzehn Beiträgen der ersten Stufe ragten zwei kontroverse Entwürfe heraus, die sich beide nicht durchsetzen konnten: Helmut Jahn mit einem die Baumassen maximierenden Entwurf und der eher zurückhaltende Entwurf von Kny und Weber, die eine Form der behutsameren Stadterneuerung mit nur drei Hochhäusern anboten (Abb. 132).

In einer zweiten, 1993 begonnenen Stufe gingen die Vorstellungen der Beteiligten endgültig auseinander. Die Bandbreite der erreichbaren Bruttogeschoßfläche hatte sich im ersten Verfahren zwischen einer Million und 2,5 Millionen Quadratmetern bewegt. In einem von den Investoren erstellten Gutachten wurden die 1,1 Millionen Quadratmeter für Gewerbe und Wohnen nun zum Minimum erklärt. Beim Senat hielt man zwar weniger für angebracht, konnte sich aber gegen die handfesten Interessen der Investoren nicht durchsetzen.

Verkehrsprobleme, Straßenführung, Stellplätze, ÖPNV und städtebauliche Verweilqualitäten wurden auf Nebenschauplätzen behandelt. Für die künftige Definition des modernen Stadtplatzes brachte der Wettbewerb keine Ergebnisse. Den selbsterzeugten Druck, die Stadt auf einmal, möglichst in einem Stück, umbauen zu müssen, suchte der Wettbewerbsgewinner Hans Kollhoff im nachhin ein zu mildern: „So sehr allen Planungsbeteiligten daran liegt, den Platz selbst als funktionierenden Stadtraum so schnell wie möglich herzurichten, so sehr haben alle aus den Fehlern der Vergangenheit gelernt, um jetzt für die Realisierung des Gesamtprojektes in langfristigen Zeiträumen zu denken ... In unserem Wettbewerbsprojekt hatten wir vier Realisierungsstufen vorgeschlagen, die einen Realisierungszeitraum von dreizehn Jahren umfaßten. Doch es wird wohl noch länger dauern, bis der Alexanderplatz fertiggestellt sein wird.“ [8] (Abb. 133)

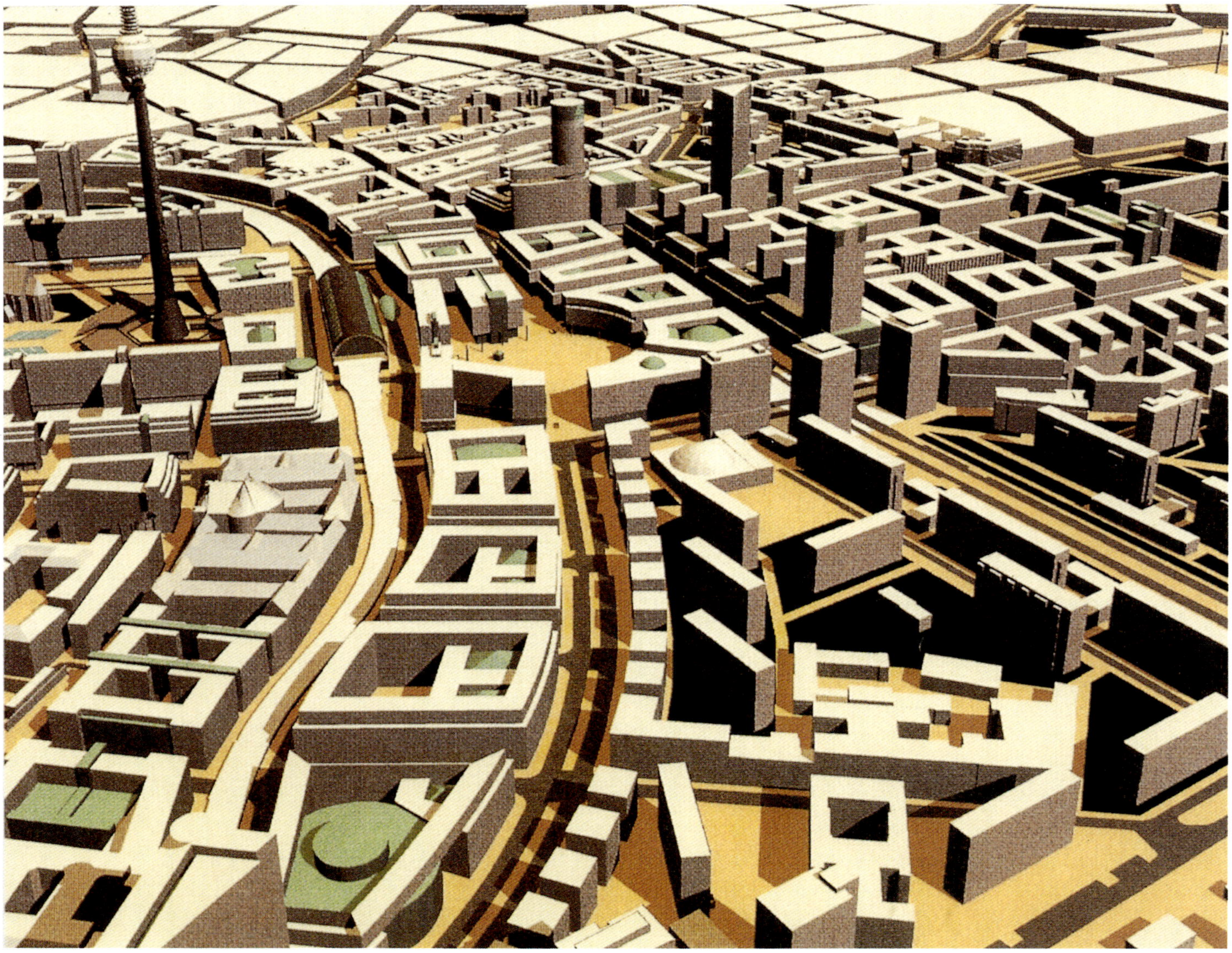

132 Städtebaulicher Ideenwettbewerb vom Alexanderplatz, Vorschlag Kny & Weber, 1993

133 Alexanderplatz, Blick von Osten, 1. Preis: Kollhoff und Timmermann, 1994

Epilog

Der Schrei nach dem Turmhaus klingt erneut in den Ohren, der Weltstadtplatz wird wie vor 60 Jahren erneut gefordert. Alles scheint so bekannt, so vertraut. Hochhaus, Weltstadtplatz, Trennung der Verkehre. Die Zeit der Aufklärung, der sozialen Besinnung auf die Aspekte der Stadt gegen Ende der sechziger Jahre, scheint wie weggewischt. Wenig haben wir dazugelernt seit Martin Wagners Manifesten einer auf Trennung der Verkehrsarten basierenden „Weltstadt". Der viele Architekten, Planer und Politiker treibende Wunsch, durch eine städtebauliche Großtat Unsterblichkeit zu erlangen, führt uns erneut in Sackgassen. Wieder wird der Platz, der Raum, in dem sich Menschen zum städtischen Gemeinschaftsleben vereinen, an die Peripherie der Gedankenwelt verbannt.

Die Elemente der Stadt, über Jahrhunderte gewachsen und beständig den veränderten Bedingungen des urbanen Lebens angepaßt, haben bis zum Beginn der Moderne ihre Funktion als Rückgrat städtischer und kommunikativer Lebensformen bewahren können. Mit der Aufgabe des Zusammenhangs von Fläche und Wand, beginnend mit dem Klassizismus und vollendet durch die Moderne, besiegelt sich das Schicksal der Plätze auch in Berlin. Die Überforderung des bürgerlich-repräsentativen Platzes im 19. Jahrhundert mit einer immer größeren Zahl von Funktionen und einer entsprechenden Ausstattung begünstigte diesen Vorgang. Den Platz dem technischen Zeitalter als Ritualopfer - speziell des Verkehrs - zu überlassen, war ein weiterer Irrtum, ihn immer wieder neuen Moden und Trends zu opfern, ebenso. Vielmehr bedarf der Platz einer beständig neuen gesellschaftlichen Überprüfung, Definition und Inanspruchnahme.
Die Rückbesinnung auf die traditionellen Werte und Elemente des Stadtraums, ausgelöst durch die Kritik an den Ergebnissen des Wiederaufbaus, kann nicht darüber hinwegtäuschen, daß es bis heute nicht gelungen ist, diese Elemente entscheidend in einer eigenständigen, demokratischen Weise weiterzuentwickeln. Einige Beispiele geben Hoffnung, aber viele Versuche bleiben im restaurativen, kosmetischen oder nostalgischen Bereich stecken, oftmals auch losgelöst von gesellschaftspolitischen Bedürfnissen. Die Verwendung traditioneller Formen und Elemente, ohne daß sie den gewandelten Nutzungsinhalten einer demokratischen Gesellschaft angepaßt werden, erweisen sich als unzureichend.

Der neue Platz in metropolitaner Mitte der ständig wachsenden Stadt Berlin, der zur Muße anregen und zum vielfältigen Gebrauch dienen kann, der Versammlungen, politischen Protest und festliche Freuden ebenso zuläßt wie er Begegnungen ermöglicht und zugleich die Erinnerungen des Orts bewahrt - er muß erst noch erfunden werden (Abb. 134).

134 Demonstration auf dem Alexanderplatz am 4. November 1989

Die Entstehung der frühmittelalterlichen Marktplätze in Berlin

[1] Planitz, H.: „Die deutsche Stadt im Mittelalter", Graz 1954, S. 82 ff.
[2] Vgl. Henning, F.W.: „Das vorindustrielle...", S. 69.
[3] Vgl. von Müller, A.: „Berlin vor 800 Jahren", Berlin 1968, S. 12 ff.
[4] Vgl. Heiligenthal, R.: „Deutscher Städtebau...", S.9 und Planitz, H.: „Die deutsche Stadt...", S. 61.
[5] Vgl. Schinz, A.: „Berlin, Stadtschicksal und Städtebau", Westermann Verlag 1964, S. 29.
[6] Vgl. Lasch, A.: „Berlinisch. Eine Berlinische Sprachgeschichte", Berlin 1928, abgedruckt in der „Heimatchronik Berlin".
[7] Vgl. Schulze, B.: abgedruckt in der „Heimatchronik Berlin", Bd. 25 der Reihe „Heimatchroniken der Städte und Kreise des Bundesgebietes", S. 77 ff.
[8] Ibd.
[9] Gruber, K.: „Die Gestalt der deutschen Stadt", 1976
[10] Siehe auch Nagel, G.: „Das mittelalterliche Kaufhaus und seine Stellung in der Stadt", Berlin 1971, S. 60 ff.
[11] Vgl. Borrmann, R.: „Die Bau- und Kunstdenkmäler von Berlin", Berlin 1893, S. 364 ff.
[12] Gruber, K.: „Die Gestalt der...", S. 84.
[13] Anm. d. Verf.: Der „Neue Markt" wurde z. B. erst 1679 gepflastert, also über 400 Jahre nach seiner Anlage!
[14] Anm. d. Verf.: Ein Indiz für die Art der Nutzung ist in der Bezeichnung des nördlichen Teils des Köllnischen Fischmarktes enthalten, der Scharrenstraße genannt wurde.
[15] Vgl. Heiligenthal, R.: Deutscher Städtebau... „, S. 14 ff.
[16] Ibd., S. 14.
[17] Vgl. Schinz, A.: „Berlin, Stadtschicksal..." S. 34.
[18] Ibd.
[19] Siehe auch bei Boeckh, J.: „Alt-Berliner Kirchen", Bd. 43 Berlin Reminiszenzen, Berlin 1975, S. 13 ff.
[20] Anm. d. Verf.: Der Roland, das Sinnbild städtischer Macht, wurde erst im 14. Jh. auf dem Neuen Markt aufgestellt. In: Berlin und seine Bauten, 1877, S. 25.
[21] Vgl. Schulze, B.: „Heimatchronik Berlin", 1962, S. 78: „Der Neue Markt und seine Umgebung, von Eckhard Müller-Mertens als Marienstadt bezeichnet, waren auch bei Johannes Schultze 1240 schon vorhanden. Das bekräftigt mich in meiner Auffassung, daß Berlin schon bei seiner Gründung als Stadt den später durch seinen Mauerring bezeichneten Umfang gehabt hat."
[22] Vgl. Schinz, A.: „Berlin, Stadtschicksal...", S. 39.
[23] Siehe auch bei Vogel, W.: „Führer durch die Geschichte Berlins", Rembrandt Verlag 1968, S. 26 ff.

Platzgestaltung in der kurfürstlichen Residenzstadt

[1] Siehe auch bei Vogel, W.: „Führer durch die Geschichte Berlins", Rembrandt Verlag 1968, S. 32 ff.
[2] Anm. d. Verf.: Als äußeres Zeichen der Unterwerfung soll in diesem Zeitraum die Rolandsäule, das Symbol städtischer Macht, vom Molkenmarkt entfernt und an der Langen Brücke in die Spree geworfen worden sein. Vgl. auch dazu Spiero, H.: „Berlin in Geschichte und Kunst", München und Berlin 1928, S. 18.
[3] Siehe Geyer, A.: „Die Geschichte des Schlosses zu Berlin", Berlin 1936.
[4] Vgl. Borrmann, R.: „Die Bau- und Kunstdenkmäler von Berlin", Berlin 1893, S. 259.
[5] Siehe auch bei Schinz, A.: „Berlin, Stadtschicksal und Städtebau", Westermann Verlag 1964, S. 45.
[6] Vgl. Faden, E.: „Berlin im 30jährigen Krieg"
[7] Borrmann, R.: „Die Bau- und ...", S. 312.
[8] Siehe Nicolai, F.: „Beschreibung der königlichen Residenzstädte Berlin und Potsdam", 1764.
[9] Faden, E.: „Berlin im...", S. 8.
[10] Vgl. Nicolai, F.: „Beschreibung der königlichen..", S.80.
[11] Vgl. Krieger, D.: „Berlin im Wandel der Zeiten", Berlin 1923, S. 66 ff
[12] Vgl. Nicolai, F.: „Beschreibung der königlichen...",S.79.
[13] Gruber, K.: „Die Gestalt der deutschen Stadt", S. 138.
[14] Anm. d. Verf.: Die Mönche wurden in das Kloster der Neustadt Brandenburg versetzt.
[15] Anm. d. Verf.: Die Giebel haben vielfach Anlaß zu Spott gegeben, besonders die Anschlüsse an die Ecktürme. Hier ist allerdings nicht klar erwiesen, ob es sich nicht um perspekektivische Verzerrungen handelt, die von späteren Stechern übernommen worden sind.

Vom Aufmarschplatz zum Architekturplatz

[1] Dürer, A.: "Etliche underricht zu befestigung der Stett Schloß und flecken", 1527.

[2] Topographia Brandenburgensis, Berlin.

[3] Vgl. hierzu bei Eimer, G.: „Die Stadtplanung im schwedischen Ostseebereich 1600-1715", Diss. Stockholm 1961.

[4] Der Festungsbaumeister von Spandau, Graf Rochus von Lynar, hatte auch für die Befestigung der kurfürstlichen Residenz Pläne gemacht, die jedoch auf Schwierigkeiten stießen, so daß Spandau weiterhin im Brennpunkt der Befestigungsüberlegungen stand, bis Memhardt mit seiner Planung begann. Hierbei wurde auch die Spandauer Altstadt in das Befestigungssystem miteinbezogen und die Anlagen selbst im Laufe der nächsten 250 Jahre jeweils dem Stand der Technik angepaßt.

[5] Schinz, A. S.69.

[6] Auf Berliner Seite dauerten die Arbeiten bis zum endgültigen Abschluß bis 1728 an. Hier wurde die Wallanlage noch durch eine zusätzliche Reihe ins Wasser gebauter Raveline verstärkt.

[7] „Berlin und seine Bauten", Erste Auflage 1877, S. 30.

[8] ehemals St. Gertruden Bastion und Jägerbastion

[9] ehemals Dönhoffscher Platz vor dem Leipziger Tor, Hackescher Markt vor dem Spandauer Tor, Alexanderplatz vor dem Georgen Tor und Opernplatz vor dem Neuen Tor

[10] Anders als in anderen europäischen Großstädten, die aus ihren ehemaligen Festungsgürteln Grünzüge machten, wurde in Berlin die Trasse für die Stadtbahn über die ehemaligen Wallanlagen geführt, die sich dann wie ein Stahlband einschnürend um die Altstadt legte.

[11] So benannt nach dem Grafen von Schmettau, der diesen ersten genauen Berlinplan 1748 erstellte.

[12] Bereits Friedrich I. war bestrebt gewesen, die flächenintensiven Märkte wie Holz-, Vieh- und Heumarkt, die zudem das Stadtbild beeinträchtigten, vor die Mauern der Stadt zu verbannen.

[13] Den Namen Alexanderplatz bekam der Ochsenmarkt erst 1805 anläßlich des Besuches von Zar Alexander II. verliehen.

[14] Nicolai, F.: Bd.1,S.29

[15] Die Dorotheenstadt wurde ab 1669 auf dem Gelände einer ehemaligen Meierei der Kurfürstin Dorothea errichtet, das diese 1668 zur Hochzeit geschenkt bekommen hatte. 1669 bereits erhielt die geschäftstüchtige Kurfürstin Baufreiheiten und Freijahre, so daß das Gelände bald mit über zweihundert Häusern bebaut war.

[16] Die Schwierigkeiten der Anpassung beider Systeme aneinander sind bei Schinz auf S.77 ausführlich dargestellt.

[17] Der Mittelmarkt wurde 1799 in Gendarmenmarkt umbenannt, nach dem früher dort stationierte Regiment, angeblich, um einer Verwechslung mit dem Neuen Markt entgegenzuwirken.

[18] Ohnehin hatte das Raumprogramm des Schlosses inzwischen eine Modifikation erfahren. Durch die Unterbringung mehrerer Behörden innerhalb des Schloßtraktes hatte sich das Bauvolumen auf fast das Doppelte vergrößert.

[19] Brinckmann, A. B: „ Platz und Monument", S.180.

[20] Außer den genannten Gründen war ein echter Bedarf nicht vorhanden. Durch die rüden Anwerbungsmethoden Friedrich Wilhelms I. hatte sich die Bevölkerung unmittelbar nach seinem Regierungsantritt rapide verringert. Über die Massenflucht der Berliner vor den Anwerbern schrieb die Berliner Zeitung am 8.12.1714: ... daß jetzo 17 000 Menschen weniger hier seien wie vor zwei (!) Jahren, darunter allein 7 000 - 8 000 Handwerker begriffen sein, wie Schinz auf S. 92 zitiert. Nach dem kurz darauf erlassenen Verbot der Anwerbung von Handwerkern, das später auf die gesamte Einwohnerschaft ausgedehnt wurde, hörte der Bevölkerungsrückgang auf, um schließlich 1725 wieder die alte Zahl von 60 000 Personen zu erreichen (zuzüglich 12000 Soldaten in Einquartierung).

[21] Siehe bei Schinz, „Der endgültige Ausbauplan, der scheinbar nicht von vornherein festgestanden hatte (siehe Plan von G.R. de Thadder von 1732 und das Gemälde im Märkischen Museum), ist in seiner Konzeption ein Unikum im barocken Städtebau. Zwar war die Idee des in die Stadt führenden Straßenbündels schon aus dem römischen Stadtplan bekannt (Piazza del Popolo), aber die Anlage von großen Plätzen am Rande des Stadtgebietes bei den Toren, die nicht als Räume, sondern als Flächen gedacht waren, blieb in dieser Art doch etwas Neues und Anderes. Hier hatte der König aus seiner Idee der Stadt und der Aufgabe, die er ihr damit zuwies, eine deutliche städtebauliche Konsequenz gezogen. Der Grund war derselbe, der schon 1713 zur Vernichtung des Lustgartens geführt hatte: die Anlage von Exerzierplätzen. Da alle

Soldaten in der Stadt verstreut im Quartier lagen, brauchte man große Plätze, auf denen sie antreten konnten, um dann entweder gemustert zu werden oder, wenn der Ernstfall es notwendig machen sollte, sofort die Tore zu besetzen. Hier taucht noch einmal der Gedanke des Alarmplatzes der Festungsstädte auf, jedoch in einer der neuen Aufgabe entsprechend angepaßten Form. Noch ein anderer Grund mag die Lage dieser Plätze mitbestimmt haben. Schon 1714 hatte Friedrich Wilhelm I. versucht, die Getreide-, Holz- und Kohlemärkte vor die Stadt zu legen. Reinhaltung der Straßen und die Vermeidung von großem und unübersichtlichem Lastenverkehr, bei dem wohl manches Gut der Accise entgehen konnte, mögen ihn dazu veranlaßt haben. Im Hintergrund stand sicher auch das Mißtrauen gegen Fremde, von denen möglichst wenig in die Stadt gelassen werden sollten. Die Verordnung mit den Märkten setzte sich allerdings nicht durch. Auch als Rondell, das Oktogon und das Quaree, die drei Torplätze der Friedrichstadt, die 1734 fertiggestellt waren, konnte eine direkte Anordnung zur Abhaltung von Getreidemärkten auf diesen, damals noch Markt genannten Plätzen den Marktverkehr nicht von seinen angestammten Plätzen in der Innenstadt wegbringen. (H. Rachel, 1931) So blieb also nur die Funktion des Exerzierplätzes übrig, wie sie uns auf dem Ölgemälde aus dieser Zeit lebhaft vorgestellt wird. Das Achteck und vor allem das Quarée (Pariser Platz) entwickelten sich durch die Ansiedlung von Standespersonen jedoch immer mehr zu Architekturplätzen, die in ihrer vornehmen Zurückhaltung einen Vergleich mit anderen Platzarchitekturen nicht zu scheuen brauchen.“ Schinz, A., S 92 f

[22] Am 20.1.1723 erließ Friedrich Wilhelm I. eine Kabinettsorder zur Aufstellung eines Bebauungsplanes für die erweiterte Friedrichstadt.

[23] Hegemann, W.,S 146

[24] Hoffmann-Axthelm, D.: „Das abreißbare Klassenbewußtsein“, Gießen 1975, S.45.

[25] Die Piazza del Popolo war im 16. Jahrhundert als repräsentativer Stadteingangsplatz durch die Aufstellung eines Obelisken aufgewertet worden. 1662 entstanden die berühmten Doppelkirchen von Carlo Rinaldi zwischen den drei Radialstraßen. Bis zur endgültigen Fertigstellung der Anlage durch Valadier von 1816 bis 1820 vergingen also noch über 150 Jahre.

[26] Das Vorbild dieses Baus sieht Reuther in den palladianischen Bauten, deren Einfluß durch Kupferstiche auf Knobelsdorff übertragen worden sein soll, wie generell die italienische Renaissance des 16. Jahrhunderts sich nun in der deutschen Variante des Klassizismus niederzuschlagen beginnt, siehe Reuther, H., S. 59.

[27] Vgl. Sedlmaier, H., Johann Bernhard Fischer von Erlach,1956 und Zacharias, Th., J.B.F.v.E., 1960.

[28] Hegemann, W., S. 192.

[29] Friedrich Wilhelm I. hatte bereits geplant, die von Schlüter gefertigte Statue Friedrichs I. 1737 auf dem späteren Forumsplatz aufzustellen. Die Fundamente waren bereits gelegt, doch Friedrich II. ließ die Arbeiten umgehend stoppen, wohl um das Forum nicht zu gefährden.

[30] Entwicklung der Namensgebung:Forum, Opernplatz, Kaiser-Franz-Joseph-Platz (Mittelteil) und heute Bebelplatz.

[31] „Berlin und seine Bauten“, 1877, S. 128: „Berlin sollte durch Prachtfacaden wenigstens in seinen Hauptstraßen so schnell wie möglich das Ansehen einer europäischen Großstadt gewinnen, und hier war in der That noch viel zu thun, denn selbst in den Hauptverkehrsadern, der Königs- und der Leipziger Straße, ebenso der Straße Unter den Linden gab es nach Massgabe der alten kleinbürgerlichen Besitzverhältnisse eine große Anzahl völlig unscheinbarer und dürftiger Bürgerhäuser.“

[32] „Berlin und seine Bauten“, 1877, S.129.

[33] Brinckmann, A. E., „Deutsche Stadtbaukunst in der Vergangenheit“, Frankfurt 1921, S. 25 ff.

[34] Dazu bemerkt Helmut Engel in seinem Buch: „Berlin-woher wohin“: „Bourdets Bebauungsvorschlag fällt - legt man Berlin zumindestens als Maßstab an - in die Zeit Friedrich Wilhelms I. mit seinem uniformierten Stadtbildverständnis zurück und negiert das aufkommende aufklärerische bürgerliche Jahrhundert mit seinem Bedürfnis nach individueller Repräsentation in der Architektur. Bourdet hatte als von außen Kommender eben nicht begriffen, was in Berlin 1774 zeitgemäß war.“ Engel, H.: „Berlin- woher wohin? Oder: Dicht daneben ist auch vorbei!“, Gebr. Mann, Berlin 1995. S.30.

[35] Die nördliche französische Kirche wurde von 1701 bis 1705 von Cayart in Anlehnung an die nach dem Widerruf des Ediktes von Nantes 1685 niedergerissene Kirche von Charenton erbaut. Die südliche, die Deutsche oder Neue Kirche, entstand in den Jahren von 1701 bis 1708 nach einem Entwurf von Martin Grünberg.

[36] Reuther, H.: „Barock in Berlin", Berlin 1969, S.61.

[37] Hegemann, W., S.208 ff.

Der bürgerliche Stadtplatzbau im 19. Jahrhundert: Die Preisgabe der Mitte und das Schicksal der Plätze zu Beginn des 20. Jahrhunderts

[1] Nach Henning, F.W.: Unter der statischen Gesellschaft ist die traditionellen Regelungen unterworfene des Feudalismus zu verstehen, als deren Kennzeichen geringfügige Entwicklungsvorgänge typisch sind, bei einer überwiegenden Orientierung auf den Agrarsektor mit seinem geringen Produktivitätsgrad.

[2] Dolgner, D.: S.12

[3] Nach Henning, F. W.: „Die Industrialisierung in Deutschland 1800 - 1914", 1973.

[4] Nach Henning, F. W. a. a. 0. zitiert, der in diesem Zusammenhang weiter bemerkt: „Die Freisetzung von Arbeitskräften aus dem Handwerk schuf eine wichtige Voraussetzung für die Entwicklung der.Industrie, nämlich künftige Lohnarbeitskräfte."

[5] Kaufmann, E.: „Die Architekturtheorie der französischen Klassik und des Klassizismus", 1923, Repititorium für Kunstwissenschaft sowie „Klassizismus als Tendenz und als Epoche", 1931 in: Kritische Berichte zur Kunstgeschichtlichen Literatur.

[6] Hierzu vor allem die Schriften Joachim Winckelmann (1717-1768), der in seinem 1764 erschienenen Werk „Geschichte der Kunst des Altertums", das die Kernsätze von der „edlen Einfalt und stillen Größe" antiker Bauten enthielt, das Altertum zum absoluten Vorbild des Bauens hochstilisierte.

[7] Haderer, O.: „Klassizismus", Band l der Reihe Heine Stilkunde,S.12

[8] Dolgner, D.: „Die Architektur des Klassizismus in Deutschland", Dresden 1971

[9] Die Herkunft des Namens scheint unklar. Anders als im Normalfalle, wo die Tore ihren Namen nach den herausführenden Straßen erhielten, gab es vom Brandenburger Tor aus keine Straße nach Brandenburg.

[10] Bauch, K.: „Das Brandenburger Tor" ‚Berlin' 1968, S. 13.

[11] So entsteht z.B. der Eindruck, als ob das Gebälk zur Hauptsache von den sechs dorischen Säulen (mit Basen) getragen wird. Tatsächlich sind diese jedoch nur den tiefen, tragenden Mauerscheiben vorgeblendet.

[12] Zwar hatte schon 1688 Nehring mit dem Bau des Leipziger Tores ein Stadttor monumental überhöht; doch bevor die davorliegende Esplanade die Konturen des späteren Dönhoffplatzes gewann, war das Tor bereits wieder verschwunden.

[13] 1940 sollten im Rahmen der nationalsozialistischen Achsen-Planung die seitlich liegenden und die Schließung der Randbebauung herstellenden Wachgebäude durch seitliches Versetzen die totale Freilegung des Tores bewirken. Die Planung kam aber durch die Kriegsereignisse nicht mehr zur Ausführung.

[14] 1806, nach dem Einmarsch der französischen Truppen in Berlin, wurde die Gruppe demontiert und nach Paris gebracht, wo sie erheblich beschädigt eintraf, so daß vom Pariser Restaurator Caulers Teile neu gefertigt werden mußten. Ursprünglich war an eine Aufstellung auf dem Arc du Caroussel, dann auf der Port St. Denis gedacht. Doch die Figuren kamen in den Louvre, wo sie bis zur Rückgabe standen. 1814 kehrten sie im Triumphzug nach Berlin zurück, wo das von Schinkel entworfene Eiserne Kreuz in das Zepter der Victoria eingefügt wurde. 1945 wurde die Gruppe zerstört, die Reste 1950 verschrottet. 1958 wurde dann eine Kopie auf das Tor gebracht. vgl. hierzu auch: Bauch, K.: „Das Brandenburger Tor", S.38 ff

[15] 1791 war es bereits zu ersten Vorschlägen gekommen, an denen sich auch Genelli und Gentz beteiligt hatten, die aber als architektonisch unbedeutend abqualifiziert wurden. Vgl. auch Oncken, A., Gilly, F., Berlin 1935.

[16] Der Bau des Denkmals wurde wegen politischer und wirtschaftlicher Schwierigkeiten immer wieder verschoben. 1851 wurde das Reiterstandbild von Christian Daniel Rauch enthüllt, über dessen Gestalt und Figurenschmuck sich Werner Hegemann in seinem Buch „Das steinerne Berlin" recht zynisch äußert.

[17] Siehe hierzu Rietdorf, A.: „Gilly, die Wiedergeburt der Antike", Berlin 1943, S.57 ff.

[18] Bereits ein Jahr nach dem Tode Friedrichs II. ließ Friedrich Wilhelm III. den Schloßpark von Charlottenburg von Lenotre im englischen Stil umgestalten.

[19] Giedeon, S.: „Raum, Zeit, Architektur", Ravensburg 1965, S. 433 ff.

[20] Dehmel, W.: „Platzwandel und Verkehr", Diss. TU Berlin, 1976, S. 26: „Als Romantiker übersieht er die Unvereinbarkeit seiner Vorstellungen mit der Verkehrsbedeutung eines Torplatzes."

[21] Rave, P. O.: „Schinkel. Lebenswerk, Berlin II; Stadtbaupläne, Straßen,Brücken, Tore, Plätze", 1948, S. 104

[22] a. O., S. 104

[23] a. O., S. 104

[24] Dazu schreibt Spieker 1861 in seinem Führer durch Berlin S. 39: „Der Petriplatz, vormals ein beliebter Tummelplatz der Berliner Straßenjugend, ist jetzt mit der neu erbauten Petrikirche besetzt."

[25] Rave, P.O., Berlin II, S. 89

[26] Dehmel. W. S. 29 ff

[27] Spieker, H.: „Berlin und seine Umgebung im 19. Jahrhundert", 1833, S.30

[28] 1864 fielen die Absperrungen, und es wurde mit dem Abtragen der Mauern begonnen.

[29] Rave, P.C., Berlin II, S.90

[30] Die Eröffnung des Tores erfolgte am 3. August 1824 zum Geburtstag des Königs.

[31] Standbilder wurden erst 1862 und 1880 aufgestellt und zwar nördlich der Leipziger Straße das des Grafen v. Brandenburg (von Hagen) und südlich das des Grafen v. Wrangel (von Keil).

[32] Dehmel, W., S. 34.

[33] 1573 hatte Kurfürst Johann Georg den Gärtner Corbianus mit der Anlage eines königlichen Lustgartens beauftragt. Er verfiel im 30 jährigen Krieg und wurde 1645 durch Michael Hanf wiederhergestellt.

[34] Rave, P.O., Berlin II, S.106.

[35] Rave, P.O., Berlin II, S.113.

[36] Der Stadtteil erhielt 1828 die offizielle Bezeichnung Friedrich-Wilhelmstadt.

[37] Rave, P.O., Berlin II, S.96.

[38] Die Zahlen sind P.O.Raves „Schinkel, Berlin II" S.26 entnommen, der die Vergrößerung des unter Schinkel geplanten Stadtgebietes feststellte.

[39] Die Leinenindustrie war noch ein bedeutender Produktionszweig.

[40] „Die von seiner königlichen Hoheit, dem Kronprinzen angegebene Grundidee, den eigentlichen städtischen Aufbau auf ein geringes Gebiet einzuschränken und dasselbe durch boulevardartige Straßen einzuschließen ist auch bei dem vorliegenden Projekt als Basis angenommen worden," heißt es in einem bei Schinz, S.117 abgedruckten Gutachten des Geheimen Finanzrates Pomomwitz über den Lennéschen Plan, woraus sich der Einfluß des Kronprinzen ablesen läßt.

[41] Der Friedrichshain wurde 1845 durch Lenné zum Andenken an Friedrich II. für 222 000 Taler angelegt, Der Bär, 1882, S. 320

[41a] Reinisch,U.: „Lennés Wirken als Stadtplaner von Berlin", Verlag f. Bauwesen Berlin, 1992, zitiert in: „P. J. Lenné, Gartenkunst im 19. Jahrhundert"

[42] Hegemann, W.: „Das steinerne Berlin".

[43] Meier, G.: „Lehrbuch der schönen Gartenkunst", 1859.

[44] Zitiert bei Barth, J.: „Berlin und seine Bauten", Bd, XI, S. 170.

[45] Baumeister, R.: „Stadterweiterungen in...". Berlin 1876.

[46] Dehmel, W., S. 78.

[47] Wedel, E.: „Kinderspielplätze" in: Berlin und seine Bauten, Bd. XI9 S. 176

[48] So sagt Nicolai in der „Beschreibung der königlichen Residenzstädte Berlin und Potsdam", 1786 über den Wilhelmplatz: „Ein viereckiger mit Linden bepflanzter, geräumiger Platz, auf den die Mohrenstraße stößt. Er dient zur Wachparade für das Herzog Friedrichsche und Möllendorfsche Regiment."

[49] Barth, J.: „Berlin und seine Bauten", Bd. XII S. 157.

[50] Dehmel, W., S. 123.

[51] Stübben, J.: „Der Städtebau", Handbuch der Architektur, Vierter Teil, 1924.

[52] Hampel, C.: „Gärtnerische Schmuckplätze in Städten", 1897.

[53] Sitte, C.: „Der Städtebau ..."1889.

[54] Sitte, C.: a. a.O., S. 97.

[55] Sitte, C.: a. a.O., S. 119, auch bei Dehmel, W., S. 86.

[56] Die Finanzierung dieser Arbeiten und Instandhaltung wurde durch eine eigens zu diesem Zweck eingeführte Hundesteuer gedeckt.

[57] Der kausale Zusammenhang, in dem Markthalle und Passage standen, wird aufgezeigt bei: Geist, J.: „Passagen, ein Bautyp des 19. Jahrhunderts", München 1966.

[58] Berlin und seine Bauten, 1877, S. 218.

[59] Der Bär, 1882, S. 260.

[60] „Der Potsdamer Platz und seine Umgebung.Eine Chronologie der Ereignisse bis 1991." In: „Ein Stück Großstadt als Experiment." G. Hatje 1994. S. 55.

[61] Stübben: Gesetze, S. 676: Preußisches Gesetz vom 2. Juli 1875.

[62] Frick, D.: „Berlin und seine Bauten", Bd. IV A, 19701 S. 42

[63] Platz, G. A.: „Die Baukunst der neuesten Zeit", 1927

[64] Barth, J., in: „Berlin und seine Bauten"; hierzu: „Die Berliner Stadtplätze begannen um 1900 einem Eigenleben zuzuneigen. Sie verloren dabei den städtebaulichen Zusammenhang mit der Umgebung, soweit nicht hier und da der Bezug auf ein monumentales, meist öffentliches Gebäude gewahrt wurde. In der

Folge wurden etwa seit 1900 Stadtplätze mit eigenen, die Achsen betonenden Bauten entwickelt. Beispiele sind die Pergolen der monumentalen Sitzplätze des Viktoria-Luise-Platzes und des Bayerischen Platzes, BD.XI, S.162.

[65] Barth, J.: Berlin und seine Bauten, XI, S., 163.: „Die Benutzbarkeit solcher repräsentativen Stadtplätze fand entsprechend neuen sozialen Bestrebungen bereits zu Beginn des 20. Jahrhunderts lebhafte Kritik."

[66] 1883 Gesetzliche Krankenversicherung, 1884 Unfallversicherung, 1889 Alters- und Invaliditätsversicherung.

[67] Siehe auch Schultze-Naumburg, P.: „Kulturarbeiten", 9Bd., 1901-1917 und Ostendorf, F.: „6 Bücher vom Bauen", 1913.

[68] Dehmel, W., S.144:" Dieses Gestaltungsprinzip kam den inzwischen ausgereiften Gedanken einer städtischen Untergrundbahn zur Erschließung der noch unbebauten Wilmersdorfer Gebiete... sehr entgegen. Die gekrümmten Straßen erleichterten eine für die Schnellbahn vorteilhafte Gleisführung in flachen Bögen..."

[69] Dehmel, W., S. 147.

[70] Dehmel, W., S. 144.

[71] Barth, J.: „Berlin und seine Bauten", BD.XI, S. 162.

[72] Howard, E.: „To-morrow. A peaceful ... „, London, 1898.

[73] Hilberseimer, L.: „Berliner Architektur der 20er Jahre", Berlin, 19.., S. 96 ff.

[74] Anm. d. Verf.: An das Ende dieser Allee bauten nach 1945 die Sowjets ihr Ehrenmal für die Gefallenen des 2. Weltkriegs.

[75] Baedeker, Berlin, Ausgabe 1900, S. 160.

[76] Hegemann, W: in Wasmuths Hefte für Baukunst und Städtebau, 1930, S. 101.

[77] Dehmel, W., S. 155

[78] Hilberseimer, L. in: "Das Neue Berlin" 1929, Heft 2

[79] a. a. O.

[80] Kiessling, M.: in: „Das Neue Berlin", 1929, zitiert aus „Das neue Berlin",1929 Heft 2, S. 33 ff.

Plätze im Nationalsozialismus

[1] Teut, A.: „Architektur im Dritten Reich,1933-45".S.10

[2] Petsch, J.: „Baukunst und Stadtplanung im Dritten Reich", 1976, S.76: „Grundsätzlich kann sich der Faschismus jeder Form bedienen. Die moderne Architektur jedoch war für den deutschen Faschismus nicht verwendbar, weil anders als in Italien der Rassismus (rassische Bedingtheit der Kunst) ein zentrales Leitmotiv der nationalsozialistischen Ideologie war und die moderne Architektur als „entartet", jüdisch und bolschewistisch deklassiert worden war."

[3] Rittich,W.: „Architektur und Bauplastik der Gegenwart." 1938, S. 152 ff.

[4] Vergl .in: „Neue Deutsche Baukunst",1941, S. 9 ff.

[5] Speer, A.: „Erinnerungen" 1969, S. 93 ff.

[6] Hitler, A.: „Mein Kampf".S. 535.

[7] Petsch, J.: „Baukunst....." S. 211.

[8] Vergl. Stübben J.: „Der Städtebau". Handbuch der Architektur, Vierter Teil, 1924.

[9] Anm.: Eine Reihe von Publikationen wie: „Der Städtebau" oder „Wasmuths Monats Hefte der Baukunst" beschäftigten sich mit der Diskussion um die Veränderung der Berliner Stadtplätze, u. a. auch Werner Hegemann mit den radikalen Thesen zur Umgestaltung des Potsdamer Platzes.

[10] Schinz, A.: „Berlin, Stadtschicksal und Städtebau". 1965, S. 195.

[11] Petsch, J.: „Baukunst...." S. 212.

[12] Vergl.: „Völkischer Beobachter" vom 18.4.1939 Speer, A.: Die Ost-West-Achse, zitiert bei Herding und Mittig: „Kunst und Alltag im NS-System", S. 63.

[13] Speer, A.: „Erinnerungen.." S. 88.

[14] Werner, F.: „Stadtplanung Berlin, Teil 1, 1900-1960", S. 44.

[15] Anm. d. Verf.: Der relativ unbeschadet über den Krieg gekommene Bau wurde 1962/63 für den Bau der Umgehungsstraße gesprengt.

[16] Stark, H.-J. in: „Berlin und seine Bauten" Bd. IX, S. 115 ff.

[17] Ehemalige Nordsternversicherung.

[18] Heutiges Rathaus Wilmersdorf, erbaut von Remmemann.

[19] Dehmel, W.: „Platzwandel und Verkehr", Dissertation TUB, 1976.

Plätze in einer geteilten Stadt

[1] Durth, W.: „Deutsche Architekten. Biographische Verpflechtungen 1900 - 1970". Viehweg 1986.

[2] Werner, F.: "Stadtplanung Berlin",Berlin 1976. S. 74

[3] a. a. O., S. 76.

[4] a.a.O., S. 78.

[5] a.a.O., S.188, 188.

[6] Liebknecht, K., zitiert bei Werner, F., S. 135.

[7] a. a. O., S. 135.

[8] a. a. O., S.133 ff.

[9] a. a. O., S. 142.

[9a] Engel, H.: „Berlin-woher wohin?", Gebr. Mann Verlag. 1995, S. 68: „Der eigentliche Demonstrationsplatz wird der in Platz der Republik umbenannte Königsplatz vor dem Reichstag: Hier kulminieren die Proteste der breiten Öffentlichkeit gegen die am 7. Mai 1919 veröffentlichten Bedingungen des Versailler Friedensvertrages, hier kommt es zu einem Blutbad, das die Sicherheitswehr des Reichstages unter den Demonstranten anrichtet, die am 13. Januar 1920 aus Anlaß der Beratung des Betriebsrätegesetzes den Reichstag stürmen wollen; von 11. August 1923 an finden hier die Feiern zum Verfassungstag statt, hält Ebert am 1. August 1924 vor dem Reichstag die Rede aus Anlaß des 10. Jahrestages des Kriegsausbruches von 1914, veranstaltet die Republik am 4.März 1925 den Staatsakt für den am 25.Februar verstorbenen Friedrich Ebert - der Platz der Republik wird zum zentralen Demonstrationsort der Weimarer Republik ebenso wie sich im Reichstag das Schicksal der Republik entwickelt."

[10] Lässig, Linke, Rietdorf, Wessel: „Straßen und Plätze", Berlin 1970. S. 72.

[11] Werner, F.: „Stadtplanung....".a. a. O., S. 144.

[12] Teschner, D.: „Der Alexanderplatz. Seine Entwicklung nach 1945", in: Alexanderplatz, Städtebaulicher Ideenwettbewerb 1994, Ernst und Sohn, S. 38: „Während dieser Entwicklungszeit waren nun die einst nur bis Alexanderplatz gedachte Stalinallee und die aus traditionellen Strukturvorschlägen zur besseren Verbindung der Altstadtraster übernommene, dann aber primär auf den Bereich Marx-Engels-Platz fixierte Idee der ‚Zentralen Achse' inhaltlich und städtebaulich zusammengeführt worden. In einer Folge von teilweise großzügig ausgeweiteten, repräsentativen Straßen-, Platz- und Grünräumen hatte sich ein vom Brandenburger Tor bis zum Strausberger Platz reichendes ‚Zentrumsband' herauskristallisiert,an dem vorrangig Einrichtungen des gesellschaftlichen-kulturellen Lebens, aber auch Wohnungen angesiedelt werden sollten. Dem Alexanderplatz war innerhalb des Zentrumsbandes eine ganz neue Aufgabe zugewachsen. Er hatte (bildlich gesprochen) die ‚Zusammengehörigkeit' der von Westen und Südosten in seinem Platzraum aufeinandertreffenden Achsbeziehungen verständlich zu machen, die beiden Magistralen gelenkartig miteinander zu verbinden. Es war unausbleiblich, daß sowohl seine Platzausdehnung als auch die Gebäudestrukturen davon stark beeinflußt wurden."

[13] Zitiert aus: „Deutsche Architektur", ab 1974/76: „Architektur der DDR"

[14] a. a. O.

[15] Mitscherlich, A.: „Die Unwirtlichkeit unserer Städte. Anstiftung zum Unfrieden", Suhrkamp 1965.

[16] Lynch, K.: „Das Bild der Stadt", Bauweltfundamente Bd. 16, 1968.

[17] Barth, H.-P.: „Humaner Städtebau", Zeitfragen Nr. 4 1968.

[18] Hoffmann-Axthelm, D.: „Das abreißbare Klassenbewußtsein", Anabas-Verlag 1975, S. 66.

[19] Siedler, W.-J.: „Die gemordete Stadt", Herbig 1964.

Nach der Wende: Internationalisierung der Stadt

[1] Silex, K.: „Die Rampen als Mauer" in: „Der Tagesspiegel" vom 6. Juni 1962. Zitiert in „Potsdamer und Leipziger Platz", Dokumentation 1990, Senator für Stadtentwicklung und Umweltschutz, S. 22.

[2] „Das Scheckbuch schafft Fakten am Potsdamer Platz", Frankfurter Rundschau vom 9.4.1990: „Daimler Benz hat sich erbötig gezeigt, aus diesem in Europa einmaligen städtebaulichen Filetstück 160000 Quadratmeter zu rasch steigenden Marktpreisen entgegenzunehmen und für 800 Millionen mit einem Dienstleistungszentrum zuzubauen. Da ist das Kartenhaus der Behutsamkeit sofort umgefallen. Seither stehen die städtebaulichen Überlegungen unter keinem guten Stern mehr. „Als die Genossen das Scheckbuch gesehen haben", stöhnen die Planer in der Senatsverwaltung für Stadtentwicklung, „haben sie sich auf den Rücken gelegt und nur noch Baubüro für Daimler gespielt."

[3] Zohlen, G. in: „Ein Stück Großstadt als Experiment, Planungen am Potsdamer Platz", Deutsches Architekturmuseum, Hatje Verlag., 1994, S. 20

[4] abgedruckt in: „Der nächste Schritt". Potsdamer- und Leipziger-Platz-Dokumentation 1990, Senatsverwaltung für Stadtentwicklung und Umweltschutz.

[5] a. a. O.

[6] Aminde, H.-J.: in „Plätze in der Stadt", Hatje, 1994, S. 44.

[7] „Alexanderplatz. Städtebaulicher Ideenwettbewerb", Herausgeber: Verein „Entwicklungsgesellschaft Alexanderplatz", Wilhelm Ernst und Sohn 1994.

[8] Kolhoff, H.: „Ausblick Alexanderplatz", Städtebaulicher Wettbewerb, S. 231.

Quellennachweis der Abbildungen

Die überwiegende Zahl der Abbildungen stammen aus dem Archiv des Verfassers. Vorlagen stellten dankenswerterweise auch die Landesbildstelle Berlin, das Berlin Museum, das Ullstein Bildarchiv, der Senat für Bau- und Wohnungswesen Berlin, die Zeitschrift „Bauwelt" und Alfred Schinz zur Verfügung.